Jan Becker
Du wirst tun, was ich will

PIPER

Zu diesem Buch

Ob wir uns gut oder schlecht fühlen, ob wir gestresst sind oder entspannt, können wir selbst beeinflussen. Dabei sind die gleichen Mechanismen am Werk, die Werbefachleute und Psychologen einsetzen, wenn sie Menschen gezielt beeinflussen wollen. Oder Hypnotiseure, die sogar in der Lage sind, die Grenzen unseres Willens zu überwinden. Jan Becker zeigt, wie wir versteckte Hypnosetechniken im Alltag erkennen und selbst anwenden können. Mithilfe hypnotischer Methoden können wir einfacher unsere Überzeugungen vermitteln, leichter Ideen und Wünsche realisieren, sympathischer wirken und sogar größere Lust beim Sex empfinden. Gleichzeitig werden wir uns der Einflussnahme anderer bewusst und können uns besser vor Manipulationen schützen.

»Jan Becker erinnert uns an die Magie des Lebens – wunderbar!« Eckart von Hirschhausen

Jan Becker ist ausgebildeter Hypnosetrainer und arbeitet als Coach für Persönlichkeiten und Institutionen aus Wirtschaft, Sport und Politik. Im Fernsehen und auf der Bühne beeindruckt »der sanfte Schädelchirurg« (SZ) sein Publikum seit über 10 Jahren. Mehr unter www.jan-becker.com

Christiane Stella Bongertz ist Autorin und Kommunikationswissenschaftlerin und hat sich als solche intensiv mit der Konstruktion von Wirklichkeiten auseinandergesetzt.
Ihre Homepage: www.stellamat.de

Jan Becker
Mit Christiane Stella Bongertz

Du wirst tun, was ich will

Hypnose-Techniken für den Alltag

Piper München Zürich

Mehr über unsere Autoren und Bücher:
www.piper.de

Von Jan Becker liegt bei Piper vor:
Ich kenne dein Geheimnis

MIX
Papier aus verantwortungsvollen Quellen
FSC® C014496

Ungekürzte Taschenbuchausgabe
1. Auflage Oktober 2013
4. Auflage April 2014
© 2012 Piper Verlag GmbH, München,
erschienen im Verlagsprogramm Pendo
Umschlaggestaltung: Mediabureau Di Stefano, Berlin
Umschlagabbildung: Carsten Sander
Satz: Kösel, Krugzell
Gesetzt aus der Whitman
Papier: Munken Print von Arctic Paper Munkedals AB, Schweden
Druck und Bindung: GGP Media GmbH, Pößneck
Printed in Germany   ISBN 978-3-492-30410-8

Für meine Familie.
Ihr lasst mich aufblühen!

Inhalt

Vorwort
Erinnern Sie sich? 13

1. Kapitel
Hypnose Undercover: Die tagtägliche
Verführung – denn Sie wissen nicht, was Sie tun 15

    Die Hypnose Undercover 22
    Die alltägliche Trance 23
    Unser Bild von der Welt ist nicht die Welt 25

2. Kapitel
Die Magie des ersten Eindrucks: Wie unsere
Intuition uns an der Nase herumführen will und
warum »Bestellungen beim Universum« nichts
mit dem Universum zu tun haben 29

    Der unwiderstehliche Sog der Wiederholung 32
    Intuition contra Ratio 35
    Der Werbespruch fürs eigene Leben 37
    Wie Sie Ihre Intuition ins Trainingslager schicken 39
    Der erste Eindruck zählt – aber anders,
    als Sie vielleicht denken 41

3. Kapitel
Der Zauber der Sprache: Wie Sie mit den richtigen
Worten Wunder wirken und wie Ihr Name zum
Glücksmagneten wird   46

   Magische Wortmedizin mit Sofortwirkung   48
   Nomen est omen: Die Suggestion unseres Namens   51
   Die Self Fulfilling Prophecy   54

4. Kapitel
Die suggestive Kraft aller Dinge und warum
wir täglich von unseren Wohnungen hypnotisiert
werden   59

   Soziale Unterschiede kann man aus-, Respekt kann
   man anziehen   60
   Spontanheilung im Wartezimmer   61
   Die Uniform des Hypnotiseurs besteht (auch)
   aus Wortgewebe   63
   Wie uns unsere Wohnungen hypnotisieren –
   und wie wir dafür sorgen, dass sie die richtigen
   Botschaften senden   66
   Farben gehen unter die Haut   71
   Das Auge isst mit: Wir schmecken unsere Erwartung   73
   Wenn wir die Umgebung ändern, ändern wir uns   75

5. Kapitel
Das magnetische Gesetz des Schenkens und
warum Sie auf dem Flohmarkt mehr verkaufen,
wenn Ihre Kunden warme Hände haben   78

   Was Kunststoffdosenhersteller über unser
   Innerstes wissen   80

Die Macht der »persönlichen« Empfehlung   81
Wer Wohlgefühl schenkt, wird reich belohnt   82

6. Kapitel
Die Kraft der Rituale: Wie Sie bei Bedarf
Fußballclubs manipulieren, Bärenkräfte entwickeln
und den bösen Blick neutralisieren   86

Das Prinzip »Nur was kostet, taugt«   87
Das Opferritual »Diät«   89
Rituale drücken die Aufnahmetaste unseres
Unterbewusstseins   91
Der sichtbare Grund für »Wunder«   92
Wie ich meinen Lieblingsfußballverein geschlossen
hypnotisierte   94
Entfesseln Sie Ihre Bärenkräfte   98

7. Kapitel
Placebo, Nocebo und Hypnose: Die unheimliche
Macht der Drogen aus unserer Gehirnapotheke   104

Die Hypnose und der Placebo-Effekt   106
Die dunkle Seite des Placebos: Nocebo und
böser Blick   110

8. Kapitel
Die Magie des Schreibens: Wie Sie mit
Brainwashing-Methoden gute Vorsätze in die Tat
umsetzen und warum der »Gefällt mir«-Button
bei Facebook gefährlich sein kann   113

Der Trick mit der Unterschrift   115
Die Folgen des Facebook-Buttons »Gefällt mir« 116

Unsere eigene Wahrheit zu finden, braucht Zeit	118
Ziele erreichen: So geben Sie Ihren guten Vorsätzen einen Kick-Start	119

9. Kapitel
Wie Sie mit kleinen Schritten schneller zum Ziel kommen, warum Langsamkeit das Glück anzieht und wie Ihre Liebsten ganz von selbst tun, was Sie wollen — 123

Abkürzungen enden meistens in Sackgassen	125
Mit Langsamkeit das Leben zelebrieren	128
Pssst! Verjagen Sie nicht die Mäuse	129
Lernen Sie sich glücklich	131
Der motivierende Zauber der Bestätigung	135

10. Kapitel
Trance to go: Warum Ihr Körper die Seele führt, wie Sie tiefenentspannt mit mehr Spaß arbeiten und wie glückliche Momente unsterblich werden — 140

Die magischen drei – oder was ein Oktopus mit Konzentration zu tun hat	142
Panta rhei – alles fließt im Flow	145
Das Glücks-ABC	146
Ängste besiegen in Minuten	147
Glückliche Gefühle konservieren	149
Praktizieren Sie mentales Judo – und erleben Sie, wie Ihre Probleme wie von selbst schrumpfen	152

11. Kapitel
Die gleiche Wellenlänge einstellen:
Die Geheimnisse gelungener Verführung
und Kommunikation 157

    Der *Dschungelcamp*-Trick und der Halo-Effekt 158
    Positive Suggestionen locken positive Gefühle 160
    Möglichst bezaubernd: Der erste Eindruck 162
    Und noch einmal: Türöffner-Geschenk 163
    Das Schokoladenseiten-Geheimnis und andere
    Kommunikationstricks 167
    Das weibliche und das männliche Prinzip 173

12. Kapitel
Keine Hexerei: Wie Horoskope, Wahrsagerei
und Tarot »funktionieren« und wie Symbole uns
in unser Innerstes und in frühere Leben führen
können 181

    Wie Horoskope wahr werden: Cold Reading 183
    Unsere innere Bilderwelt 187
    Symbole weisen uns den Weg 191
    Der Innere Bibliothekar 192
    Auf einer Parkbank in frühere Leben 198

13. Kapitel
Schau mir in die Augen, Kleines: Die vollständige
Hypnose-Anleitung 203

    Ihre Verantwortung als Hypnotiseur 205
    Die Goldenen Gebote 208
    Der Hypnose-Prozess – Schritt für Schritt 211

14. Kapitel
Die Magie teilen: Wie Sie sich und andere
Menschen glücklich machen können – mit und
ohne Hypnose ... 230

   Mit Hypnose Wunder vollbringen ... 232
   Helfen kann jeder ... 237
   Die Balance des Lebens: Unsere Grundbedürfnisse ... 238
   »Ziehen Sie eine der Sauerstoffmasken zu sich
   heran, erst dann helfen Sie Mitreisenden …« ... 241
   Eigene Skripts schreiben ... 243
   Schmerzen verschwinden lassen ... 244
   Endlich Nichtraucher! ... 247
   Interview mit dem Unterbewusstsein ... 250

Die Zukunft
Vergessen Sie nicht das Wesentliche ... 254

Literaturempfehlungen ... 256

Vorwort

Erinnern Sie sich?

Sie wissen es schon.
Irgendwo in Ihrem Inneren:

Alles ist Manipulation. Alles ist Hypnose.
Alles. Jedes Wort. Jedes Bild. Jeder Ton. Jedes Ding. Jeder Mensch.

Ja, auch Ihre pure Anwesenheit wirkt manipulativ. Die Beeinflussung beginnt mit Ihrer Persönlichkeit. Sobald Sie den Raum eines Menschen betreten, verändern Sie sein Verhalten und er das Ihre.

Die Frage ist nicht, ob Sie manipulieren.
Die Frage ist, ob Sie sich dessen bewusst sind und welche Qualität Ihre Beeinflussungen haben.
Wie Sie Ihre Wirkung gestalten und damit die Wirklichkeit.
Ihre eigene und die der anderen.

Indem Sie sich die Mechanismen der Hypnose bewusst machen, die ich Ihnen in diesem Buch vorstelle, und sich ihre Techniken aneignen, können Sie Ihre Anwesenheit auf diesem Globus inspirierend, flexibel und mit dem größtmöglichen Nutzen einsetzen. Für sich selbst und für alle anderen.

Sie erkennen, wenn andere Sie manipulieren, bewusst oder unbewusst. Sie können sich entscheiden, nicht manipuliert zu werden.
Sie behalten die Fäden in der Hand.

Hypnose ist die Kunst der Manipulation.
Aber vor allem ist sie die Kunst der Kommunikation mit der Welt und mit uns selbst. In Worten, Gesten, Bildern.

Wer das weiß, lebt.

Ihr Jan Becker

»Ich habe nach meiner Kunst geforscht, mich dabei oft in Lebensgefahr begeben. Ich habe mich nicht geschämt, das, was mir nützlich erschien, auch von Vagabunden, Henkern und Barbieren zu lernen. Wir wissen, dass ein Liebhaber weite Wege zurücklegt, um der Frau, die er anbetet, zu begegnen; wie viel stärker wird der Mann, der die Weisheit liebt, versucht sein, nach seiner göttlichen Geliebten zu forschen.
Wir sollten uns nach Wissen umtun, wo immer wir Hoffnung haben, es zu finden, und warum sollte der Mann, der sich auf die Suche danach begibt, verächtlich sein? Wer daheim bleibt, mag reicher werden und behaglicher leben als jener, der auf Wanderschaft geht; aber ich habe weder den Wunsch, behaglich zu leben, noch den, reich zu werden.«

Paracelsus

1. Kapitel

Hypnose Undercover: Die tagtägliche Verführung – denn Sie wissen nicht, was Sie tun

Woran denken Sie, wenn Sie das folgende Wort lesen?

HYPNOSE

Welche Bilder formen sich in Ihrer Phantasie? Möglicherweise erscheint vor Ihrem inneren Auge ein mysteriöser Varietékünstler mit schwarzem Umhang, weißer Theaterschminke und stechendem Blick, der einen leichtsinnigen Freiwilligen dazu bringt, auf einem Bein zu hüpfen und wie ein Huhn zu gackern. Oder Sie sehen Ihren Arzt, der Sie mittels Hypnosetherapie kürzlich vom Rauchen befreit hat. Vielleicht ist es auch die Schlange Kaa aus der Zeichentrick-Verfilmung von Rudyard Kiplings *Dschungelbuch,* die den kleinen Mowgli mithilfe psychedelischer Spiralen in ihren Augen in Trance versetzt? Wer weiß, vielleicht denken Sie an mich, immerhin halten Sie gerade dieses Buch in Händen.

Es gibt kaum jemanden, den dieses faszinierende Wort kaltlässt, das sich vom altgriechischen Begriff für Schlaf, *hypnos,* ableitet.

Genau wegen dieser Assoziationen – Schlaf, Trance, völlige Entspannung – werden die wenigsten von Ihnen dabei ausgerechnet an den nächsten Supermarkt denken. Und doch ist gerade der Supermarkt ein Ort, der uns täglich mittels hypnotischer Techniken manipuliert. Und zwar, ohne dass wir es merken. Das glauben Sie nun vielleicht nicht. Hypnose im Supermarkt? Wie soll das denn gehen? Aber haben Sie sich nicht schon mal gewundert, dass Sie viel mehr eingekauft haben, als Sie wollten? Woher Sie plötzlich diese unwiderstehliche Lust auf ein bestimmtes Produkt bekamen? Wieso Sie Dinge nach Hause trugen, die definitiv nicht auf Ihrer Einkaufsliste standen?

Und:

Würden Sie mir glauben, wenn ich behaupte, dass ich Sie dazu bringen kann, in einem Supermarkt genau die Produkte zu kaufen, die ich zuvor bestimme – und zwar ohne, dass Sie davon wissen?

Den Journalisten der Wissenschaftssendung *Terra Xpress* gegenüber habe ich jedenfalls genau das behauptet. Und wie Journalisten so sind, wollten sie auch gleich die Probe aufs Exempel machen. In einem Supermarkt in Süddeutschland sollte ich zwei von der Redaktion ausgewählte Personen, einen Mann und eine Frau, dazu bringen, genau die gleichen Dinge in ihren Einkaufswagen zu legen wie diejenigen, die ich zuvor ausgewählt hätte. Man gewährte mir eine Nacht nach Ladenschluss, um den Supermarkt nach meinen Ideen und mit meinen Suggestionen zu präparieren. Eine spannende Herausforderung!

Zunächst machte ich einen Plan. Ich konzentrierte mich auf bestimmte Warengruppen, aus denen die beiden Probanden am nächsten Tag jeweils spontan ein Produkt auswählen sollten. Nachdem der Laden seine Pforten geschlossen hatte, traf ich zunächst eine Auswahl: Ich legte »meine« sieben Produkte in einen Einkaufswagen, der am nächsten Tag zur

Kontrolle dienen würde. Dann krempelte ich die Ärmel hoch ...

Am nächsten Morgen waren wir – das Team, das mir geholfen hatte, und ich – ein wenig übermüdet. Wir hatten die ganze Nacht geschuftet, um genau die Vorkehrungen zu treffen, die unsere beiden Testkandidaten zu den vorbestimmten Produkten lotsen sollten. Doch die Spannung hielt uns wach. Aufgeregt erwarteten wir die Ankunft der beiden Tester. Dabei sollte ich mich zunächst versteckt halten.

Wolfgang und Christine waren beide Mitte 30. Ihnen war erzählt worden, dass es in diesem Test um das Kaufverhalten von Männern und Frauen gehen werde. Von unserem wahren Vorhaben hatten sie nicht die leiseste Ahnung – sonst würde der Test nicht funktionieren.

Die beiden wurden mit Brillenkameras ausgestattet. So konnte ich aus einem in der Nähe geparkten Wagen heraus genau verfolgen, was ihre Aufmerksamkeit auf sich zog. Dann ging es auch schon los. Im Abstand von zehn Minuten starteten die Probanden.

Es war beinahe unheimlich: Wie von mir vorhergesagt, zog es beide Testpersonen wie ferngesteuert sofort zu einer ganz bestimmten Sorte Bio-Äpfel. Dabei standen insgesamt 123 Sorten Obst und Gemüse zur Auswahl! Als Nächstes griffen sie genauso gezielt zu den von mir ausgewählten Bio-Kartoffeln.

Beim Kaffee gab es einen kleinen Stolperer. Mir rutschte kurz das Herz etwas tiefer: Christine ließ sich zwar bei einer Auswahl von insgesamt 244 Sorten ohne Zögern zur von mir präparierten Kaffeemarke verleiten – doch Wolfgang marschierte einfach vorbei. Ich als passionierter Kaffeeliebhaber hatte einfach nicht mit einem Teetrinker gerechnet! Doch schon bei den Brotaufstrichen funktionierte wieder alles wie am Schnürchen. Die Schoko-Sauerkirsch-Marmelade landete in beiden Einkaufswagen. Ebenfalls das von mir ausgewählte Waschmittel und die Bio-Eier. An der Kühltheke mit insgesamt um die 1000 Produkten zur Auswahl griffen beide wie geplant zur Pizza. Wolfgang nahm hier die von mir vorbestimmten Zutaten für eine Do-it-yourself-Pizza – Schinken, vorgeriebener Pizzakäse, Fertigteig und passierte Tomaten. Die Suggestion, die ich dazu angebracht hatte, lautete: »Mach dir deine Pizza« und war vorwiegend auf Männer ausgerichtet. Christine bevorzugte, wie erwartet, stattdessen eine fertige Tiefkühlpizza.

Das Experiment war ein voller Erfolg. Nicht nur die beiden Probanden waren bass erstaunt, als ich sie mit meinem zuvor präparierten Einkaufswagen konfrontierte, in dem »ihre« Waren lagen ...

Wie also hatte ich es geschafft, die beiden derart zu manipulieren? Zunächst hatte ich eine freundliche Studentin vor der Supermarkttür platziert, die Unterschriften zum Thema Mülltrennung sammelte und dazu Flyer verteilte. Beide Probanden reagierten darauf positiv und machten mit – sie setzten ihre Unterschrift unter die Liste. Damit geschah genau das, was ich wollte: Christine und Wolfgang waren sofort auf die Themen »Bio« und »Umwelt« gepolt. Unterschwellig meldete sich vielleicht auch das schlechte Gewissen: Trenne ich meinen Müll konsequent? Tu ich wirklich genug für die Umwelt? Das konnte doch gleich beim Einkauf ausgeglichen werden! Allerdings erklärt dies allein aber nicht, warum die zwei zu genau den Bio-Äpfeln und -Kartoffeln griffen, die ich vorherbestimmt hatte. Des Rätsels Lösung: Ich hatte genau über den Äpfeln eine spezielle Lampe installiert, die das Rotspektrum betont. So sieht das Obst unwiderstehlich saftig aus. Bei den Kartoffeln betonte die Lampe die goldgelbe Farbe. Die Farben von Nahrungsmitteln sprechen direkt einen unserer ältesten Instinkte an: das Gespür, gesunde und frische Nahrung zu entdecken. Ohne diesen Sinn hätten unsere Vorfahren nicht überlebt. Im Dschungel der Jäger und Sammler gab es allerdings keine Trickbeleuchtung. Heute sind ganze Kataloge allein solchen Schummellampen gewidmet. Mit ihnen sehen Obst, Käse, Fleisch, Gemüse und Fisch appetitlicher aus, als sie es möglicherweise sind. Dass die Sache so zuverlässig funktioniert, war allerdings sogar für mich überraschend.

Ich hatte außerdem Schilder mit den Worten »Liebe« und »Kraft« am Eingang angebracht. Beide Testpersonen konnten sich nicht erinnern, diese Worte gesehen zu haben. Trotzdem hatten sie zu Produkten gegriffen, neben denen diese Begriffe erneut auftauchten.

Psychologen schätzen, dass wir 90 Prozent der Informationen, die uns umgeben, nur unterbewusst wahrnehmen. Wir können uns mit unserem wachen Bewusstsein lediglich auf etwa drei Dinge zugleich konzentrieren. Man kann sich das Bewusstsein wie Überwachungsbildschirme vorstellen. Auch wenn die Kameras – unser Unterbewusstsein* – alles akribisch aufnehmen und speichern, können wir nur auf einige Bildschirme zugleich schauen. Aber auch die restlichen 90 Prozent werden verarbeitet. Sie sind immer da. Wir haben nur in unserem Normalzustand keinen Zugang dazu. Dabei haben diese unterbewussten Wahrnehmun-

---

* Eine kleine Anmerkung: Ich spreche in diesem Buch von Unterbewusstsein, weil es der umgangssprachliche Begriff ist, den die meisten von uns kennen und mit dem sie etwas anfangen können. Korrekt müsste es eigentlich Unbewusstes heißen.

gen einen immensen Einfluss auf unsere Gefühle und unser Verhalten. Hypnosetherapeuten wissen und nutzen das; sie können dem Hypnotisierten Details von längst vergessen geglaubten Ereignissen zugänglich machen.

Zurück zum Versuch. An die Lautsprecherdurchsagen, die die Supermarkt-Versuchskaninchen zur Marmelade im Regal geleitet hatten, konnten sich die Testpersonen hinterher ebenfalls nicht bewusst erinnern: »Ja, da war was, aber was? Keine Ahnung!«

Die Lust auf Kaffee befiel Christine, als ihr von einer von mir strategisch platzierten Werbedame eine duftende Tasse zum Probieren angeboten wurde. Sie lehnte zwar ab, legte aber genau die angebotene Kaffeesorte in ihren Einkaufswagen! Neben dem Sinnesreiz – dem Kaffeeduft – kam das einfache Prinzip des Schenkens zum Einsatz, das sogar dann funktioniert, wenn man das Angebot ablehnt: Unbewusst wollte Christine etwas zurückgeben.

Wolfgang wurde während seiner Tour von einem anderen »Kunden« – einem Mitarbeiter aus dem TV-Team – nach der Getränkeabteilung gefragt. Dieser Mann trug ein T-Shirt mit der Aufschrift *Power*. Hinterher konnte sich Wolfgang zwar an den Mann, aber nicht an das T-Shirt erinnern. Doch als das Wort »Power« über der Truhe mit den Pizzazutaten auftauchte, schlug Wolfgang zu.

Außerdem hatte ich die Waren in Augenhöhe platziert. Das hat zwei Effekte. Einmal sind wir Menschen faul. Wir wollen uns nicht so gern anstrengen und bücken. Darum liegen im Supermarkt die billigen Produkte immer ganz unten in den Regalen. Bequem, wie wir sind, bevorzugen wir die Produkte auf Augenhöhe. Darum platzieren die Supermärkte dort die teuersten Waren.

Wer aufs Geld achten muss, kann sich diese Bequemlichkeit nicht leisten und muss da runter. Der Supermarkt muss sich also keine Sorgen machen, dass er die Billigmarken nicht loswird. Das Bücken hat aber noch einen Effekt: Unsere Laune sinkt, und wir werden pessimistischer. Das lässt zumindest ein Experiment vermuten, das Psychologen mit Studenten durchgeführt haben. Dabei sollte eine Gruppe Probanden Murmeln in einem Regal von unten nach oben sortieren. Eine zweite Gruppe sortierte von oben nach unten. Anschließend wurden die Studenten gebeten, darüber zu berichten, was ihnen in der vergangenen Woche widerfahren war. Die Gruppe, die von oben nach unten sortieren musste, erinnerte sich hauptsächlich an negative Ereignisse. Der Gruppe, die von unten nach oben sortiert hatte, fielen fast ausschließlich positive Begebenheiten ein. Und das nur, weil sie in eine bestimmte Richtung sortiert hatten.

All diese kleinen Manipulationen waren von mir ganz gezielt eingesetzt worden. Ihre Wirkung entfaltete sich dagegen von anderen völlig unbemerkt: Wolfgang und Christine reagierten allein mit ihrem Unterbewusstsein. Wie in einer Hypnose.

Noch am gleichen Abend rief mich übrigens der Marktleiter des Supermarkts an. Nach dem Test hatten wir zwar alles wieder umgebaut, damit die anderen Supermarkt-Kunden nicht nur »meine« Waren kauften und das restliche Sortiment links liegen ließen. Dabei hatten wir allerdings meine kleinen Veränderungen am Waschmittelregal vergessen. Das Produkt war eigentlich ein Ladenhüter gewesen – und nun restlos ausverkauft ...

Übrigens haben natürlich auch die optische Gestaltung des Logos und das Image des Ladens einen psychologischen Effekt auf uns. Zum Beispiel darauf, ob wir das Geschäft ganz allgemein für eher teuer halten oder nicht. Leute, die aufs Geld achten müssen, sind überzeugt, dass sie bei einem Discounter wie Lidl oder Netto deutlich günstiger einkaufen als bei Supermärkten wie Rewe oder Edeka. Bereits die Logos der Discounter wirken wie Sonderangebotsschilder. Die Waren sind etwas lieblos in Kartons aufgestellt. Alles wirkt dort billig. Aber ist es das auch?

Um das herauszufinden, hat ein TV-Team Anfang 2012 den sogenannten Lidl-Test gemacht. Ein Warenkorb mit 35 Produkten des täglichen Bedarfs wurde zusammengestellt. Siehe da: Der Preisunterschied zwischen dem teuersten Anbieter und dem günstigsten betrug gerade einmal 1,70 Euro: Statt 52,87 Euro bei Lidl bezahlte man 53,57 Euro bei Rewe. Und wenn man nur die günstigen Eigenmarken im Korb einbezog, gab es zwischen allen vier untersuchten Läden sogar gar keinen Preisunterschied. Nicht einen Cent. Alles findet in unserem Kopf statt: ein Spiel mit unseren Erwartungen, bei dem nicht wir es sind, die immer gewinnen.

Die Hypnose Undercover

Es passiert nicht nur im Supermarkt. Wir alle werden tagtäglich hypnotisiert, und zwar ohne es überhaupt zu merken. Ich nenne dieses Phänomen »Hypnose Undercover«. Hypnose hat immer etwas damit zu tun, mithilfe bestimmter psychologisch wirksamer Techniken das Unterbewusstsein zu erreichen und suggestiv zu beeinflussen. Wird sie bewusst eingesetzt, ist es das Ziel, den Hypnotisierten dazu zu bringen, dass er etwas tut oder lässt. Zum Beispiel keine Angst mehr vor Spinnen zu haben. Oder in Zukunft nicht mehr zu rauchen. Oder – auf der Bühne – vorübergehend den Arm nicht mehr beugen zu können oder am Sessel festzukleben.

Anders als bei einer offenen Hypnose, die ich auf der Bühne präsentiere oder die ich als Hypnosetrainer ausführe, wird bei der Hypnose Undercover das Unterbewusstsein ohne das Einverständnis des Hypnotisierten »betreten«.

Hypnose Undercover hat dabei nichts mit geheimen globalen Verschwörungen zu tun. Hier sind keine Illuminaten-Verbindungen oder gar übersinnliche Kräfte am Werk. Dieses Phänomen beruht ganz einfach auf der Funktionsweise unserer Psyche.

Die alltägliche Trance

Es beginnt damit, dass wir regelmäßig in Trance fallen, ohne es zu merken. Wenn wir ein Buch lesen und dabei alles um uns vergessen. Wenn wir im Auto durch die Nacht fahren und uns plötzlich fragen: Wo sind eigentlich die letzten 35 Kilometer geblieben? Wenn wir Golf spielen und uns nur auf den Abschlag konzentrieren und sich die Welt auf den kleinen Golfball verengt. Wenn wir Liebe machen. Wenn wir genussvoll essen. Immer wenn wir uns auf eine Sache entspannt fokussieren, geraten wir in einen Trance-Zustand.

Doch Trance ist gar nicht zwingend notwendig, um unser Unterbewusstsein zu programmieren. Wir werden jeden Tag von Dingen beeinflusst, die uns begegnen, ob wir nun in Trance sind oder nicht. Von Bildern, die wir sehen. Wörtern, die wir lesen. Von Gesichtern, in die wir blicken. Diese Beeinflussung geschieht – ob wir wollen oder nicht.

Der bekannteste Hypnosetherapeut unserer Zeit, Milton Erickson, hat ein sehr schönes Beispiel dafür beschrieben, wie das, was uns in unserer Umwelt begegnet, unseren gesunden Menschenverstand mühelos umschiffen und das Unterbewusstsein direkt erreichen kann. Als Kind lebte Erickson in einem Dorf, dessen Bewohner im Winter immer hinunter ins Tal ziehen mussten, weil es oben am Berg zu unwirtlich wurde. Der Weg ins Tal führte über eine breite Straße: auf der einen Seite befand sich der tiefe Abhang, auf der anderen Seite der Berg. Als der kleine Milton dort durch den Schnee hinabstieg, sah er die Fußstapfen der Erwachsenen: Die einzige Fußspur führte ganz knapp an der Schlucht vorbei. Und das, obwohl die Straße breit war und bei genauerem Nachdenken der Weg, der näher am Berg entlangführte, vermutlich deutlich sicherer gewesen wäre. Milton wunderte sich und überlegte kurz. Dann kam ihm eine Idee. Er trampelte an anderer Stelle selbst einen Pfad in den Schnee und legte sich auf die Lauer. Dabei entdeckte er, dass die nächsten Wanderer nun genau seinen Spuren folgten. An diese Beobachtung erinnerte er sich später. Anhand dieses Beispiels erklärte er seinen Schülern gern das Konzept der Suggestion: eines Vorschlags, dem ohne nachzudenken bereitwillig gefolgt wird. Einer gewollten oder auch unbeabsichtigten Manipulation, die dem Manipulierten nicht bewusst wird. In Sekundenbruchteilen entscheidet unser Unterbewusstsein: Da ist schon einmal jemand gegangen, der Weg muss sicher sein.

Man hat erforscht, wie Menschen sich in Gruppen verhalten, um Unglücke wie bei der Duisburger Love Parade zu vermeiden oder auch Verkehrsstaus auflösen zu können. Dabei stellte man fest, dass Menschen sich wie ein Schwarm verhalten: Einer orientiert sich am anderen. Das geschieht instinktiv und ohne Nachdenken, die Ratio schaltet gar nicht ein.

Auch wenn wir uns in einer kleineren Gruppe befinden, folgen wir instinktiv immer demjenigen, der am ehesten den

Eindruck macht zu wissen, wo es langgeht. Das ist derjenige, der am meisten fokussiert wirkt. Ob er wirklich Bescheid weiß, das prüfen wir nicht nach.

Unser Bild von der Welt ist nicht die Welt

Wie der kleine Milton Erickson tendieren alle Menschen zunächst noch dazu, hinter die Dinge blicken zu wollen. Ein Kind will wissen, wie die Welt tickt. Leider bewahren viele von uns sich diese Neugier nicht. Wir geben uns mit einem Weltbild zufrieden, meistens dem ersten, das uns präsentiert wird. Von unseren Eltern, unserer Umgebung, Freunden, dem »Zeitgeist«. Dann denken wir nicht mehr viel nach, sondern blicken durch diese Schablone auf die Welt, anstatt zu erkennen, dass das Leben komplex und veränderlich ist. Dass es ständiger Auseinandersetzung bedarf, zu der ich Sie mit diesem Buch ermutigen möchte.

Früher übernahmen in unseren Breiten die meisten Menschen das Erklärungsmodell der Kirche. Da gab es einen gütigen Gott, die Erde, die eine Scheibe war, und als Feindbild alle »Ungläubigen«. Letzteres rechtfertigte zum Beispiel blutige Kreuzzüge. Die Ungläubigen hatten aber einfach nur ein anderes Weltbild. Die Nazis präsentierten ein Weltbild, in dem Menschen mit ethnisch-jüdischem Hintergrund oder jüdischem Glauben für alles zum Sündenbock gemacht wurden.

Das Problem dabei ist, dass ein solches Weltbild in unserem Unterbewusstsein als »Wahrheit« verankert wird. Als »so und nicht anders ist die Welt«. Auf der Basis unseres Weltbilds beurteilen wir automatisch, was uns begegnet, ordnen es in »richtig« und »falsch« und »gut« und »böse« ein.

Ein Weltbild ist dabei aber nur eine mögliche Perspektive auf die Welt. Doch wir hinterfragen diese nur selten, denn Hinterfragen ist anstrengend, und suchen stattdessen eher nach Bestätigungen für unser Weltbild. Solche Bequemlichkeit kann gefährlich sein, die deutsche Geschichte in den Dreißiger- und Vierzigerjahren ist ein trauriges Beispiel dafür.

Dabei muss ein Weltbild zunächst gar nicht politisch oder religiös sein. Es setzt sich aus vielen kleinen Details zusammen. So lernt zum Beispiel ein Jugendlicher bei uns als Teil seines Weltbildes, dass man arbeiten und Geld verdienen muss, um zu überleben. Das ist Teil unseres Verständnisses davon, wie die Welt funktioniert. Ein Jugendlicher in der Stammeskultur eines Naturvolks, die kein Geld kennt, lernt dagegen, dass er jagen gehen muss, um zu überleben.

Es gibt viele Wissenschaftler, von Soziologen bis zu Hirnforschern, die sagen, dass es »die Realität« gar nicht gibt. Oder besser gesagt: Es mag sie geben, aber wir haben keinen unmittelbaren Zugang zu ihr. Schließlich findet sämtliche Wahrnehmung im Gehirn statt, gefiltert durch unsere Sinnesorgane – und diese Wahrnehmung ist alles andere als objektiv. Sie sieht vor allem, was sie kennt. Als Hypnotiseur kann ich das nur unterschreiben. Eine Definition von Hypnose besagt, dass im Zentrum der menschlichen Psyche letztlich Hypnose steht, weil alles, was wir lernen und was uns ausmacht, auf Suggestion beruht. Hypnose ist damit die Grundlage unseres Verständnisses vom Menschsein, etwas ganz Essenzielles. Das, woran wir glauben und worauf unser Blick gelenkt wird, entscheidet, was wir wahrnehmen. Die Welt ist das, was wir glauben, dass sie ist.

Worauf ich hinauswill: Nichts, wirklich gar nichts, bleibt ohne Folgen für unser Unterbewusstsein. Werbesprüche auf

Plakatwänden. Ein Graffiti im Hauseingang. Ein Gedicht, das jemand im Bus auf die Rückenlehne des Sitzes vor uns gekritzelt hat. Ein Aufdruck auf einer Plastiktüte. Ein Logo. Gespräche mit anderen Menschen. Die Nachrichten in der Zeitung. Der traurige Song im iPod. Der fröhliche Song im iPod. Die Facebook-Statusmeldung eines Freundes. Ja, selbst das Geplapper der Moderatoren im Radio macht etwas mit uns. Die Liste ist endlos. All diese Eindrücke stellen unsichtbare Weichen. Wir ziehen unbewusst Querverbindungen und Rückschlüsse. Reagieren, ohne nachzudenken. Ohne zu wissen, dass wir reagieren und nicht agieren.

Alle Ereignisse hinterlassen Spuren in unserer Wahrnehmung. Sie leiten uns in bestimmte Richtungen. Sogar unser Körper reagiert – unsere Nerven, unsere Hormone, unser Blutdruck, unsere Muskeln.

Natürlich ist ein Gedicht auf der Rückenlehne, ein Trampelpfad in den Bergen oder ein zufällig mitgehörtes Gespräch keine gezielt eingesetzte Kampagne. Letztere findet sich trotzdem genug. Es gibt nämlich Leute, die über diese ganzen Mechanismen ziemlich genau Bescheid wissen und die uns gezielt manipulieren. Werbefachleute. Politische Berater. Kommunikationsexperten. Solche Menschen arbeiten für Leute, die etwas von uns wollen: unser Geld. Unsere Wählerstimme. Unsere Unterstützung. Unsere Zuneigung.

Wäre es nicht wunderbar, wenn wir erkennen könnten, was mit uns gemacht wird, was da passiert, bevor wir automatisch reagieren? Wenn wir nie mehr zu viel einkaufen oder für etwas Geld ausgeben würden, was wir wirklich nicht brauchen? Wenn wir uns nicht blenden ließen?

Und wäre es nicht gut, wenn wir uns mit hypnotischen Techniken sogar selbst so »manipulieren« könnten, dass wir glücklicher, gesünder, sportlicher, erfolgreicher und vielleicht sogar reicher werden – oder was auch immer wir uns wünschen?

Und wenn wir auch unseren Freunden und unserer Familie helfen könnten? Nicht nur das: Wenn wir damit das Leben eines jedes Menschen schöner machen könnten, der uns begegnet?

Wäre das nicht was?

Dazu darf ich eine Vorhersage machen: Wenn Sie dieses Buch ausgelesen haben, *wäre* das alles nicht. Dann *ist* es. Und das ist schon ein kleines bisschen magisch.

2. Kapitel

Die Magie des ersten Eindrucks: Wie unsere Intuition uns an der Nase herumführen will und warum »Bestellungen beim Universum« nichts mit dem Universum zu tun haben

Der erste Eindruck, den ich selbst von der Hypnose hatte, war ein ganz anderer als alles, was ich Ihnen eben beschrieben habe. Bis zum Supermarkt-Experiment war es für mich ein langer, spannender Weg voller Erfahrungen. Ein Weg der vielen kleinen Schritte. Genauso wie die Hypnose selbst eine Abfolge von vielen winzigen Schritten ist. Hypnose ist ein Prozess. Und jeder einzelne Schritt hat seinen Sinn.

Den ersten davon habe ich ganz zufällig getan. Leser meines ersten Buches *Ich kenne dein Geheimnis* wissen es schon: Meine Mutter hatte mir als Kind zur Belohnung für einen Zahnarztbesuch ein Buch geschenkt, das sie auf dem Flohmarkt gefunden hatte. Darin ging es um Gedankenlesen, um Telepathie – und eben um Hypnose. Der Autor war Erik Jan Hanussen-Steinschneider, besser bekannt als einfach »Hanussen«, der berühmteste Hellseher der Zwanzigerjahre. Durchaus nicht nur eine Lichtgestalt, ganz im Gegenteil. Aber von seinen dunklen Machenschaften mit den Nazis hatte ich als Zwölfjähriger noch keine Ahnung. Ich war fasziniert von den magischen Dingen, die in diesem Buch beschrieben waren, und sog sie in mich auf. Und nicht nur das: Ich übte.

Endlich kam der große Tag: eine Party bei einem Freund.

Ich konnte einen anderen Jungen innerhalb von nur einer halben Minute in tiefste Trance versetzen. Doch ich ließ mir meine Überraschung nicht anmerken (übrigens ein ganz wichtiger Punkt bei der Hypnose – immer Contenance bewahren). Stattdessen suggerierte ich ihm, er sei ein vollkommen steifes Brett. Auch das funktionierte hervorragend. Er war so unbeweglich, dass andere Partygäste vorsichtig auf ihn draufklettern konnten. Der Erfolg verlieh mir Mut. Ich experimentierte mit weiteren Suggestionen: Ich »klebte« die Hände der Hypnotisierten an ihrem Hinterkopf fest. Oder an der Schulter oder an der Nase. Ich ließ sie albern kichern und vorübergehend ihren eigenen Namen vergessen. Dass man die Hypnose auch für nützliche Dinge einsetzen kann, kam mir damals noch nicht in den Sinn. Oder vielleicht sollte ich besser sagen: Es war für mich als Teenager durchaus nützlich, die anderen beeindrucken zu können. Vor allem die Mädchen. Allerdings können Sie Hypnosetechniken deutlich subtiler beim Flirten einsetzen. Dafür müssen Sie keine Riesenshow abfackeln, das geht ohne viel Aufwand. Doch dazu später mehr.

Hypnose ist keine Hexerei. Sie ist für jeden erlernbar. Jedenfalls wenn man weiß, was man tun muss. Sie ist deshalb erlernbar, weil sie, bildlich gesprochen, an den »Rezeptoren« unserer Psyche andockt. Sie kennt die geheimen Eingänge. Per Hypnose haben wir direkten Zugang zur wichtigsten Schaltzentrale des Menschen, dem Unterbewusstsein (oder, wie es ganz korrekt heißen müsste, dem Unbewussten). Über das Unterbewusstsein können wir Probleme an der Wurzel packen. Wir können uns von unseren Problemen distanzieren und sie dann aus der Beobachterposition neu bewerten. Wir können uns auf Glücklichsein einstellen. Darauf, mehr Sport zu machen. Darauf, nicht mehr zu prokrastinieren, also chronisch alles aufzuschieben, oder darauf, ein paar Kilo abzunehmen. Das Unterbewusstsein ist unser Autopilot. Es hat keine eigene Meinung. Es tut automatisch das, worauf es programmiert ist, und sorgt dafür, dass sich das, woran wir glauben, erfüllt.

Vielleicht erinnert Sie das jetzt an einen der Megaseller der letzten Jahre, die *Bestellungen beim Universum*, *The Secret* oder wie sie alle heißen. Bücher, in denen sich die sehr poetische Weisheit findet, dass wir im Universum alle miteinander verbunden sind. Weiter heißt es, das Universum serviere uns, woran wir intensiv denken. Vielleicht haben Sie das ausprobiert. Wahrscheinlich hat es tatsächlich funktioniert, das ist sehr gut möglich. Allerdings gibt es keinen mysteriösen Magneten in unserem Kopf, der anzieht, was wir denken. Unsere Wünsche werden uns (wahrscheinlich) auch nicht vom Universum erfüllt. Es ist viel magischer: Das erledigen wir selbst. Oder, besser gesagt, unser Unterbewusstsein. Was sich dort abspielt, ist tatsächlich magisch. Hier werden die unsichtbaren Fäden gezogen, die unsere Aufmerksamkeit, unser Denken, unser Handeln lenken. Auf diese Weise erschafft unser Unterbewusstsein unsere Wirklichkeit. Unsere Welt. Uns.

Genau darum ist es so wichtig, das Unterbewusstsein mit genau dem Stoff zu füttern, der unser Leben schöner, bunter und reicher macht. Dazu muss man drei Dinge wissen. Erstens, wie das Unterbewusstsein arbeitet. Zweitens, wie man verhindert, dass es von anderen ungefragt mit Junkfood vollgestopft wird, das uns nicht guttut. Drittens, wie man die guten Dinge hineinbefördert. Und wie all das geht, erkläre ich Ihnen jetzt.

Der unwiderstehliche Sog der Wiederholung

Wiederholung ist eine der effektivsten Grundtechniken der Hypnose.

Vor einiger Zeit gab es ein Experiment in einer amerikanischen Studentenzeitung. Bei diesem Versuch hatte man über ein ganzes Semester hinweg immer wieder Nonsens-Wörter in der Zeitung verteilt, die in keiner Sprache der Welt irgendetwas bedeuten. Solche Wörter könnten zum Beispiel »Upru« oder »Mulofa« gewesen sein. Einige dieser Buchstabenfolgen hat man oft gedruckt, andere nur hin und wieder. Später sollten die Studenten, die keine Ahnung hatten, dass es sich um reine Phantasiegebilde handelte, bewerten, welche dieser Wörter etwas Positives bedeuteten und welche etwas Negatives. Das Ergebnis war erstaunlich: Hinter den häufig gedruckten Wörtern wurden positive Bedeutungen vermutet, hinter den selten gedruckten negative. So simpel funktioniert das allererste Beurteilungssystem in unserem Gehirn!

Eine solche Beurteilung entsteht folgendermaßen: Wenn wir das erste Mal etwas wahrnehmen – ein Wort, ein Gesicht, eine Werbeanzeige, einen Song –, wird eine flüchtige Spur in unserem Gehirn angelegt. Falls wir der Sache anschließend nicht noch einmal begegnen, verblasst diese Spur ganz schnell wieder. Falls wir aber mit der Sache bald zum zweiten Mal konfrontiert werden, werden die Nervenverknüpfungen stabiler. Beim dritten Mal haben wir schon eine richtige »Rille«. So geht es weiter, bis der neue Inhalt fest verankert ist. Dieser Prozess läuft ohne unser Zutun ab, dagegen können wir uns nicht wehren.

Selbst ursprünglich erschreckende Dinge werden mit der Wiederholung normal und werden nicht mehr als bedrohlich wahrgenommen. Stellen Sie sich vor, Sie fahren eine Straße entlang und sehen ein brennendes Auto. Dann erschrecken Sie natürlich erst einmal. Wenn Sie am nächsten Tag dieselbe Strecke fahren und treffen an derselben Stelle wieder auf ein brennendes Auto, ist der Schreck schon nicht mehr so groß – wenn uns nicht parallel dazu etwas Unangenehmes passiert. Irgendwann ist das nur noch »die Stelle, wo Autos brennen«. Wir gewöhnen uns an alles.

Es geschehen aber noch andere Dinge.

Erstens: Nach der Verankerung wird das, worum es geht, schneller wahrgenommen als seine Umgebung. Zweitens: Es wird plötzlich positiv bewertet und für wahr gehalten. Einfach so, ohne jede Überprüfung. So wie die Wörter in der Studentenzeitung.

Das Interessante dabei ist: Es ist egal, ob das, worum es geht, bewusst oder unbewusst wahrgenommen wurde. Im Supermarkt-Experiment hatten die Kandidaten nach dem Waschmittel, der Marmelade und den Eiern gegriffen, neben denen die Worte »Liebe« und »Kraft« auftauchten. Solche Worte lassen sofort ein gutes Gefühl entstehen. Je häufiger wir sie lesen, umso tiefer wirken sie. Dass die Testeinkäufer die gleichen Worte am Eingang schon gesehen hatten, daran konnten sie sich nicht erinnern. Gewirkt haben sie trotzdem.

Forscher haben herausgefunden, dass unser Gehirn das Hormon Dopamin ausschüttet, wenn wir etwas bewusst oder unbewusst wiedererkennen. Dopamin hat eine amphetaminähnliche Wirkung. Es macht high.

Dieser Dopingeffekt wird von der Werbung und den Medien genutzt. Der »Anchorman« ist der Nachrichtensprecher, dessen Gesicht wir unzählige Male gesehen haben.

Auch bei Gesichtern wirkt Wiederholung, der Anchorman ist uns vertraut. Ihm kaufen wir die Nachrichten besonders bereitwillig ab. Kein Sender würde diese wichtige Figur leichtfertig austauschen. Denken Sie daran, wie schwierig es war, einen Nachfolger für Thomas Gottschalk bei *Wetten, dass ...?* zu finden. Gottschalk moderierte nicht einfach diese Sendung, er *war* diese Sendung. Ein solches Erbe anzutreten, erfordert Mut, denn es ist klar, dass ein ungewohntes Gesicht erst einmal Ablehnung riskiert.

In sozialen Netzwerken rollt die Wiederholungslawine besonders schnell. Eine beliebige Mini-Meldung kann in Twitter oder auf Facebook blitzschnell von den Usern kopiert werden, tausend- und sogar millionenfach. Dadurch werden wir mit einer Meldung unendlich oft berieselt. Selbst wenn die Information aus ein und derselben Quelle stammt, fühlt sich auf diese Weise sogar eine Medien-Ente, also eine falsche Meldung, plötzlich wahr an.

Ganz besonders ist das der Fall, wenn die Meldung auch noch von Leuten verbreitet wird, denen wir vertrauen: unseren Freunden und unserer Familie. Längst gibt es darum auch Social-Media-Experten, die sich im Internet unters Volk mischen. Sie lancieren gezielt Mitteilungen, um Meinung zu machen oder Produkte zu bewerben. Virales Marketing nennt sich das. Es heißt deshalb so, weil es sich wie ein Virus vermehrt und in unseren Kopf eindringt. Unser Unterbewusstsein fragt nicht, wo die Nachricht aufgegabelt wurde und ob sie nur kopiert ist. Es reagiert erst mal automatisch.

In grauer Vorzeit war dieser Mechanismus sinnvoll. Wenn unsere sammelnden und jagenden Vorfahren zum ersten Mal einen unbekannten Trampelpfad begingen, waren sie besonders wachsam und vorsichtig. Unbekanntes konnte Gefahr bedeuten. Wachsam und vorsichtig zu sein, ist allerdings sehr zeitraubend. Wer hinter jedem Baum eine Säbelzahntigermeute vermutet oder eine Fallgrube, wer den Untergrund prüft, um nicht einzusacken, der pirscht nur sehr langsam voran. Je öfter unsere Ahnen den Weg gingen, ohne dass etwas Schlimmes passiert war, umso besser konnten sie ihn einschätzen. Sie wussten: Hier droht keine Gefahr. Wir waren ja schon an diesem Ort, und es ist nichts passiert. Und so konnten sie wieder zum Eigentlichen übergehen: der Nahrungsbeschaffung.

Bekanntes signalisiert dem Unterbewusstsein Vertrauenswürdigkeit. Es weiß nun mal nichts von den Multiplizierungseffekten der modernen Medien. Davon hat nur das Bewusstsein eine Ahnung, und das wird erst mal nicht gefragt.

Intuition contra Ratio

In der psychologischen Disziplin der Entscheidungsforschung spricht man inzwischen von System I und System II, die maßgeblich an der Entstehung von Entscheidungen beteiligt sind. Das System I haben Sie gerade kennengelernt: unsere Intuition. Die Intuition reagiert unmittelbar. Ohne Nachdenken. Schauen Sie sich bitte einmal die Zeichnung auf Seite 36 an.

Und? Was sehen Sie? Welche Linie ist länger, welche kürzer? Vielleicht kennen Sie dieses kleine Experiment schon und *wissen*, dass beide Linien gleich lang sind. Trotzdem, Sie können sich anstrengen, wie Sie wollen – die Linie mit den offenen Enden sieht nun mal länger aus. Hier beharrt System I auf seinem Recht.

Das System I kennt keine Statistik und ist im Bruchteil

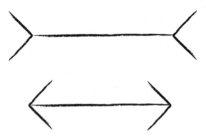

einer Sekunde sicher, die richtige Antwort zu kennen. Selbst, wenn es die falsche ist.

Noch ein Beispiel: Stellen Sie sich einen Familienvater vor, der sich um seine Familie und Kinder kümmert und der auch sonst sozial sehr aktiv ist. Ein Mann, der seiner Arbeit gewissenhaft nachgeht. Einer, der sich nebenbei noch im Umweltschutz engagiert. Würden Sie diesen Mann spontan eher als liberal oder als konservativ einschätzen? Die meisten tippen hier auf einen liberalen Zeitgenossen, auch wenn Menschen mit den aufgezählten Eigenschaften statistisch gesehen politisch häufiger konservativ ausgerichtet sind – das schreibt Daniel Kahnemann in seinem Buch *Thinking Fast and Slow*.

So werden wir von System I ständig an der Nase herumgeführt. Natürlich liegt die Intuition auch sehr häufig richtig, aber sie lässt sich eben auch schnell täuschen. Ganz besonders, wenn jemand es darauf anlegt und direkt an sie appelliert.

Das langsamere System ist das System II, unsere Ratio. Mit diesem System treffen wir rationale Entscheidungen. Mit ihm überlegen wir, suchen nach Fakten und logischen Argumenten und wägen schließlich ab. Das System II erforscht und geht den Dingen auf den Grund, es ist der Wissenschaftler in unserem Kopf. Forschen bedeutet allerdings Mühe und Geschwindigkeitsverlust. Mit System II können wir keine schnellen Entscheidungen treffen. Es ist ein bisschen sperrig. System I ist dagegen der impulsive Heißsporn.

Die Werbung setzt natürlich ganz auf unser System I, um uns dazu zu bringen, etwas sofort und ohne eingehende Prüfung anzunehmen. Als Erstes werden wir von Reklame ständig berieselt. Was dadurch im Gehirn passiert, habe ich eben beschrieben. Außerdem gestaltet sie die Dinge ganz simpel, damit wir sie schneller verarbeiten können. Auch das ist ein Prinzip, das in der Hypnose zum Einsatz kommt.

Der Werbespruch fürs eigene Leben

Was denken Sie, wenn ich Ihnen folgende Frage stelle:

Wie viele Tiere einer jeden Art nahm Moses mit auf die Arche?

Wenn Sie jetzt »zwei« gedacht haben, muss ich leider sagen: Falsch! Moses nahm gar keine Tiere mit auf die Arche. Das war Noah.

Im täglichen Leben nehmen wir meist nur Bruchstücke von Informationen auf, und unser Unterbewusstsein vervollständigt den Rest. Werbung arbeitet damit. Es werden Schlüsselworte fallen gelassen, die uns ein positives Gefühl geben sollen. Etwa der Eiscreme-Werbesong »Like Ice in the Sunshine«. Es braucht bloß diese paar Worte, schon ist die Erinnerung an einen sonnigen Sommertag da, dazu eine fröhliche Melodie, und wir fühlen uns gut.

Werbung präsentiert eine auf die Essenz eingedampfte Version unserer Wünsche und Träume – also Dinge, zu denen die meisten Menschen sowieso schon eine bejahende

Einstellung haben. Diese unwiderstehlich schönen Bilder mit viel Sonnenschein, glücklichen Familien, putzigen Hunden, von Palmen gesäumten Karibikstränden und Traumhäusern empfinden wir positiv. Sie sind Symbole für Situationen, in denen wir uns wohlfühlen. Das Gleiche gilt für die in der Werbung oft eingesetzten Worte wie Energie, Power, Liebe, Verwöhnen, Glück und Kraft. Diese Worte entfachen ein gutes Gefühl in uns, und das wird ganz nebenbei auf das präsentierte Produkt übertragen. Auch Werbung mit Prominenten wirkt so. Mit einem Prominenten verbinde ich schon ein Gefühl. Dieses Gefühl kommt automatisch bei mir an, sobald ich diesen Prominenten sehe, ob ich will oder nicht. Und es wird auf das beworbene Produkt übertragen.

Die ständige Wiederholung tut dann ein Übriges. Ja, Wiederholung ist die reinste Gehirnwäsche. Es ist auch kein Wunder, dass Songs, die in der Werbung oder als Titelmelodie einer Serie auftauchen, die Hitparaden stürmen. Haben Sie nicht auch schon mal gesagt: »Ach, erst fand ich den Song furchtbar. Aber jetzt, irgendwie, ich weiß auch nicht, wieso, jetzt find ich ihn klasse«?

Gegen die Werbung können wir uns nicht so leicht zur Wehr setzen, sie ist einfach überall. Aber wir können ihre Methoden erkennen und uns zunutze machen. Mein Vorschlag: Kreieren Sie doch einfach einen Werbespruch für Ihr eigenes Leben. Wie soll sich Ihr Alltag anfühlen? Welche Schlüsselworte transportieren das? Wenn es uns im letzten Ibiza-Urlaub so richtig gut ging, dann wäre das: »Ein Leben wie ein Sommertag auf Ibiza.« Jemand anders fühlt sich vielleicht mit »Wie ein Schmetterling im Blumenbeet« besser.

Lassen Sie Ihrer Phantasie freien Lauf. Schreiben Sie dann Ihren Spruch auf und schauen Sie jeden Morgen darauf. Viel Spaß!

Wie Sie Ihre Intuition ins Trainingslager schicken

Wenn ich Sie frage, ob der Buchstabe »K« häufiger an erster Stelle oder in der Mitte von Wörtern vorkommt, was würden Sie spontan tippen? Na? Erste Stelle oder mittendrin? Nicht lange überlegen!

Falls Sie System I, also Ihrer Intuition, das Urteil überlassen, werden Sie vermutlich die erste Stelle in Verdacht haben. So geht es den meisten Menschen. Tatsächlich ist es aber eine Mittelposition. Und hier habe ich etwas Interessantes beobachtet: Menschen, die mit Sprache arbeiten, wie Journalisten oder Schriftsteller, tippen fast immer spontan richtig.

Das ist ein gutes Zeichen! Denn das zeigt, dass sich auch das System I durch Erfahrung schulen lässt. Weil sich Schriftsteller täglich mit Sprache auseinandersetzen, haben sie auch eine treffsicherere Intuition, sobald es um Sprache geht.

Wenn sich unsere Intuition schulen lässt, bedeutet dies, dass wir Manipulationen nicht hilflos ausgeliefert sein müssen und trotzdem schnell und effizient reagieren können, falls es darauf ankommt.

Machen wir uns also eine Gewohnheit daraus, Dinge kurz zu hinterfragen. In den meisten Situationen haben wir ja ein paar Sekunden Zeit, um uns zu entscheiden. Länger dauert das gar nicht.

Das bedeutet: Wir fragen uns nach dem ersten intuitiven Urteil oder der intuitiven Handlung noch einmal: Wieso tu ich das hier eigentlich?

Zum Beispiel: »Wieso werfe ich gerade diesen Schokoriegel in meinen Einkaufswagen? Der steht nicht auf meiner Einkaufsliste. Will ich den wirklich?« Oder: »Wieso habe ich was gegen Kollegin Meier? Ich kenne sie ja bis jetzt gar nicht persönlich. Genau genommen habe ich nur Gerüchte aus zweiter Hand gehört. Vielleicht sollte ich sie mal zum Kaffee einladen.« Oder: »Finde ich das Parteiprogramm, das Politiker XY vertritt, denn eigentlich wirklich gut? Weiß ich überhaupt, wofür er einsteht? Vielleicht sollte ich mir mal Informationen aus erster Hand besorgen.«

Das Hinterfragen der intuitiven Meinung ist besonders dann angebracht,

- wenn wir Personen, die wir nur flüchtig oder gar nicht kennen, spontan beurteilen (oder sogar verurteilen);
- wenn wir plötzlich etwas kaufen wollen, an das wir bisher keinen Gedanken verschwendet haben;
- wenn wir vor wichtigen Entscheidungen stehen, wie einer politischen Wahl oder einer Investition in eine neue Anlagemöglichkeit.

Wenn wir uns konsequent dazu anhalten, wird das Hinterfragen zu einem Automatismus. Dadurch verschaffen wir uns mehr Informationen über eine Sache. Und unser erstes Urteil wird im Idealfall rational untermauert. Denn die beste Entscheidung ist immer die, bei der System I und System II zum selben Ergebnis kommen. Mit dieser Strategie wären viele Menschen, die bei dem Höhenflug der New Economy intuitiv ganze Familienvermögen in Aktien angelegt haben, vor einer unsanften Bauchlandung bewahrt worden.

Mit immer mehr Erfahrung wird so irgendwann auch unser System II immer schneller – bis es mit System I verschmilzt: Das heißt, unsere Intuition hat dazugelernt. Sie wird, wenn wir offen für Neues bleiben, im Laufe unseres

Lebens immer genauer. Alte Menschen haben oft ein geradezu unfehlbares Bauchgefühl. Besonders, wenn sie mit Neugier durchs Leben gegangen sind.

Verstehen Sie mich bitte nicht falsch. Ich bin ein großer Fan der Intuition. Eine gut trainierte Intuition kann blitzschnell zwischen echten und eingebildeten Bedrohungen unterscheiden. Und sie kann den schönen Schein der Werbewelt von Dingen unterscheiden, die uns wirklich glücklich machen. Auch folgende Übung schult die Intuition.

DIE ROSINEN IM LEBEN ERSCHMECKEN

Es sind die Feinheiten im Leben, für die wir unsere Sinne öffnen sollten. Such dir einen ruhigen Ort. Schließ die Augen und komm zur Ruhe. Dann leg dir eine kleine Rosine auf die Zunge. Nicht zerbeißen! Fühle ihre Form, ihre Struktur. Lass sie langsam im Mund zergehen und schmecke, wie sich die Süße auf deiner Zunge verteilt. Erst nach drei Minuten zerkaust du sie. So öffnest du dich dafür, die Feinheiten der Dinge wahrzunehmen und genau hinzuschauen. Guten Appetit und viel Spaß beim Entdecken neuer Sinneswelten!

Der erste Eindruck zählt – aber anders, als Sie vielleicht denken

Es ist nicht nur die Wiederholung, die sich unbemerkt Zugang zu unserem Unterbewusstsein verschafft. In der Psychologie gibt es den englischen Begriff des Priming. Das bedeutet, dass ein primärer, also ein erster Eindruck alle folgenden Eindrücke mit beeinflusst.

Was damit gemeint ist, verdeutlicht ein Versuch aus England: Testpersonen sollten in einem Wort mit Leerzeichen die fehlenden Buchstaben ergänzen. Das sah so aus:

S _ _ P

Daraus lässt sich im Englischen einiges machen. Stop. Step. Snap. Seep. Slip. Slap. Swap. Shop. Ship. Nun hatte man einigen Personen vor dieser Aufgabe das Wort EAT, also Essen, gezeigt. Diese Leute ergänzten das Wort, ohne zu zögern, zu SOUP, also Suppe.

Leute, die hingegen zuvor das Wort WASH – Waschen – gezeigt bekommen hatten, machten aus S_ _P spontan SOAP, Seife.

Der erste Eindruck bestimmt die Richtung.

Diesen intuitiv ablaufenden Mechanismus macht sich auch ein Hypnotiseur zunutze, wenn er dem Hypnotisierten eine erste Suggestion mitgibt. Damit schafft er den Rahmen für alles Folgende.

Diesen Trick nutzt aber auch ein guter Verkäufer. In Schulungen lernt das Verkaufspersonal, die Kunden dazu zu animieren, möglichst viel und möglichst teuer zu kaufen. Und nicht nur das. Sie sollen sich dabei gut fühlen. Denn nur, wer sich gut fühlt, kommt wieder und wird ein Stammkunde.

Das alles geschieht natürlich sehr subtil. Ein guter Verkäufer bei einem Herrenausstatter würde zum Beispiel niemals auf den Käufer losstürmen und ihm als Erstes einen Gürtel für 100 Euro zeigen. Er weiß, dass dieser Preis für die meisten Menschen sehr viel Geld bedeutet. Stattdessen lässt er den Kunden zunächst in Ruhe nach den Anzügen schauen. Er soll sich wohlfühlen und nicht das Gefühl bekommen, gedrängt werden. Das schafft Vertrauen. Auch soll er sich ruhig mal bei den teuren Anzügen umschauen, so wird er mit großen Beträgen konfrontiert, und das ist, wie wir gleich sehen werden, sehr nützlich für den Verkäufer.

Sobald der Kunde mit einem Anzug in der Umkleidekabine verschwindet, wird der Verkäufer aktiv. Ich bin sicher, das Folgende ist Ihnen auch schon mal passiert. Ob nun beim Anzugkauf, in einem Schuhladen oder einem anderen Geschäft:

Jeder kennt doch diesen Moment, in dem der sympathische Verkäufer noch ein Kleidungsstück – in diesem Fall einen Anzug – in die Umkleide reicht und sagt: »Schauen Sie doch mal hier, das hier habe ich auch noch in Ihrer Größe gefunden. Eine ganz tolle Qualität.« Im nächsten Moment schaut der Kunde verstohlen aufs Preisschild und schluckt. Nehmen wir einmal an, der nachgereichte Anzug kostet 800 Euro. Der Kunde hat sich aber ein Preislimit von 400 Euro gesetzt. Der Anzug ist demnach 400 Euro zu teuer.

Trotz seines gesetzten Preislimits wird der potenzielle Kunde den zu teuren Anzug wahrscheinlich anprobieren. Immerhin macht sich der Verkäufer solche Mühe. Er trabt durch den Laden, macht Vorschläge und ist überhaupt sehr hilfsbereit. Diese Mühe nehmen wir als eine Form von Geschenk wahr – und wir sind darauf konditioniert, Geschenke zu erwidern (mehr dazu im nächsten Kapitel). In diesem Fall geschieht das, indem wir das Vorgeschlagene anprobieren.

Sobald der Kunde aber im teuren Anzug steckt, schnappt die Falle zu: Er ist nun auf einen hohen Preis und auf hohe Qualität geprimt. Alles, was danach kommt, wird daran gemessen. Die Anzüge für unter 400 Euro, die in das ursprünglich vorgesehene Budget fallen, werden dem Kunden nach der Anprobe des edlen 800-Euro-Teils billig und wenig attraktiv erscheinen. Und der 100-Euro-Gürtel, mit dem der Verkäufer natürlich genau jetzt anrückt, erscheint geradezu günstig.

Hier reagiert das unkritische System I.

Gut möglich, dass unser Mann trotzdem nicht den 800-Euro-Anzug erwirbt. Aber vielleicht überlegt er noch einmal, ob es nicht doch ein bisschen teurer sein darf. Mit einem neuen Kleidungsstück kauft man nämlich auch ein Stück Selbstwertgefühl. Slogans wie »Weil Sie es sich wert sind« oder »Man gönnt sich ja sonst nichts« sind aus gutem Grund erfolgreich. Wer sich nur das Billigste gönnt, verliert an Selbstachtung. Untersuchungen haben gezeigt, dass Menschen die gleiche Sache wesentlich höher schätzen, wenn sie eben teurer ist.

Natürlich ist ein Anzug für 300 oder 400 Euro auch nicht wirklich »billig«. Das weiß aber nur das System II. Und das hat gerade nichts zu melden. Gut möglich also, dass der Kunde den Laden mit einem Kompromiss-Anzug für 600 Euro und dem 100-Euro-Gürtel verlässt. Weil er dem 800-Euro-Anzug widerstanden hat, hat er wahrscheinlich sogar noch das Gefühl, Geld gespart zu haben. Und das, obwohl er gerade 300 Euro mehr ausgegeben hat, als er ursprünglich vorgehabt hatte. Verrückt, oder?

Das Priming selbst können wir nicht verhindern. Dieser Prozess läuft automatisch ab. Aber wir können ihn uns bewusst machen. Das ist kein Hexenwerk. Wann immer wir einen Mechanismus kennen, können wir uns sagen: Aha, hier geschieht gerade etwas mit mir. Und: Ich entscheide mich bewusst, da nicht mitzumachen.

Der Kunde könnte es sich zum Beispiel zur Gewohnheit machen, erst mal die ins Auge gefassten Sachen zurückhängen oder -legen zu lassen, bevor er einen Kauf tätigt. Einen

Tag oder auch nur eine Stunde. Das reicht schon fürs System II, die Sache zu analysieren. Können Sie sich vorstellen, wie viel Geld Sie dadurch sparen können?

> **DIE MAGISCHE FORMEL DES ÉMILE COUÉ**
>
> *Émile Coué war ein Psychologe und Apotheker im 19. Jahrhundert. Er machte die Feststellung, dass seine Medikamente, die er seinen Patienten verschrieb, immer dann eine hervorragende Wirkung entfalteten, wenn er das Medikament als wunderbares Heilmittel anpries. Immer dann, wenn er nichts von der besonderen Wirkung des Medikaments erwähnte, dauerte der Krankheitsverlauf länger. Er entdeckte damit den sogenannten Placebo-Effekt. Dazu später mehr. Émile Coué machte die folgende Selbstsuggestion bekannt, die, täglich angewandt, eine wunderbare Wirkung auf Körper und Geist hat: »Mit jedem Tag werde ich besser und besser.« Sagen Sie sich diesen Satz mehrmals vor, am besten morgens nach dem Aufstehen und abends kurz vorm Einschlafen. Es ist, als ob wir mit unseren Zellen kommunizieren könnten.*
>
> *Noch mehr zur Magie der Worte lesen Sie jetzt ...*

3. Kapitel

Der Zauber der Sprache: Wie Sie mit den richtigen Worten Wunder wirken und wie Ihr Name zum Glücksmagneten wird

In der Hypnose verwende ich Sprache auf elegante Art und Weise. Das ist das ganze Geheimnis. Darauf beruht die Wirkung. Es gibt keine unsichtbare Strahlung, keine geheimen Sender. Es ist »nur« Sprache.

Aber ist es wirklich »nur« Sprache? Sprache umgibt uns. Überall. Wörter sind ihre Moleküle, die Buchstaben die Atome.

Das Priming-Experiment aus dem vorherigen Kapitel, in dem die Probanden ein neues Wort ergänzen sollten, zeigt: Wörter sind nicht einfach nur Wörter. Wir verbinden etwas mit ihnen. Umgekehrt lenken und filtern Worte unsere Wahrnehmung. Auf gewisse Weise existiert für uns erst mal nur das, wofür wir eine Bezeichnung haben. Alteingesessene Iren können 40 verschiedene Grüntöne unterscheiden und benennen. Die Inuit haben unglaublich viele Wörter für die Farben des Schnees. Wir dagegen nehmen nur Hellgrün und Dunkelgrün wahr, und wenn es um Schnee geht, gibt es Schneeweiß und vielleicht noch etwas schmutzigeres Schneeweiß. Das, wofür wir Worte haben, definiert unsere Realität.

Aber das ist noch nicht alles. Wörter wirken unmittelbar auf unseren Körper, sie haben Kraft. Sie können uns mit Energie füllen oder uns Energie rauben. In einem Experiment hat man Studenten die Aufgabe gestellt, aus einigen Wörtern einen Satz zu formen. Diesen Satz mussten sie anschließend im Zimmer des Studienleiters abgeben. Dabei wurde die Zeit gemessen, die die Studenten für diesen Weg benötigten. Der Clou dabei bestand darin, dass eine Gruppe der Studenten Wörter bekommen hatte, die mit Jugendlichkeit zu tun hatten. Die zweite Gruppe erhielt Wörter, die sich um das Thema Alter drehten. Und das Unglaubliche geschah: Die zweite Gruppe brauchte deutlich länger für den Weg ins Zimmer des Studienleiters. Die »alten« Worte hatten die jungen Leute langsam – älter – gemacht, die jugendlichen Worte bewirkten das Gegenteil. Es ist also ganz wichtig, sich mit den richtigen Worten zu umgeben. Fangen Sie doch so an:

DREI GRÜNDE FÜR DANKBARKEIT

Ein wunderbares Ritual der Worte, das ich selbst seit einiger Zeit praktiziere, um mich auf die schönen Seiten des Lebens zu fokussieren, ist Folgendes: Jeden Abend nehme ich mir zehn Minuten Zeit und schreibe drei Momente des Tages auf, die toll waren. Zum Beispiel könnte das sein: »Heute war ich mit meinem Sohn baden«, »Habe etwas Neues über die Hypnose erfahren« oder »Habe eine inspirierende Theatershow erlebt.«

Zu jedem dieser schönen Ereignisse ergänze ich dann noch den Grund, warum ich diesen Moment erleben durfte. »Ich war deshalb mit meinem Sohn baden, weil ich ein Teil einer großartigen Familie bin.«

Machen Sie dieses Ritual mindestens sechs Wochen lang. Sie werden feststellen, Ihre ganze Wahrnehmung, Ihr Leben wird sich zu einem positiven Erlebnis entfalten. Sie werden aufblühen.

Magische Wortmedizin mit Sofortwirkung

Ist Ihr Freund lethargisch und bewegt sich wie ein alter Mann? Kränkelt Ihre beste Freundin oft und fängt sich jede Erkältung ein? Schieben Sie selbst alles immer bis auf den letzten Drücker auf?

Dann brauchen Sie und Ihre Lieben die magische Wortmedizin!

Gebrauchsanweisung: Bilden Sie aus einer Liste von magischen Wörtern jeden Morgen – und nach Bedarf – einen neuen Satz. Sie können sich die magischen Wörter an den Badezimmerspiegel heften oder auf einen Zettel neben das Bett legen. Wie Sie mögen. Sie können sich auch selbst Listen mit Wortmedizin ausdenken. Schon das Schreiben wird eine enorme Wirkung entfalten.

Wörter, die gesund und jung machen

Kraft. Energie. Vital. Straffheit. Strahlend. Knackig. Erneuerung. Schwung. Straff. Blitzschnell. Flitzebogen. Gut. Übermut. Effektiv. Kraftvoll. Aktiv. Saftig. Rosig. Schön. Gut. Ich bin: Stark. Unbesiegbar. Gesund. Strotzen. Anmut. Sprudeln. Spannung. Glatt. Frisch. Neues. Besser. Ausgeschlafen. Energiegeladen. Ebenmäßig. Power. Yeah! Prall. Energetisch. Glänzend. Neugier. Leichtigkeit.

Wörter, die gute Laune machen und Energie geben

Liebe. Spaß. Sonnenschein. Kribbeln. Achterbahn. Frühling. Jippieh! Blüten. Jetzt. Orange. Salzbrise. Meeresglitzern. Abenteuer. Springen. Reichtum. Sommer. Jubel. Bunt. Papaya. Jawohl. Ferien. Eiscreme. Zuckerwatte. Grenzenlos. Glücklich. Phantasie. Mango. Tanzen. Blumen. Erdbeeren. Über-

fluss. Spielen. Chili. Knüller. Sommerwiese. Glück. Freude. Lecker. Knutschen. Sterne. Sonnenschirm. Hopsen. Lust. Lachen. Wunder. Looping. Rot. Sackhüpfen. Geschenk. Freiheit. Jackpot. Sonnengelb. Feiern. Toll. Juhu! Champagner. Fahrtwind. Aufregung. Kuss. Hüpfen. Genuss. Schokoeis. Spannung. Trampolin. Schön. Herz. Weite.

Wörter, die wohlig entspannen
Schlaf. Träume. Wolke. Dahintreiben. Rosa. Bett. Fluss. Stille. Sanftheit. Tee. Duft. Weich. Ruhen. Regeneration. Wohlgefühl. Meeresrauschen. Hellblau. Schaukeln. Schlummer. Vertrauen. Umarmen. Schlendern. Hängematte. Plätschern. Schäfchen. Flauschig. Liegestuhl. Schlafen. Romantik. Sachte. Leise. Entspannung. Stopp. Loslassen. Kuscheln. Geborgenheit. Tiefe. Seele. Zartheit. Sinken. Ruhe. Angenehm. Kissen. Sofa. Wärme. Fließen. Balsam. Harmonie. Schnurren. Sicherheit. Berührung. Gelassenheit.

Wörter für Spaß bei der Arbeit (und gegen das Trödeln)
Jetzt. Sofort. Machen. Los. Schaffen. Energie. Erreichen. Komm. Kaffee. Erfolg. Ich will. Direkt. Spaß. Effektiv. Vorwärts. Top. Antrieb. Koffein. Ambition. Enthusiasmus. Batterie. Ehrgeiz. Loslegen. Ja! Tun. Motor. Anfangen. Vorsprung. Flow. Energiegeladen. Spannung. Oben. Anregend. Genau! Ziel. Tempo. Dranbleiben. Bewegung. Rot. Jawohl! Power. Genuss. Aktion. Gipfel. Strom. Nun. Adrenalin. Push. Rhythmus. Wille. Gewinner.

Wörter, die aufwärmen und entspannen
Sauna. Kamin. Apfelstrudel. Flirrend. Heizung. Wüste. Tee. Backofen. Strand. Wollsocken. Erde. Temperatur. Glühend. Sonnenbrille. Heiß. Tropen. Fieber. Lagerfeuer. Schal. Ku-

scheln. Afrika. Hitze. Wolldecke. Sonnenwarm. Grill. Dampf. Zimt. Steppdecke. Florida. Sommer. Pfanne. Sahara. Grog. Wärmflasche. Kapuze. Daunenjacke. Fell. Mütze. Badewanne. Lagerfeuer. Karibik. Erbsensuppe. Einhüllen. Kakao. Backblech.

Wörter, die kühlen
Winter. Eis. Kalt. Kühle. Eiswasser. Kühlschrank. Salat. Eisfach. Kristall. Luft. Eisblau. Weiß. Schnee. Tauchbecken. Arktis. Nordpol. Ski. Orangensaft. Kälte. Wasser. Brrr! Kühlelement. Grün. Polarbär. Iglu. Eskimo. Schlitten. Zitrone. Erfrischung. Tiefkühltruhe. Gischt. Tropfen. Klirrend. Klar. Wasser. Tauchen. Schlittschuh. Wind. Luftig. Nackt. Winterwald. Limonade. Eiswürfel. Berggipfel. Gletscher. Brise. Fischstäbchen.

Der sprechende Schmetterling (Skript Nummer 1)*
Auch die folgende Visualisierungsübung erhält ihre Kraft aus Worten. Sie können sie im entspannten Zustand selbst machen, zum Beispiel kurz vor dem Einschlafen oder direkt nach dem Aufwachen, wenn wir uns ganz von selbst in einem hypnotischen Zustand befinden. Sie können den Text auch einem Freund oder einer Freundin vorlesen, während er oder sie entspannt dasitzt und die Augen geschlossen hält. Wenn Sie wollen, können Sie ihn sogar als Suggestion in

---

* Alle Texte in diesem Buch, hinter denen Sie eine Klammer mit dem Hinweis »Skript« finden, können Sie zur Selbstsuggestion in jedem Zustand der Entspannung benutzen. Sie können sie zur Vertiefung der Suggestionen aufschreiben oder sie Freunden vorlesen, denen Sie helfen möchten. Außerdem eignen sie sich als »echtes« Hypnose-Skript. Wie Sie andere Menschen bewusst hypnotisieren, erfahren Sie später.

einer offenen Hypnose verwenden, in der Ihr Gegenüber sich in Trance befindet (wie das funktioniert, erkläre ich Ihnen im letzten Kapitel). Doch eigentlich ist eine Trance gar nicht notwendig, der Schmetterling entfaltet seine magische Wirkung in jedem Fall:

Mache die Augen zu.
Du bist in einem schönen Garten und sitzt auf einer Bank.
Plötzlich kommt ein wunderschöner Schmetterling angeflogen.
Der Schmetterling setzt sich auf deine Hand.
Nun spricht er mit dir.
Er sagt ein Wort.
Nur eins.
Dieses Wort gibt dir einen Hinweis, auf was du in deinem Leben dein Augenmerk richten solltest.
Dann fliegt er wieder weg.
Wie lautet dein Wort?

Nomen est omen: Die Suggestion unseres Namens

Namen sind ganz besondere Worte und dabei Träger der stärksten Suggestionen. Das kann der traditionsreiche Familienname sein, mit dem zum Beispiel erfolgreiches Unternehmertum oder eine bestimmte Akademikerlinie gekoppelt ist. Träger bekannter Namen haben es in vieler Hinsicht einfacher. Auf jeden Fall, solange sie im gleichen Fahrwasser wie ihre Vorfahren bleiben. Allerdings werden sie an dem Erfolg ihrer Angehörigen gemessen. Das kann anstacheln, aber auch zum Druck werden.

Doch nicht nur Familiennamen wirken stark suggestiv. Auch Vornamen können Träger und Verstärker von bestimmten Eigenschaften werden. Nehmen wir an, ein Kind wird nach seinem Großvater Paul genannt. Angenommen, Opa Paul war ein Trinker. Auf jeder Familienfeier hört der kleine Paul, wie sich die Verwandten über Paul, den Trinker, unterhalten. Das Enkelkind kommt nun schnell in die Versuchung, die gleiche Eigenschaft anzunehmen, weil es ja auch Paul heißt und sich unbewusst mit dem Namen identifiziert. Hier haben wir es mit einer familiären Suggestion zu tun, die immer und immer wieder auf den Namen gegeben wird. Dadurch kann das Kind tatsächlich zum Alkoholiker werden. Also Vorsicht bei der Namensgebung! Wer einen vorbelasteten Namen hat, mit dem er sich nicht wohlfühlt, kann sich immerhin einen Spitznamen anschaffen oder einen zweiten Vornamen benutzen, wenn die Eltern so schlau waren, mehrere Namen zur Auswahl zu stellen.

Umgekehrt ist es immer möglich, eine positive Suggestion auf den eigenen Namen zu geben. Ich gebe meinem Gegenüber am Ende einer Hypnosesitzung stets eine bestimmte hebende Suggestion mit, die mit dem eigenen Namen verknüpft wird. Die Rückmeldungen darauf sind durchweg begeistert. Das Magische daran ist, dass die Sache auch wunderbar ohne Trance funktioniert. In wenigen Sekunden.

Ich habe das in der Talkshow *Tietjen und Hirschhausen* mit der Schauspielerin Tessa Mittelstaedt ausprobiert. Tessa sollte zunächst auf einem Bein mit ausgestreckten Armen balancieren. Eine der instabilsten Haltungen, in die sich ein Mensch begeben kann – ich konnte sie mit einem Finger problemlos aus der Balance bringen. Anschließend habe ich sie, immer noch balancierend, mit der positiven Suggestion »gefüttert«. Dann geschah das Unglaubliche: Tessas Kraft war so gewachsen, dass ich sie nicht mehr umschubsen konnte. Testen Sie es selbst!!

SO WIRD IHR NAME ZUM GLÜCKSMAGNETEN

Schreiben Sie den folgenden Satz auf einen Zettel. Schreiben Sie ihn mit der Hand, nur dann entfaltet er seine volle Wirkung. Lesen Sie ihn, bis Sie ihn sich vollständig gemerkt haben. Dann schließen Sie die Augen. Atmen Sie tief durch. Wiederholen Sie den Satz laut sieben Mal:

Immer wenn ich meinen Namen höre, lese oder sage (setzen Sie hier Ihren Namen ein), weiß ich, dass ich stark bin, voller Kraft, gesund, glücklich und reich.

Stellen Sie sich vor, wie die Suggestion in Ihr Unterbewusstsein sinkt. Sie ganz ausfüllt. Atmen Sie tief ein und fühlen Sie die Wahrheit der Worte.

Namen sind wirklich machtvolle Anker. Man hat bei uns in Deutschland festgestellt, dass Menschen mit traditionsreichen Namen wie Johannes, Alexander oder Katharina mehr Geld besitzen als gleichaltrige Leute mit modernen Namen wie Kenneth oder Mandy, deren Herkunft meist auf Prominente, wie Film- oder Popstars, zurückgeht. Dazu passt auch die Erkenntnis, dass die Pädagogen in einer Untersuchung unter Grundschullehrern überzeugt waren, die Kims und Chantals in ihren Klassen wären dümmer als die Kinder mit Namen wie Maximilian oder Maria. Diese Einschätzung wirkt leider auf die Kinder zurück. Wer als dumm gilt, hat es nicht leicht, einen Erwachsenen vom Gegenteil zu überzeugen. Das frustriert. Frustration bewirkt wiederum, dass die Kinder es aufgeben, sich anzustrengen. Und schon hat sich das Vorurteil bewahrheitet. Diese Erwartungen pflanzen sich fort, von der Schule bis ins Berufsleben. Die meisten Menschen gehen instinktiv respektvoller mit einem Elias um als mit einem Kevin. Ungerecht, aber so funktioniert unsere Psyche.

Stellen Sie sich vor, Sie hatten einen Exfreund, der Lars hieß und mit dem Sie äußerst negative Erfahrungen gemacht haben. Der nächste Lars wird bei Ihnen wahrscheinlich schlechte Karten haben – bis Sie von System I auf System II umschalten und mal genauer hinsehen, wie dieser Lars eigentlich wirklich ist.

Die Self Fulfilling Prophecy

Auch wenn Ihre Freunde (oder Freundinnen) nicht dieselben Namen tragen, haben viele Menschen das Gefühl, in Beziehungen immer wieder an dieselben Typen und in dieselbe Sackgasse zu geraten. Das ist theoretisch natürlich möglich. In vielen Fällen sind wir aber nur Opfer unserer eigenen Vorannahmen. Dann haben wir es mit einer Self Fulfilling Prophecy zu tun, einer sich selbst erfüllenden Prophezeiung. Dabei stellt uns System I eine Falle, denn unsere Vorurteile lassen uns nicht nur das sehen, was mit ihnen übereinstimmt – wir verhalten uns auch so, dass sie sich bewahrheiten!

Der Soziologe Paul Watzlawick erzählt in seiner berühmten Ratgebersatire *Anleitung zum Unglücklichsein* die Geschichte vom »Mann mit dem Hammer«. Die geht in etwa wie folgt: Ein Mann möchte ein Bild aufhängen, aber ihm fehlt ein Hammer. Den möchte er sich darum vom Nachbarn leihen. Bereits auf dem Weg kommen ihm Zweifel: Der Nachbar hat gestern so komisch gegrüßt. Vielleicht wollte er ihm ausweichen? Vielleicht möchte er ihm den Hammer gar nicht leihen. Ja, er hat wohl etwas gegen ihn. Aber was? Da muss sich der Nachbar etwas einbilden. Er würde allen seinen Nachbarn jederzeit Werkzeug ausleihen, wenn er welches hätte. Aber dieser Nachbar offenbar nicht. Nicht mal so einen simplen Nachbarschaftsdienst will dieser Stinkstiefel leisten. Als wenn er darauf angewiesen wäre. Und so weiter. Zum Schluss stürmt er hinüber zum Nachbarn und schreit ihn an: »Sie können Ihren Hammer behalten, Sie Rüpel!«

Diese Geschichte ist natürlich erfunden. Trotzdem verdeutlicht sie gut, wie die Self Fulfilling Prophecy funktioniert: Ein derart Angebrüllter wird seinem cholerischen Nachbarn in Zukunft ganz sicher keinen Hammer mehr ausleihen – und der Choleriker behält mit seiner Prophezeiung recht.

Leider werden mit solchen Negativsuggestionen tagtäglich wenig erfreuliche Situationen heraufbeschworen. Stellen Sie sich vor, eine Frau hat sich gerade – ähnlich wie der Mann mit dem Hammer – in Rage gedacht. Sie ist der Ansicht: Ihr Partner lässt sie mit der Hausarbeit im Stich. Nun kommt er nach der Arbeit nach Hause und wirft sich auch tatsächlich recht bald vor dem Fernseher aufs Sofa. Seine Socken hinterlässt er auf dem Badezimmerfußboden.

Beides wird für seine Freundin nun zum »Beweis« für die Vorannahme, ihr Freund sei »faul« und nicht bereit, im Haushalt mit anzupacken. Dass er die Spülmaschine ausgeräumt hat, erscheint ihr wie eine Kleinigkeit, die er nur erledigt hat, um seine generelle Untätigkeit zu kaschieren. Vielleicht fängt die enttäuschte Dame einen Streit darüber an. Das kann dann dazu führen, dass ihr Freund wirklich wenig Lust verspürt, einen Finger zu rühren. Er ist frustriert. Denn das, was er getan hat – das Ausräumen der Spülmaschine –, wird unter den Teppich gekehrt. Diese Annahme hat übrigens Potenzial, wiederum zu seiner Self Fulfilling

Prophecy zu werden. Statt also etwas im Haushalt zu erledigen, flieht er vor dem nervenaufreibenden Streit ins Fitnessstudio. Und siehe da: Die Prophezeiung seiner Freundin hat sich erfüllt! Er hat sie tatsächlich mit der Hausarbeit im Stich gelassen, dieser Macho!

Der Soziologe Harold Garfinkel, Begründer der Ethnomethodologie – grob gesagt, der Wissenschaft davon, mittels welcher unbewusster sprachlicher Methoden das hergestellt wird, was wir unter Realität verstehen –, wies in Experimenten nach, dass wir ein und dasselbe Verhalten je nach Vorinformation vollkommen gegensätzlich deuten können.

Im Beispiel oben könnte etwa die Deutung der Situation ganz anders aussehen, wenn die Freundin in Besitz der Information wäre, dass ihr Partner einen harten Tag im Büro hatte. Oder derzeit unter Depressionen leidet. In diesem Fall könnte er sich ganz genauso verhalten: Fläzen auf dem Sofa, Socken auf dem Badezimmerfußboden. Aber statt seiner »Faulheit« geriete es für seine Partnerin in den Blickpunkt, dass der Arme trotz der widrigen Umstände »sogar« die Spülmaschine ausgeräumt hat. Dies wiederum führt vielleicht zu einem Lob ihrerseits. Und das motiviert ihn wahrscheinlich, später noch mehr im Haushalt zu erledigen (zur suggestiven Kraft der Anerkennung lesen Sie noch mehr in Kapitel 4). Die Situation ist zunächst genau dieselbe – aber wird völlig unterschiedlich gedeutet, was den weiteren Verlauf des Abends bestimmt.

Falls Sie also frustriert denken »Männer/Frauen sind alle gleich« und sich in Ihrer Beziehung als Opfer fühlen, hilft es, sich einmal hinzusetzen und eine Liste zu machen. Darauf schreiben Sie 50 Merkmale, worin sich die aktuelle Beziehung von Ihrer vorherigen unterscheidet. Dieses Bewusstmachen schärft den Blick für die tatsächliche Situation. Das heißt, Sie schenken nicht einfach blind Ihrer Intuition Glauben, sondern beziehen System II mit ein. Sie weiten den Blick auf Ihren Partner, indem Sie mit Ihrer Ratio mehr positive Informationen zusammentragen. Damit entziehen Sie negativen Self Fulfilling Prophecies den Boden.

Wenn Sie jetzt auch noch die 5:1-Regel beachten, die die Bochumer Sozialpsychologen Hans-Werner Bierhoff und Elke Rohmann empfehlen – auf höchstens eine Kritik am Partner sollte fünf Mal ein Lob folgen –, stellen Sie Ihre Wahrnehmung bewusst auf die positiven Seiten des Partners scharf. Die lobenden Worte geben die neue Richtung vor und werden zu Suggestionen, die positive Self Fulfilling Prophecies begünstigen. Das führt irgendwann zu einer »vertieften Idealisierung«. Dieser Begriff aus der Psychologie ist nichts anderes als die auf Alltagstauglichkeit abgeklopfte rosarote Brille der Verliebtheit. Das lässt uns auch nach vielen Jahren noch verstehen, warum wir uns einst in diesen speziellen Menschen verliebt haben.

DAS MAGISCHE ÜBERHOLMANÖVER

Haben Sie schon einmal in einer Schlange angestanden und es besonders eilig gehabt? Dann wird Sie diese Self Fulfilling Prophecy der besonderen Art sicher interessieren. Versuche haben ergeben, dass sich Probanden in den meisten Fällen ohne Probleme vordrängeln durften, wenn sie nur einen Grund angaben. Das Spannende dabei: Was für ein Grund genannt wird, ist völlig unerheblich. Auch völlige Nonsens-Erklärungen hatten den gewünschten Effekt, wenn sie nur mit ernster Miene vorgetragen wurden. Am Bahnfahrkartenautomaten zum Beispiel: »Entschuldigung, würden Sie mich vorlassen? Ich muss eine Fahrkarte ziehen.« Am Kopierer: »Bitte, ich habe es sehr eilig, ich muss kopieren.« Probieren Sie es aus. In den meisten Fällen wird es funktionieren.

4. Kapitel

Die suggestive Kraft aller Dinge und warum wir täglich von unseren Wohnungen hypnotisiert werden

Lieben Sie Mode? Oder finden Sie Ihr Outfit eher nebensächlich? Falls Letzteres auf Sie zutrifft, unterliegen Sie einer Täuschung: Unser Erscheinungsbild ist viel mehr als nur unsere sichtbare Oberfläche, und das nicht nur nach außen hin. Kleidung hat eine tiefenpsychologische Wirkung. Wie wir unser Aussehen gestalten, wirkt wie eine Suggestion auf unsere Persönlichkeit zurück. Diese Suggestion lautet bei der Trägerin des Chanel-Kostüms zum Beispiel: Ich bin elegant und traditionell. Bei der Trägerin der neuesten Mode aus Tokio, Berlin und New York sagt sie: Ich bin Kosmopolitin. Das Outfit des Chucks-Liebhabers flüstert: Ich bin lässig und mir geht es nicht um Statussymbole.

Persönlichkeiten verändern sich, wenn sie plötzlich nicht mehr die Kleidung tragen dürfen, die sie normalerweise anhaben. Darum legt man in vielen Gefängnissen dieser Welt Wert auf Einheitskleidung: Das Verbrecher-Ich soll mit der persönlichen Kleidung abgelegt werden. Zusätzlich wurde Häftlingen früher das Haar geschoren, um ihnen so einen Teil ihrer Individualität zu nehmen.

Mit genau dieser Angst vor Individualitätsverlust hat es auch zu tun, dass viele Menschen am Morgen vor dem Friseurbesuch ihre gestern noch unerträgliche Wischmop-Frisur plötzlich eigentlich wieder ganz okay finden: »Ach, geht doch noch!« Wenn der Friseur die Haare verunstaltet, verändert das auch etwas in unserer Psyche. Mir kann das zum Glück nicht passieren, denn ich schere den kleinen Halbmond auf meinem Kopf selbst. Dabei kann kaum etwas schiefgehen.

Haare sind Teil unseres Selbstbildes, wie es auch unsere Kleidung ist. Es ist kein Klischee, dass viele Menschen bei Anbruch einer neuen Lebensphase radikal ihre Frisur ändern. Jeder Zentimeter Haar, der auf den Boden rieselt, macht Platz für ein neues Ich. Und das neue Spiegelbild ist wie eine Projektionsfläche für neue Suggestionen.

Soziale Unterschiede kann man aus-, Respekt kann man anziehen

Dass Kleidung unsere Persönlichkeit formt, wird in vielen Bereichen sehr bewusst genutzt. Uniformen nehmen Menschen aus ihrem privaten Realitätsraster heraus. Darum tragen Kinder und Jugendliche in vielen Ländern Schuluniformen statt eigener Kleidung. Eine für alle gleiche Schuluniform hebt die sozialen Unterschiede auf, die sich im Privaten in der Kleidung zeigen. Man entzieht damit den Nährboden für Hierarchiegerangel auf dem Schulhof. Wer keine teure Markenjeans trägt, kann nicht zu ihrer Hergabe gezwungen werden und wird auch nicht deswegen gemobbt. Die Uniform trägt eine sehr positive suggestive Botschaft in sich: Egal, woher ihr kommt und wie viel Geld eure Eltern haben, ihr habt alle das gleiche Recht auf Bildung. Niemand ist besser oder schlechter als der andere.

Auch wer eine Berufsuniform überstreift, ist nicht mehr der, der er vorher war. Die Persönlichkeit verändert sich. Das liegt unter anderem auch am veränderten Verhalten der anderen gegenüber der Person. Eine Ärztin im typischen Kittel oder ein Pilot in seinem Anzug gewinnen in den Augen der Menschen, die ihnen begegnen, allein dank ihrer Kleidung bestimmte Eigenschaften. Bei Polizisten löst die Uniform Respekt aus. Einen Flugkapitän umweht ein Sicherheitsgefühl. Und in allen Fällen verleiht eine Berufsuniform Autorität. Sie bescheinigt ihrem Träger Kompetenz in seinem Bereich. Aber damit ist das Wirkungsspektrum noch lange nicht erschöpft.

Spontanheilung im Wartezimmer

Kennen Sie das? Sie sitzen im Wartezimmer des Zahnarztes, und plötzlich tut es schon viel weniger weh. Das hat nichts damit zu tun, dass unsere Nerven plötzlich schlechter funktionieren. Im Gegenteil: Bereits die Anwesenheit im Wartezimmer und damit das Wissen, dass sich gleich ein kompetenter Arzt des Zahnschmerzes annehmen wird, hat einen starken Einfluss auf unsere körperliche Reaktion. Nicht nur der Arztkittel, bereits die Umgebung einer Arztpraxis suggeriert Heilung und Hilfe. Das Ergebnis: Plötzlich schwinden die Schmerzen.

Alles, was Status und Autorität vermittelt, wirkt besonders stark auf unser Unterbewusstsein. Ärzte sind sich dessen meistens sehr bewusst. Mittlerweile gibt es auch den Begriff der »Sprechenden Medizin«. Viele Wissenschaftler vertreten heute die Ansicht, dass das Gespräch der Autoritätsperson Arzt mit ihrem Patienten einer der wesentlichen Faktoren bei der Heilung ist. Es wird darum als eine der Hauptkomponenten angesehen, die zum Eintritt eines Placebo-Effekts führen (über den Placebo-Effekt werde ich noch ausführlicher in Kapitel IV berichten). Leider sind die

Krankenkassen davon nicht begeistert, denn Zeit ist Geld. Und die Zeit des Arztes kostet mehr als eine Pille. Dabei muss ein Arzt meistens gar nicht so viel erzählen. Bereits ein »Alles wird gut« hat einen unglaublich suggestiven Effekt aufs Unterbewusstsein. Denn wenn der Arzt das sagt – so lautet die allgemeine Grundannahme –, dann muss das stimmen. Die meisten Menschen vertrauen Medizinern zu 100 Prozent. Nicht umsonst spricht man von Halbgöttern in Weiß. Vertrauen in jemanden und der Glaube an etwas verankern Informationen felsenfest im Unterbewusstsein. Dort wirken sie dann auf den Körper. Welchen Effekt es hat, wenn ein Arzt dagegen »Es gibt keine Rettung« sagt, kann man sich vorstellen. Verantwortungsvolle Ärzte machen darum keine solchen absoluten Aussagen, selbst wenn es wirklich düster aussieht. Und: Es besteht immer die Möglichkeit einer Spontanheilung.

Ich selbst kann mich auch nicht von diesem Ärzte-Effekt frei machen. Als mein Sohn drei Monate alt war, weinte und schrie er plötzlich, wie meine Frau und ich es davor noch nicht erlebt hatten. Besorgt machten wir uns auf den Weg zum Kinderarzt, weil der Kleine einfach nicht zu beruhigen war.

Endlich wurden wir ins Behandlungszimmer gerufen. Der Arzt lächelte und strahlte in seinem weißen Kittel Professionalität und Ruhe aus. Sofort war mir weniger mulmig. Wenn der Doktor so zuversichtlich ausschaut, wird es schon nicht so schlimm sein. Auch meine Frau wirkte deutlich ruhiger. Der Arzt warf einen kurzen Blick auf unseren Sohn, drückte vorsichtig auf seinem winzigen Bauch herum und sagte: »Keine Sorge, das sind nur die Drei-Monats-Koliken. Das haben alle Babys, das ist nichts Schlimmes.« Es war, als hätte er einen Zauberspruch aufgesagt. Von diesem Moment an waren meine Frau und ich wieder entspannter. Unser Gefühlsleben war von einer Sekunde auf die andere vollkommen normalisiert. Einfach nur, weil eine Autorität uns entlastet hatte. Die Situation war eigentlich immer noch dieselbe: Unser Sohn hatte weiterhin seine Koliken und schrie. Aber dennoch war die Situation für uns eine vollkommen andere.

Sie sehen: Worte haben Kraft. Ganz besonders, wenn sie von Menschen gesprochen werden, denen wir vertrauen. Vor allem Eltern sollten sich das für die Kommunikation mit ihren Kindern merken, genauso wie Lehrer und alle anderen Pädagogen. Ein achtloses »Du kannst das nicht« hat unter Umständen lebenslange Folgen.

Die Uniform des Hypnotiseurs besteht (auch) aus Wortgewebe

Auch ein Hypnotiseur braucht natürlich Autorität und Vertrauen. Ohne diese beiden »Vorschusslorbeeren« funktioniert eine Hypnose nicht. Also benötigt auch er eine Uniform. Die ist allerdings in den meisten Fällen unsichtbar.

Wenn man Hypnose oder Hypnosetherapie lernt, wird einem zunächst beigebracht, dass das Allerwichtigste ist, sich zunächst selbst zu suggerieren: Ich bin der Hypnotiseur. Ich bin der Hypnotiseur. Ich bin der Hypnotiseur. Und so weiter. Daran muss man felsenfest glauben.

Sage ich nämlich zu jemandem: »Ich habe gerade Hypnose gelernt und möchte mit dir gern mal was ausprobieren«, dann liegen meine Erfolgschancen, mein Gegenüber tatsächlich zu hypnotisieren, bei etwa 30 Prozent. Sage ich aber (ob es stimmt oder nicht): »Ich hypnotisiere seit zehn Jahren«, dann habe ich ihn oder sie schon halb in der Hypnose. Mein Gegenüber wird annehmen, dass ich bei zehnjähriger Erfahrung ihn oder sie sicher ganz leicht hypnotisieren kann. Das ist bereits die erste Suggestion. In genau diesem Moment streife ich mir die unsichtbare Uniform des Hypnotiseurs über.

Das war übrigens nur ein Beispiel. Natürlich sollten Sie, wenn Sie gerade erst Hypnose erlernt haben, nicht lügen und behaupten, dass Sie schon ewig praktizieren. Im Zweifelsfall nehmen Sie sich das nämlich selbst nicht ab, doch Sie müssen, wie gesagt, an Ihre Kompetenz glauben. Lassen Sie daher die Details weg, sagen Sie einfach: »Ich bin Hypnotiseur.« Das strahlt bereits Autorität aus. Was zählt und spürbar ist, ist die Wahrhaftigkeit.

Bei meinen Auftritten nutze ich zusätzlich zu dieser unsichtbaren »Uniform« meine Bühnenkleidung. Wenn ich die Bühne in meinem Kostüm betrete, dem schwarzen Gehrock mit Stock, dann schlüpfe ich in die Rolle des Hypnotiseurs. Das wirkt auf mich und das Publikum gleichermaßen suggestiv. Es gehört zu meiner künstlerischen Herangehensweise, und ich fühle diese Wechselwirkung genau. Stelle ich mich dagegen in privaten Klamotten auf die Bühne oder werde ich in einer Fernsehshow spontan gebeten, etwas vorzuführen, bekommt die Nummer eine ganz andere Note, denn die Kleidung definiert mich und das Publikum gleichermaßen. Im Gehrock stelle ich etwas anderes dar als in Jeans und Weste, und das Publikum hat andere Erwartungen an mich. Selbst wenn ich mich also nicht bewusst entscheide, welche Kleider ich trage, haben sie dennoch eine Wirkung. Ja sogar, wenn ich mit verbundenen Augen in den Schrank greife: Dann ist es das Überraschungsmoment, das auf mich wirkt und das ich mit mir trage.

Der Soziologe Paul Watzlawick hat festgestellt, dass man *nicht* nicht kommunizieren kann: »Handeln oder Nichthandeln, Worte oder Schweigen haben alle Mitteilungscharakter.« Was immer wir also tun oder lassen, was wir sagen und was wir nicht sagen, wie wir uns und unsere Umgebung gestalten oder nicht gestalten, all das sind Handlungen, die den Menschen um uns herum – und uns selbst – etwas über uns mitteilen.

Die Kleidung ist, wie wir bereits gesehen haben, das beste Beispiel: Menschen reagieren auf mich anders, wenn ich meinen Gehrock trage, als wenn ich im Freizeitlook herumlaufe. Sie haben mehr oder weniger Respekt. Sie haben bestimmte Erwartungen an meine Kompetenz. An meine Kreativität.

In einem Versuch wollte man herausfinden, wer der erfolgreichere Geschäftsmann ist: der Typ im Anzug oder der in Jeans? Dabei kam heraus: Ein und derselbe Mensch verkauft im Anzug mehr als im Studentenoutfit.

Aber eigentlich ist es ja gar nicht mehr derselbe Mensch. Denn im Anzug sind wir jemand anderes als in Jeans. Im Grunde handelt es sich um magisches Denken. Wenn ich glaube, dass mir jemand Respekt entgegenbringt, weil ich einen teuren italienischen Designer-Anzug trage, dann ist das so. Weil ich es erwarte und andere ebenfalls.

Denken Sie an Superman, Batman oder Spiderman: Diese Comicfiguren brauchen ihre Umhänge und ihre Masken, um Superhelden zu sein. Nur in diesen Kleidern entfalten sie ihre übersinnlichen Kräfte. Sobald sie so auftreten, *wissen* die Menschen, dass die Rettung naht – eine hypnotische Suggestion. In ihren Alltags-Ichs als Clark Kent, Bruce Wayne oder Peter Parker würde man ihnen Heldentaten gar nicht zutrauen und sie sich selbst wohl auch nicht. Dabei lässt genau das Menschen über sich hinauswachsen: das sichere Vertrauen, dass man etwas kann. Kleidung kann magische Wirkung haben. Wie im folgenden Ritual für Veränderung, Kraft und Selbstbewusstsein.

DEIN IMAGINÄRER ANZUG (Skript Nummer 2)
Schließ deine Augen.
Stell dir vor, du stehst vor einem großen Spiegel.
Betrachte dein Spiegelbild, aber stell dir vor, dein Spiegelbild sieht schon so aus, wie du in Zukunft sein möchtest. Stark. Selbstbewusst. Erfolgreich. Was auch immer du dir wünschst.

Dann betritt den Spiegel.

Stell dich erst neben dieses Spiegelbild, das Bild, wie du sein willst. Schließlich schlüpfe in dieses Spiegelbild hinein. Mach dich darin breit, fülle es voll und ganz aus. Streife es über wie einen maßgeschneiderten Anzug.

Dann trete wieder aus dem Spiegel heraus und betrachte dich erneut. Diesmal in deinem neuen ICH. Öffne deine Augen und gehe gestärkt und verändert deine Herausforderungen an.

Wie uns unsere Wohnungen hypnotisieren – und wie wir dafür sorgen, dass sie die richtigen Botschaften senden

Ähnlich wie die Kleidung wirkt auch unsere Umgebung auf unser Unterbewusstsein. Fühlen wir uns in unserer Wohnung wohl, haben wir nicht nur bessere Laune. Wir machen unser Unterbewusstsein auch empfänglich für alles, was wir ihm eingeben wollen.

Leider vernachlässigen wir bei der Gestaltung unseres

Umfelds oft Faktoren, die einen direkten Einfluss auf unser Unterbewusstsein haben. Alle unsere Sinne tragen ihr Scherflein dazu bei, ob wir uns pudelwohl fühlen oder eben nicht. Düfte können zum Beispiel ganz direkt unser Wohlbefinden heben oder senken. Wir verknüpfen im Laufe unseres Lebens bestimmte Gerüche mit bestimmten Empfindungen. Dabei ist das Verknüpfen wörtlich zu nehmen, die neuronale Vernetzung im Gehirn, die mit Gerüchen einhergeht, ist unglaublich stabil. Gerüche vergessen wir nicht. Wenn wir einen erlernten Geruch erneut riechen, wird über das limbische System im Gehirn, das unsere Emotionen steuert, sofort wieder die entsprechende Empfindung geweckt. Schließlich ist der Geruchssinn älter als der Homo sapiens. Er ist einer der wichtigsten Sinne, um intuitiv und damit spontan zu beurteilen, ob Gefahr droht oder nicht. Gerüche sagen uns, ob wir entspannen können oder auf der Hut sein müssen.

So löst Kaffeeduft bei den meisten Menschen zum Beispiel angenehme Assoziationen von Gemütlichkeit und Entspannung aus. Der Geruch einer Zahnarztpraxis, das Gemisch von Desinfektionsmitteln, Abdruckpasten und anderen Chemikalien, kann bei vielen dagegen echte Angst hervorrufen, weil sie als Kind unangenehme Erfahrungen in dieser Umgebung gemacht haben. Und wenn unsere lustige Lieblingstante immer frische Lilien in der Wohnung hatte, ist es sehr wahrscheinlich, dass Lilienduft auch ohne die Anwesenheit der Tante später unsere Stimmung verbessert.

Neben den erlernten Geruchsverknüpfungen gibt es Düfte, die auf alle Menschen in ähnlicher Weise wirken. Ein von der Evolution fest im Gehirn installiertes Programm sozusagen. Zitrusdüfte wie Zitrone, Bergamotte und Orange heben zum Beispiel die Stimmung und erleichtern das Lernen. Gleiches gilt für Lavendel. Das Provence-Kraut entspannt außerdem und sorgt für ruhigeren Schlaf. Pfefferminz- und Zimtgeruch fördern die Motivation, Leistungsbereitschaft und wirken Frustgefühlen entgegen. Man kann eine Wohnung mit ätherischen Ölen, die zum Beispiel in einem wassergefüllten Schälchen auf der Heizung verdampfen, tatsächlich bewusst gestalten, damit unser Unterbewusstsein auf »Wohlfühlen« schaltet. Wir können Düfte aber auch dazu benutzen, Lerninhalte besonders stabil im Gedächtnis zu verankern. Wenn wir uns zum Beispiel beim Englischlernen immer mit Grapefruitduft umgeben, bringen ein paar Tropfen Duft des ätherischen Öls auf dem Handgelenk die Vokabeln sofort wieder an die Oberfläche, wenn wir sie am meisten brauchen – zum Beispiel beim Wochenendtrip nach London.

Doch zurück zu unserem Heim: Bei der Gestaltung Ihrer vier Wände sollten Sie im Hinterkopf behalten, dass alle Gegenstände, die uns umgeben, eine Aussage und damit eine Wirkung besitzen. Sie können zum Beispiel Erinnerungen transportieren, wie ein altes Möbelstück oder ein Bild. Sie können uns auch an unsere Leidenschaften erinnern, wie Sportgeräte oder Hobbyutensilien.

Gegenstände können auch zum psychischen Problem werden. Etwa wenn man sich nur mit Dingen aus der eigenen Vergangenheit umgibt. Das kann es schwerer machen, Entscheidungen zu treffen und neue Perspektiven zu entwickeln. Ich habe von einem Mann gehört, dessen Freundin bei einem Autounfall ums Leben gekommen war. Er hat daraufhin ihre Hinterlassenschaften an sich genommen und darin gelebt. Auf ihrem Sofa gesessen, an ihrem Tisch von ihrem Geschirr gegessen und täglich ihre Kunstdrucke an der Wand betrachtet. Er lebte in einem Museum der Vergangenheit, er hat sogar weiterhin die Aftershave-Marke benutzt, die er zum Zeitpunkt des Todes seiner Freundin verwendete.

Dabei war er unglücklich. Sein Leben stagnierte. Privat und auch beruflich kam er nicht vom Fleck. Erst als er sich nach Jahren ein Herz fasste, die Sachen in den Keller stellte und später verschenkte, ging es aufwärts. Er lernte eine neue Frau kennen und begann tatsächlich ein neues, glückliches Leben.

Um energiegebende von energieraubenden Dingen zu unterscheiden, gibt es eine wunderbare Zeremonie, die Alejandro Jodorowsky in seinem *Praxisbuch der Psychomagie* beschreibt:

DIE ZEREMONIE DER GEGENSTÄNDE

Besorgen Sie sich Klebeetiketten und teilen Sie diese in zwei Gruppen.

Auf die einen schreiben Sie »Ja«, auf die anderen »Nein«. Um Mitternacht an einem Sonntag laufen Sie durch Ihre Wohnung und untersuchen alles, was darin enthalten ist: Möbel, Bilder, Bücher, CDs, Papiere, Kleidung, Geschirr, Dekorationsgegenstände, Sammlungen, Fotos, Diplome, Bettwäsche usw. Die Nacht bis zum Morgenanbruch des Montags verwenden Sie dafür, auf alles, was Sie sehen, Etiketten zu kleben: »Ja« (wenn es eine nützliche Sache ist) oder »Nein« (wenn es etwas Unnützes ist). Sie stoßen eventuell auch auf Gegenstände, die nützlich sind, aber aus einer Zeit stammen, als Sie mit einem anderen Partner zusammenlebten. Oder Erbstücke von Verwandten, die starben, ohne sich in ihrem Leben je verwirklicht zu haben, usw. Kleben Sie auch auf diese ein Etikett mit »Nein«.

Am Ende dieser Aufgabe legen Sie alle mit »Nein« markierten Gegenstände auf einen großen Haufen an die Straße (die Abholung haben Sie zuvor mit den städtischen Behörden vereinbart). Was auch immer diese unnützen Dinge wert sein mögen, versuchen Sie nicht, sie zu verkaufen. Wenn Sie sie verkaufen, werden Sie das erhaltene Geld und die neuen Gegenstände, die Sie damit kaufen, weiter an die toxische Vergangenheit binden.

Beim Abziehen der Etiketten mit »Ja« von den übrig gebliebenen Gegenständen (den nützlichen oder wesentlichen) sagen Sie: »Danke!« Legen Sie diese Etiketten anschließend alle zusammen und formen Sie einen Ball daraus. Stecken Sie diesen Ball in einen Blumentopf, bedecken Sie ihn mit Erde und pflanzen Sie eine schöne Blütenpflanze darauf.

Sie sehen: Das Außen wirkt immer auf das Innen. Äußere Ordnung hat zum Beispiel einen Einfluss auf unsere Fähigkeit, klare Gedanken zu fassen. Das Genie beherrscht nicht das Chaos. Das Genie räumt auf. Denn selbst wenn wir versuchen, das Chaos zu ignorieren, das uns umgibt, das Unterbewusstsein nimmt es wahr und reagiert mit Unruhe und wirren Gedanken. Wenn Sie sich nicht konzentrieren können, versuchen Sie einmal, Ihren Schreibtisch aufzuräumen und die Umgebung ruhiger zu gestalten. Das wirkt Wunder!

Auch Musik hat einen Einfluss. Die meiste klassische Musik stimuliert zum Beispiel Gehirnwellen des Alphaspektrums, das auch in der Hypnose eine wichtige Rolle spielt. Alphawellen gehen mit Entspannung und angenehmen Gefühlen einher. Und sie machen intelligenter! In einer Studie am Center for the Neurobiology of Learning & Memory der Universität von Kalifornien in Irvine ließ man 36 Studenten Mozarts Sonate für zwei Klaviere in D-Dur für zehn Minuten anhören. Anschließend mussten sie einen klassischen IQ-Test absolvieren. Ein anderes Mal hörten die gleichen Studenten vor dem IQ-Test Entspannungstapes, ein drittes Mal sollten sie einfach nur still dasitzen. Alle Studenten schnitten nach Mozart deutlich besser ab, im Schnitt waren sie neun IQ-Punkte besser: eine erhebliche Steigerung.

Während des Lernens gehörte klassische Musik fördert außerdem die Aufnahme und Verankerung neuer Informationen. Das wiederum fand man in einer Studie der Universität Hamburg heraus. Allerdings nur, wenn die Musik so eben über der Hörbarkeitsschwelle abgespielt wird, also unbewusst wahrgenommen wird und nicht ablenkt. Die Wissenschaftler empfehlen für diesen Effekt insbesondere langsame Stücke von Bach oder Mozart.

Und natürlich können auch durch Musik Erinnerungen und damit verbundene Gefühle hervorgerufen werden. Wenn Sie zum Beispiel das alte Mixtape aus den frühen Neunzigern hören, werden Sie sich vermutlich sofort um Jahre verjüngt fühlen.

Farben gehen unter die Haut

Auch die Farbgestaltung hat einen direkten Einfluss auf das Unterbewusstsein und damit auf unseren Körper. Rosa macht zum Beispiel friedlich, fröhlich, senkt den Appetit, verlangsamt den Herzschlag und verringert den Blutdruck. Es schwächt aber auch messbar die Muskelkraft. Der amerikanische Forscher John N. Ott hatte Freiwillige bei einem

Wettbewerb im Armdrücken zuvor auf ein rosa Blatt schauen lassen. Die Probanden verloren das Kräftemessen. Erst als sie auf eine blaue Fläche schauen durften, wurden sie wieder kräftiger. Auf Basis dieser Erkenntnis hat der Biosoziologe Alexander G. Schauss Ende der Siebzigerjahre einen Rosaton entwickelt, der als Anstrich in einer Anti-Aggressions-Zelle zum Einsatz kam. Aufmüpfige Häftlinge wurden dort effektiv beruhigt. Das Prinzip wird heute zum Beispiel in der Schweiz eingesetzt.

Die Wellenlänge einer Farbe wirkt aber nicht nur über die Netzhaut, sondern die Schwingungen werden auch über die Haut aufgenommen. Sogar Blinde reagieren auf Farben. Das fand der Begründer der »rationalen Lichttherapie« heraus, der von den Färöerinseln stammende Arzt Nils Finsen. Finsen erhielt 1903 für seine Erkenntnisse über die energetische Wirkung der Farben den Nobelpreis.

Rot steigert den Blutdruck, regt den Stoffwechsel an. Es macht Lust auf körperliche Aktivität und auf Sex. Eine rote Wand im Schlafzimmer kann tatsächlich ein eingeschlafenes Liebesleben anfeuern. Falls Sie es nicht glauben, probieren Sie es aus. Bei Schlafstörungen sollten Sie allerdings vorsichtig sein mit dieser Farbe und vielleicht vorsichtshalber zusätzlich einen Vorhang anbringen.

Und ist Ihnen schon einmal aufgefallen, dass in Werbeanzeigen häufig mit roter Schrift gearbeitet wird? In Untersuchungen hat man festgestellt, dass etwas glaubhafter wirkt, wenn die Schrift eine rote oder hellblaue Farbe hat. Auch ich habe im Supermarkt-Experiment aus dem ersten Kapitel die Schilder in Rot gedruckt. Rot ist eine Signalfarbe. Im Laufe der Evolution hat unsere Spezies gelernt: Etwas Rotes bedeutet immer etwas Wahrhaftiges. Rot tarnt sich nicht wie Grün oder Braun. Rot hebt sich von der Umgebung ab. Als

Blut. Als saftiges reifes Obst. Als erregter Sexualpartner. Diese Wahrhaftigkeit überträgt sich auch heute noch auf Text, der in dieser Farbe geschrieben ist.

Auch Hellblau ist keine Tarnfarbe. Hellblau sticht in der Natur hervor. Als Blüte. Als strahlend blauer Himmel. Als Augenpaar. Wenn Sie also einem Brief besonders viel Wahrhaftigkeit geben wollen, schreiben Sie ihn mit hellblauer Tinte auf dunklerem Grund, zum Beispiel auf einem zartgrünen Blatt Papier. Grün entspannt und unterstützt kreative Prozesse – ist also auch eine ideale Farbe fürs Arbeitszimmer. Orange hebt die Laune, es lässt uns aber außerdem das Wasser im Mund zusammenlaufen. Haben Sie schon einmal festgestellt, dass Fast-Food-Ketten bei ihrer Inneneinrichtung und Chips-Hersteller bei Verpackungen vor allem auf Orange- und Rottöne setzen? Hier sollen Sie mehr essen, als Sie es vorhatten. Violett zügelt dagegen den Appetit, diesen Farbton findet man oft bei Diätprodukten.

Das Auge isst mit: Wir schmecken unsere Erwartung

Wo ich gerade vom Essen spreche: Es ist kein Zufall, dass in einem Restaurant mit Michelin-Stern das Essen anders aussieht als an der Imbissbude. Das kunstvolle Auftürmen und Schichten, das Dekorieren des Tellers, hat einen Einfluss auf unsere Geschmacksnerven. Das Auge isst tatsächlich mit. Wir erwarten besondere Genüsse, also bekommen wir sie auch. Wir nehmen gedanklich vorweg, was noch gar nicht unsere Zunge berührt hat. Das funktioniert sogar, ohne dass überhaupt ein Nahrungsmittel in der Nähe ist. Das glauben Sie nicht? Dann stellen Sie sich bitte einmal eine Zitrone vor. Visualisieren Sie, wie Sie davon langsam eine Scheibe abschneiden. Wie der Saft glitzernd hervorquillt und der

Duft in die Nase steigt. Nun beißen Sie bitte in diese gedankliche Zitronenscheibe. Merken Sie, wie sich Ihr Mund zusammenzieht?

Nach einer Studie der Universität Stanford stieg die Produktion von Verdauungssäften bei Probanden um 70 Prozent an, wenn sie ans Essen dachten. Was wir bei und vor der Nahrungsaufnahme denken, hat sogar noch erstaunlichere Effekte. Untersuchungen beweisen, dass wir weniger zunehmen, wenn wir der Ansicht sind, dass das, was wir essen, gesund und von guter Qualität ist. Die teuren Erdnüsse aus dem Supermarktregal in Augenhöhe machen darum weniger dick als das inhaltlich identische, aber günstigere Noname-Produkt aus dem untersten Fach. Letzterem sprechen wir die Qualität ab, weil es billiger ist und auch billiger aussieht.

Solche Vorannahmen können regelrecht gesundheitsschädlich sein, denn der Körper reagiert darauf. Wenn Sie also beim Essen ständig denken: »Oje, das macht dick«, dann wird es Ihr Körper für Sie regeln, dass Sie tatsächlich dick werden.

Haben Sie schon einmal eine Diät gemacht? Das Problem dabei ist meistens, dass die Gedanken ständig ums Essen kreisen. Das ist eine tiefenwirksame Suggestion. Sie signalisiert dem Körper Nahrungsknappheit. Eine Hungersnot. Was wir während einer Diät essen, wird darum besonders gut verwertet. Bis auf die letzte Kalorie. Schaffen wir es aber, immer einfach zu essen, worauf wir Lust haben, wird sich selbst eine fettige Pizza ab und an nicht als Speck auf die Hüften legen.

In einer Fernsehtalkshow traf ich auf eine junge Frau, die an einer Bulimie erkrankt war. In ihrem Essverhalten drehte sich alles nur noch um Bio-Produkte, und im Laufe der Zeit sortierte sie immer weiter ihre Nahrung, bis ihr am Ende nur noch rohes Gemüse blieb. Essen wurde für sie zu einer Identifikation mit ihrer Persönlichkeit und gleichzeitig zum Problem.

Dabei ist das Geheimnis gesunder Ernährung, sich nicht zu viele Gedanken zu machen und stattdessen auf den Körper zu hören. Das ist natürlich gar nicht so leicht. Werbung, Filme und Fernsehen prägen unsere Annahmen über Schönheit. Sie impfen unserem Unterbewusstsein ein, dass nur schlanke Menschen schön sind. Auch eine Suggestion. Sie lässt unbeachtet, dass vielen Menschen ein etwas fülligerer Körper viel besser steht.

Wenn wir die Umgebung ändern, ändern wir uns

Wenn Sie etwas in Ihrem Leben verändern wollen, machen Sie sich zunächst klar, dass alles, wirklich alles, das Sie umgibt, auf Ihr Unterbewusstsein einwirkt. Das geht uns allen so, ob wir es wollen oder nicht. Unsere Kleidung, jedes Detail in unserer Wohnung, unser Beruf, unser Büro, unsere Kollegen, unsere Freunde, sogar so etwas »Nebensächliches« wie unsere Frisur.

Wenn Sie etwas verändern wollen, sollten Sie sich bewusst machen, warum bestimmte Details in Ihrem Leben so sind, wie sie sind. Denn wir empfinden uns zwar als individuell und einzigartig, doch wir bleiben soziale Wesen und ahmen unbewusst nach, von Geburt an. Davon können wir uns nicht frei machen. Wo mehrere Menschen zusammenleben, entstehen automatisch Gruppen und Erwartungen an diese Gruppen. Einer orientiert sich am anderen. Das zieht sich durch die gesamte Gesellschaft.

Nehmen wir Werber, die meistens dadurch auffallen, dass sie vorwiegend in schwarzer Kleidung herumlaufen. Natürlich sehen diese Leute nicht vollkommen gleich aus, aber es gibt trotzdem Ähnlichkeiten, die fast in Richtung Uniform gehen. Die wenigsten werden sich das bewusst gemacht haben. Wahrscheinlich denken sie: Ich finde Schwarz einfach am schönsten. Schließlich sehen sie es jeden Tag.

Sie erinnern sich: Was uns wiederholt begegnet, empfinden wir als besonders positiv. So kommt es auch, dass zum Beispiel Jurastudenten tendenziell anders herumlaufen als Geisteswissenschaftler. Während die Ersteren dafür berüchtigt sind, schon im Studium dem Businesslook anzuhängen und damit den Dresscode des angestrebten Berufs vorwegzunehmen, mögen es die anderen meistens legerer. Manchmal sind es auch nur Details, die auf eine Zugehörigkeit hinweisen. Und je nach Situation verschmelzen wir auch wieder mit anderen Gruppen, was sich in unserem Äußeren niederschlägt. Im Karateverein beim Training läuft auch ein Werber nicht in Schwarz herum, und ein Jurist steht vermutlich nicht im Businesskostüm am Herd und kocht Spaghetti arrabiata für seine Familie.

Aus einer bestimmten Perspektive helfen uns Requisiten, immer wieder andere Facetten unseres Ichs zum Funkeln zu bringen, je nachdem, welches Licht gerade auf uns fällt. In meinem Privatleben kommen andere Facetten zum Vorschein als in meinem Bühnenleben. Wenn wir die Requisiten verändern, ändern wir nicht nur die Oberfläche, sondern uns. Es liegt in unserer Hand.

Machen Sie sich das bewusst. Stellen Sie sich vor, Ihr Leben ist ein Film, in dem Sie die Hauptrolle spielen und gleichzeitig der Requisiteur sind, der dem Film die richtige Atmosphäre gibt. Was wünschen Sie sich? Ein glückliches Leben als erfolgreiche Unternehmerin oder erfolgreicher Unternehmer vielleicht? Wie sieht Ihr ideales privates Ich aus? So, wie Sie jetzt sind? Wenn nicht: Was trägt Ihr Ich stattdessen? Was liest es? Wohin geht es aus? Wie ist es eingerichtet? Wenn wir unsere Umgebung nach und nach in Übereinstimmung mit unseren Wünschen bringen, wird es einfacher, die Wünsche umzusetzen. Stöbern Sie nach Requisiten für Ihr Traumleben. Auf Flohmärkten, im Internet, in Krimskramsläden. Das ist nicht nur oberflächliches Styling, sondern hat Tiefenwirkung auf die Seele.

Mein Gehstock, der ein wichtiges Detail für mein Bühnen-Ich ist, wurde zum Beispiel eigens in London angefertigt, in einem altmodischen Schirm- und Stockgeschäft. Die Aura seiner Herkunft umgibt den Stock, ich nehme sie mit auf die Bühne. Außerdem sammle ich Kuriositäten aus vergangenen Jahrhunderten, die mit meiner Leidenschaft für Magie und Gaukler zu tun haben. Diese Dinge sind wie Gedächtnisstützen für das, was ich bin.

Gestalten Sie Ihre Umgebung auch mit Worten. Erinnern Sie sich: Worte haben Energie. Ein Poster mit einem destruktiven Spruch kann fatale Folgen haben. Pinnen Sie lieber in großen Lettern das Wort KRAFT an die Tür. Jedes Mal, wenn Sie daran vorbeigehen, bekommen Sie eine Dosis Kraft injiziert. Sie müssen noch nicht einmal bewusst auf das Wort schauen. Es wirkt. Glauben Sie mir.

5. Kapitel

Das magnetische Gesetz des Schenkens und warum Sie auf dem Flohmarkt mehr verkaufen, wenn Ihre Kunden warme Hände haben

Die richtigen Worte heben nicht nur uns selbst, sie können auch wunderbare Geschenke sein. Ein anderer Weg, um unser Leben zu verschönern und die Seele unserer Mitmenschen zu heben. Denken Sie an Komplimente. Ein ehrliches Kompliment, das von Herzen kommt, wirkt wie ein Sonnenstrahl, der durch Wolken bricht. Besonders wenn der Empfänger gerade nicht so gut drauf ist. Im Buddhismus gibt es das Gesetz des Gebens, das besagt, dass wir mit unserer Bereitschaft, das zu geben, was wir uns selbst wünschen, erreichen, dass die Fülle des Universums durch unser Leben strömt. Praktizierende Buddhisten werden niemals mit leeren Händen zu jemandem kommen: Eine Blume, ein Kompliment oder ein guter Wunsch sind ihre Gaben.

Das klingt jetzt möglicherweise etwas esoterisch, aber die zugrunde liegenden psychologischen Prinzipien sind alles andere als das. Beim Schenken und vor allem, wenn wir beschenkt werden, reagiert unser System I, unsere Intuition, unmittelbar. Das Prinzip Geschenk begegnet uns im täglichen Leben ständig. Wenn uns jemand etwas gibt, fühlen wir einen inneren Drang, etwas zurückzugeben. Auf diesem Prinzip beruht zum Beispiel der Erfolg von Probieraktionen im Einkaufszentrum oder im Supermarkt. Durch das kleine Geschenk – und wenn es nur ein Cracker mit einem neuen

Brotaufstrich ist – löst der Verkäufer ein Gefühl der Verpflichtung in uns aus. Wenn wir uns auf ein Gespräch einlassen, investiert er auch noch Zeit in uns. Voilà, noch ein Geschenk. Die Verpflichtung wächst, etwas zurückzugeben, um die Balance wiederherzustellen. Peinlich, jetzt einfach zu gehen. Das Einfachste ist es da oft, das angebotene Produkt zu kaufen. Genau darauf hat der Verkäufer natürlich spekuliert. Erinnern Sie sich an meinen Supermarktversuch? Christine hatte von einer Werbedame eine Tasse Kaffee angeboten bekommen. Und obwohl sie die Tasse abgelehnt hatte, griff sie im Regal genau zu der Kaffeemarke, die sie angeboten bekommen hatte. Geschenke wirken also auch dann, wenn wir sie nicht annehmen, und sogar dann, wenn sie so gering scheinen, dass man sie bewusst »nicht der Rede wert« findet.

Aus diesem Grund gibt es auch Werbegeschenke. Schon ein billiger Kugelschreiber entfaltet eine ungeahnte Wirkung. Das Perfide dabei ist: Wir fühlen diesen inneren Drang, viel mehr zurückzugeben, als wir bekommen haben.

In einem Experiment von Robert B. Cialdini wurden Studenten gebeten, nach einer Kinovorstellung Lose zu verkaufen. Der Erfolg war mäßig. Hier und da ein paar verkaufte Los, mehr nicht.

Doch dann wurden die Losverkäufer in die Vorstellung geschickt. Mittendrin gingen sie hinaus, um sich selbst und ihrem Sitznachbarn eine Cola zu besorgen. Ungefragt. Nach der Vorstellung boten sie dann zunächst dem Nachbarn ihre Lose an. Und siehe da: Die jeweiligen Sitznachbarn kauften bis zu 15 Lose à einen Dollar. Die Cola hatte nur einen Bruchteil dessen gekostet.

Was Kunststoffdosenhersteller über unser Innerstes wissen

Auf diesen Wirkmechanismus sozialer Verpflichtung bauen auch Tupperpartys. Da ist man eingeladen zu Kaffee und Kuchen. Man sitzt gemütlich mit anderen zusammen, und irgendwo im Hinterkopf weiß man: Die Freundin, die das hier organisiert und sich so große Mühe als Gastgeberin macht, wird Provision bekommen für jede verkaufte Schüssel. Ohne groß darüber nachzudenken, kauft man wenigstens ein Döschen. Oder auch zwei. Zu einem Preis, der den des Stückes Kuchen und der Tasse Kaffee, die man bekommen hat, um ein Vielfaches übersteigt.

Dadurch, dass außerdem jegliche Anonymität wegfällt, steigt zudem die soziale Verpflichtung des Kaufs. Man kennt sich schließlich. Wer ständig gratis Kaffee und Kuchen genießt, ohne etwas zu kaufen, könnte sich den Ruf des Schnorrers zuziehen. Und das will man natürlich um jeden Preis vermeiden. Gerade in ländlichen Gegenden, wo die Tupperpartys vorwiegend stattfinden und wo jeder jeden kennt, wäre das gefährlich.

Das Interessante: Die soziale Kontrolle funktioniert bereits in ihrer bloßen Annahme. Sie läuft nur in unserem Kopf ab. Die Systemtheoretiker unter den Soziologen, die sich damit beschäftigen, nach welchen unterschwelligen Regeln soziale Gefüge funktionieren, nennen diesen Mechanismus »Erwartungserwartungen«: Wir erwarten, dass die anderen von uns etwas Bestimmtes erwarten, und verhalten uns dementsprechend. Diese Vorwegnahmen stabilisieren soziale Systeme. Zum Beispiel das »System« Tupperparty. Auf diese Weise wurde die Marke Tupperware zum Weltmarktführer in ihrem Segment.

Die Macht der »persönlichen« Empfehlung
Auch Haustürverkäufer arbeiten mit psychologischen Tricks.

Staubsaugervertreter klingeln zum Beispiel gern in einem Mehrfamilienhaus an einer beliebigen Tür und fragen, ob man an einem Staubsauger interessiert sei. Wenn man verneint, bleiben sie höflich. Statt aufdringlich zu werden, fragen sie: »Könnten Sie sich hier im Haus jemanden vorstellen, für den ein neuer Staubsauger infrage kommt?« Sagt man dann: »Ach, Frau Müller im ersten Stock vielleicht«, wandert der Vertreter in den ersten Stock. Dort klingelt er und sagt zu Frau Müller: »Ich komme gerade von Herrn Schmitz aus dem zweiten Stock. Ich habe ihm das Gerät vorgestellt, und er hat mich zu Ihnen geschickt, weil er meinte, das sei vielleicht auch für Sie interessant.« Damit hat er nicht richtig gelogen, aber auch nicht richtig die Wahrheit gesagt. In jedem Fall hat er einen sozialen Druck hergestellt: Er suggeriert, dass Herr Schmitz Frau Müller eine Empfehlung gegeben hat. Empfehlungen sind eng verwandt mit Geschenken. Es ist schwierig, sie zurückzuweisen, ohne den Geber zu brüskieren. Frau Müller will den sympathischen Herrn Schmitz nicht bloßstellen, indem sie den Verkäufer wegschickt. Außerdem hält sie Herrn Schmitz vielleicht für technisch versiert und vertraut seinen Empfehlungen. Schon ist Frau Müller dem Staubsaugerkauf ein ganzes Stück näher als Herr Schmitz.

Hinzu kommt: Grundsätzlich vertrauen wir Produkten eher, die auch andere gut finden. Gerade bei technischen Geräten sollen das möglichst viele andere sein. Das iPhone wenden Millionen Menschen weltweit an. Das suggeriert: Du kannst damit nichts falsch machen. Sonst würden es ja nicht so viele benutzen. Wenn wir außerdem noch eine Empfehlung von einem Menschen bekommen, dem wir vertrauen, ist das nicht nur ebenfalls eine Art Geschenk: Es hebt das betreffende Produkt aus der Flut der Angebote hervor. Manchmal reicht das bereits, um den Kaufimpuls auszulösen.

Wer Wohlgefühl schenkt, wird reich belohnt
Vielleicht haben Sie einen eigenen Laden. Oder Sie stehen ab und zu auf dem Flohmarkt, um etwas zu verkaufen. Dann können Sie von diesen Tipps profitieren. Machen Sie es doch einfach wie der Damenmodeladen in Amsterdam, von dem mir ein Bekannter erzählt hat. In anderen Läden stehen mitgebrachte Männer schon mal wie ein Störfaktor in der Gegend herum. In bewusstem Geschäft hingegen gibt es eine gemütliche Sitzecke mit Zeitschriften und Keksen. Allen Kunden und ihrer Begleitung wird Kaffee angeboten. Während nun mein Bekannter entspannt den Kaffee trinkt, probiert seine Frau ein Kleid nach dem anderen an. Er ist derjenige, der in der Familie das Geld verdient, weil sie sich um die gemeinsamen Kinder kümmert. Was glauben Sie, dass er sagt, wenn sie mit drei Modellen aus der Umkleide kommt und sich nicht entscheiden kann? »Können wir jetzt endlich gehen?« oder »Schatz, nimm doch einfach alle!«

Kleiner Tipp: Es ist nicht nur das Geschenke-Prinzip, das Wirkung zeigt. In einer Studie haben amerikanische Forscher festgestellt, dass Menschen, die warme Hände hatten – hervorgerufen durch eine warme Tasse Kaffee –, sich toleranter und großzügiger zeigten. Wenn wir uns wohlfühlen, möchten wir das weitergeben.

Dieses Prinzip nutzen auch Menschen, die für einen guten Zweck Geld sammeln. Man kann das auf mehrere Weisen probieren. Sie können jemanden ansprechen und sagen: »Würden Sie zwei Euro für Not leidende Menschen spenden?« Sie werden erleben, dass die meisten Leute den Kopf schütteln. Wenn Sie aber zunächst fragen: »Wie geht es Ihnen?«, und die Antwort lautet »Gut«, haben Sie weit bessere Karten. Damit erinnern Sie die Menschen an ihr eigenes Wohlbefinden. Schließen Sie an mit: »Dann würden Sie vermutlich Menschen helfen wollen, denen es gerade nicht so gut geht wie Ihnen.« Hier haben wir es wieder mit Priming zu tun. Es wird eigentlich gar nicht nach Geld gefragt, sondern suggeriert, dass Sie von sich aus Geld spenden wollen, weil es Ihnen so gut geht. Die Erfolgschance hier liegt doppelt so hoch wie bei der ersten Methode.

Natürlich sollen Sie in Ihrem eigenen Laden oder beim Flohmarktverkauf nicht um Spenden bitten. Aber Sie werden davon profitieren, wenn Sie das Wohlbefinden Ihres Gegenübers erhöhen. Nehmen Sie also beim nächsten Mal eine große Thermoskanne duftenden Kaffees und einige Becher mit, fragen Sie Ihre potenziellen Kunden nach ihrem Befinden und halten Sie eine Dose selbst gebackene Plätzchen bereit. Bieten Sie den Leuten, die an Ihrem Stand stöbern, Kaffee und Kekse an. Ich verspreche Ihnen, Sie werden nicht nur deutlich mehr verkaufen als jemals zuvor: Sie müssen Ihre Sachen auch nicht, wie sonst auf Flohmärkten üblich, für unangemessen niedrige Preise verramschen – selten sind Menschen generöser als im »Rückgabemodus«, nachdem sie ein Geschenk bekommen haben.

Wenn Ihr Käufer unsicher und schüchtern wirkt, drängen Sie ihn nicht, sondern geben Sie ihm zu verstehen, dass er sich Zeit lassen kann. Sie können ihm zu diesem Zweck auch eine kleine Geschichte erzählen. Nichts vermittelt Suggestionen eleganter als eine der Anekdoten, wie sie der Inhaber eines kleinen Krimskramsladens in meiner Nachbarschaft gerne zum Besten gibt. Mit einem Lächeln auf dem Gesicht berichtet er von seinem Großvater, der ebenfalls schon Verkäufer war und von Tür zu Tür ging, um Eisenwaren an den Mann zu bringen. Schon der Großvater habe immer gesagt, es mache keinen Sinn, bei einem Kunden den Fuß in die Tür zu drängen. Im Gegenteil, er mache immer einen Schritt zurück und warte darauf, von seinem Kunden eingeladen zu werden. Denn nur so könnten Käufer und Verkäufer ein gutes Geschäft machen: mit Respekt und Wertschätzung füreinander.

Seien Sie versichert: Wenn Sie einem potenziellen Kunden eine Geschichte wie diese erzählen, werden Sie in seiner Wertschätzung um 100 Prozent steigen. Denn Sie suggerieren damit Integrität und Vertrauenswürdigkeit. Ihr Kunde wird Ihnen zudem vertrauen, wenn Sie ihm eine Empfehlung geben. Und das ist schon der halbe Verkauf.

DAS KLEINGELD-ORAKEL

Dieses kleine Orakel ist wunderbar geeignet, um die Kraft des Schenkens zu erleben und anderen Menschen sofort ein Lächeln ins Gesicht zu zaubern. Bitten Sie Ihr Gegenüber, an einen Herzenswunsch zu denken. Dann soll er oder sie sein Portemonnaie herausholen und alles Kleingeld auf den Tisch legen. Nun muss er die Anzahl der Münzen zählen.

Wenn eine gerade Zahl herauskommt, geht der Wunsch in nächster Zeit in Erfüllung. Wenn es eine ungerade Zahl ist, dauert die Erfüllung des Wunsches noch etwas. Falls eine ungerade Zahl herauskommt, halten Sie einen Glückscent bereit, der aus der ungeraden eine gerade Zahl macht. Ihr Gegenüber gewinnt auf jeden Fall!

6. Kapitel

Die Kraft der Rituale: Wie Sie bei Bedarf Fußballclubs manipulieren, Bärenkräfte entwickeln und den bösen Blick neutralisieren

Haben Sie sich schon mal gefragt, warum man sich während des Messerituals in der katholischen Kirche auf einen höllisch unbequemen Balken knien muss, der jedem, der sich darauf niederlässt, Schmerzen bereitet?

Dieses Detail hat einen ganz einfachen Sinn. Die Kirchenoberen haben schon vor Jahrhunderten einen wichtigen Mechanismus der menschlichen Psyche erkannt: Wenn wir Unbequemlichkeiten oder Schmerzen erleiden müssen, um ein ersehntes Ziel zu erreichen – zum Beispiel in den Himmel zu kommen oder auch nur ein angesehenes Gemeindemitglied zu werden –, dann werden wir diese Sache für immer verteidigen. Wenn wir Opfer bringen, soll das nicht umsonst gewesen sein. Es ist viel schwieriger, sich von etwas zu lösen, für das wir uns angestrengt haben, als von etwas, das uns mühelos in den Schoß gefallen ist. Unter anderem deshalb gibt es in den meisten Religionen Opferrituale und verordnete Phasen des Verzichts – etwa die christliche Fastenzeit vor dem Osterfest, jüdische Fastentage wie Jom Kippur oder der Ramadan des Islam.

In fast allen Religionen sprach man früher auch vom Erstgeborenen. Diese Kinder hatten gesellschaftlich einen höheren Stellenwert. Das hatte mit vielen Dingen zu tun. So waren die Eltern mit dem ersten Kind etwa der gesellschaftlichen Erwartung nachgekommen, einen Stammhalter zu produzieren.

Ich denke allerdings, hinter dieser besonderen Wertschätzung steckt darüber hinaus der gleiche Mechanismus wie hinter dem unbequemen Betbalken in der Kirche. Auch Eltern von heute wissen: Das erste Kind fordert die meisten Opfer. Beim Erstgeborenen haben die Eltern noch keine Erfahrung. Sie stecken all ihre Energie in dieses Baby. Sie opfern Freiheiten, Schlaf, Geld und Nerven. Aber statt zu denken: »Mist, was hab ich mir da nur eingebrockt?«, wächst die Wertschätzung für das Kind. Die Psyche fordert geradezu, dass das, wofür wir uns da ein Bein ausreißen, die Sache aber bitte schön auch wert sein sollte. Opfer zu bringen, fällt uns leichter für etwas, das uns viel wert ist. Da die Eltern aus der Nummer »Kind« nicht rauskommen und sich das Opferbringen nicht vermeiden lässt, muss eben der Wert des Kindes möglichst hochgeschraubt werden. Nur dann stimmt für unsere Psyche die Gleichung wieder. Später geborene Kinder laufen dagegen oft »so mit«. Sie können von größeren Geschwistern mit betreut werden, alte Kleider auftragen, das Spielzeug der Älteren benutzen. Nicht zuletzt ist der Stress nicht mehr so groß, weil die Eltern wissen, wie der Hase läuft. Auch wenn später geborene Kinder sicher genauso geliebt werden, bleibt auf einer bestimmten Ebene zum erstgeborenen Kind auch in unserer heutigen Kultur eine besondere Bindung bestehen.

Das Prinzip »Nur was kostet, taugt«

Das psychologische Prinzip der besonderen Wertschätzung durch gebrachte Opfer wird in manchen Fällen zum radikalen Instrument. Einmal im Jahr, an einem bestimmten Tag, finden die Aufnahmerituale der Studentenverbindungen an den amerikanischen Universitäten statt. An diesem Tag geschehen die übelsten Dinge. Da ist etwa die amerikanische Verbindung der Universität Yale, Skull & Bones. Es gibt Gerüchte, dass Studenten, die dort aufgenommen werden wollen, von 15 anderen gleichzeitig verprügelt werden. Oder sie müssen eine Fäkalie trinken. Oder übers Dach balancieren. Eben eine brutale Behandlung über sich ergehen lassen oder eklige oder gefährliche Dinge tun.

Soziologen und Psychologen haben sich dazu zwei Fragen gestellt. Die erste Frage lautet: Warum lassen Menschen freiwillig solche Aufnahmerituale über sich ergehen? Die zweite: Warum sagen diese Leidgeprüften nicht, sobald der nächste Neuling aufgenommen werden soll: Ich hau da doch nicht zu, denn ich weiß ja, was das für Schmerzen sind?

Leider funktioniert so die menschliche Psychologie nicht. Es ist genau andersherum: Da es das Mitglied selbst Schmerzen gekostet hat, aufgenommen zu werden, ehrt es die Gruppe nun in besonderem Maße. »Es« muss sich schließlich gelohnt haben. Außerdem ahnt es als Mitglied, dass genau dieses Ritual, das es so sehr an die Gruppe gebunden hat, auch den Neuling binden wird. Viel mehr, als dies ein simples Mitgliedsformular schaffen würde. Ein schwieriges Aufnahmeritual verleiht der Geschichte einen exklusiven und elitären Charakter: Hurra, ich hab's geschafft! Das ist eine Form der Blutsbruderschaft.

Weil es aber am Tag der Neuaufnahme der Studenten oft Verletzte gibt, haben die Verantwortlichen an den Universitäten das Gespräch mit den Studentenverbindungen gesucht. Ob es nicht möglich sei, so bat man, sportliche Wettkämpfe über die Aufnahme entscheiden zu lassen.

Keine einzige Verbindung hat sich darauf eingelassen. Man weiß dort genau, was man tut.

Aus ähnlichem Grund verabschieden sich wohl Menschen auch häufig nicht aus ausbeuterischen oder gar gewalttätigen Beziehungen. Die akribische Buchhalterin, die unsere Psyche nun mal ist, wartet auf den Preis für die über lange Jahre hinweg erbrachten Opfer. Und weil die Belohnung sich nicht einstellt, warten Menschen bis zum Sankt Nimmerleinstag, statt neu zu beginnen. Dann müsste man sich ja eingestehen, dass die ganze Zeit und all die Schmerzen umsonst investiert wurden.

Das Opferritual »Diät«

Doch nicht nur Studentenverbindungen oder die Kirche machen sich schmerzhafte Rituale zunutze. Manche Rituale dieses Typs treten auf den ersten Blick gar nicht als solche in Erscheinung. Kürzlich habe ich im Fernsehen etwas über die Ernährungsweise Metabolic Balance gesehen. Dabei wird zunächst eine Blutanalyse gemacht und darüber nach einem geheimen Verfahren eine Art Ernährungstyp bestimmt. Der soll dann wiederum etwas darüber aussagen, was wir essen müssen, um schlank, gesund und fit zu werden. Der Patient bekommt eine Liste mit Lebensmitteln, die er ab sofort essen soll. Andere Nahrungsmittel sind verboten. Eine ganze Reihe von Ernährungswissenschaftlern hält das Konzept offenbar für ausgemachten Unsinn. Trotzdem wenden etliche Leute die Diät mit Erfolg an. Wie kann das sein? Dass die Sache funktioniert, beruht meiner Meinung nach auf dem uralten psychologischen Trick, dessen sich auch die Skull & Bones-Leute bedienen: Zunächst muss der Mensch opfern. Er hat Schmerzen bei der Blutabnahme, er gibt seinen Lebenssaft her. Es ist wie beim Aufnahmeritual der Studentenverbindung: Man leidet erst Schmerzen, danach gehört man dazu – und erwartet etwas dafür. Die Schmerzen und natürlich die beträchtlichen Summen, die man dafür bezahlt, binden einen an das Metabolic-Balance-Konzept: Das, wofür ich Opfer gebracht habe, muss etwas taugen. Hinzu kommt, dass der Metabolic-Balance-Ernährungsplan nicht von irgendwem, sondern von Ärzten oder zumindest lizensierten Fachleuten aufgestellt wird. Die allgemeine Annahme lautet: Die wissen doch, was sie tun.

Sie sehen, hier sind jede Menge sehr wirksame Suggestionen am Werk. Wenn wir jetzt auch noch erwarten abzunehmen, werden wir es wahrscheinlich auch tun. Das hat aber wahrscheinlich rein gar nichts mit der Blutzusammensetzung zu tun, sondern einfach mit einer gesünderen Ernährung.

Falls das Konzept mal doch nicht funktioniert, nehmen sich viele Anbieter von Diäten gern mit dem folgenden Satz aus der Verantwortung: *Sie müssen sich aber ganz genau daran halten.* Nebenbei suggerieren die Verantwortlichen damit, dass sie Bescheid wissen, und festigen ihre Autorität. Es wird aber immer Momente geben, in denen man sich nicht hundertprozentig an ein vorgegebenes Konzept halten kann. Das Leben funktioniert nun mal nicht haargenau. Und schon sind die Verantwortlichen aus dem Schneider.

GLÜCKSRITUAL: DAS GLÜCK MIT WEISSEN BOHNEN FANGEN

Stecken Sie sich viele kleine weiße Bohnen in die rechte Hosentasche. Immer wenn Sie sich im Laufe des Tages glücklich fühlen – Sie treffen einen alten Freund, hören eine schöne Geschichte, die Sonne kommt heraus, der Tee schmeckt wunderbar –, nehmen Sie eine kleine weiße Bohne aus der rechten Hosentasche und geben Sie sie in die linke. Am Abend können Sie anhand der weißen Bohnen in Ihrer linken Hosentasche erkennen, wie oft Ihnen an diesem Tag das Glück begegnet ist.

Rituale drücken die Aufnahmetaste unseres Unterbewusstseins

Das Bohnenritual zeigt: Rituale müssen nicht unbedingt mit Schmerzen, Opfern oder Unannehmlichkeiten zu tun haben, um zu wirken. Aber sie lenken unsere Aufmerksamkeit durch eine bestimmte Handlung (das Befördern der Bohnen von einer Hosentasche in die andere) auf eine bestimmte Sache (unser Glücksgefühl).

In der Kirche wird zum Beispiel Weihrauch als Symbol der Reinigung verbrannt. Rituale verankern die Sache, für die sie stehen, stabil in unserem Unterbewusstsein. Ritualisierte, also immer gleiche Handlungsabläufe und Sinneseindrücke (wie etwa der Weihrauchduft) sorgen für zusätzliche Nervenverbindungen in unserem Gehirn, die mit der während des Rituals vermittelten Suggestion (zum Beispiel: Du wirst von Sünden gereinigt) zusammen abgespeichert werden.

Außerdem blenden sie Ablenkungen aus. Eine solche fokussierte Entspannung ist ein hypnotischer Zustand und öffnet für Glaubenssysteme. Was der Priester im Rahmen des von A bis Z durchorganisierten Messerituals in einer ganz bestimmten Weise in einem ganz bestimmten Gewand und mit einer ganz bestimmten Sprache predigt, wird eher verinnerlicht, als wenn er inhaltlich genau das Gleiche in Jeans und T-Shirt beim Gemeindekaffeekränzchen verlauten ließe.

Durch das Ritual wird bei den Teilnehmern gewissermaßen die »Achtung, Aufnahme«-Taste gedrückt. Ein Ritual verankert den Inhalt, den es symbolisiert.

Dass das Christentum in unseren Breiten immer mehr Anhänger verliert, hat sicher auch damit zu tun, dass die mit dem Glauben verbundenen Rituale vorwiegend in der Kirche stattfinden und nicht unseren Alltag durchdringen. Wer nicht in die Kirche geht, verliert da schnell den Bezug. Im Islam ist das anders. Der Islam ist viel stärker in das Leben und die Kultur der Menschen eingebunden. Bestimmte Rituale müssen täglich oder öfter ausgeführt werden und unterstützen somit die Verbindung zur Religion suggestiv. So müssen sich Moslems mehrfach am Tag in eine bestimmte Richtung verbeugen, eine ständige Wiederholung von Kindesbeinen an. Dadurch bleibt der Glaube bestehen. Er wird gelebt und ist mit Aktionen verbunden. Je ritualisierter eine Religion ist, umso stabiler ist sie.

Die offene Hypnose, die ich in Trainingssitzungen oder auf der Bühne durchführe, wird ebenfalls durch die Wirkung von Ritualen unterstützt. Die immer sehr ähnlichen Handlungsabläufe werden von den Menschen mit der Hypnose verknüpft. Durch diesen Lernprozess wird es von Mal zu Mal leichter, jemanden zu hypnotisieren. Das Gehirn weiß bei bestimmten Befehlen schon: Aha, jetzt kommt wieder Hypnose!

Der sichtbare Grund für »Wunder«

Genauso wichtig ist es, dass durch das Ritual selbst der Glaube an die Wirksamkeit des Rituals gestärkt wird. Unserem kritischen Bewusstsein, das immer genau wissen möchte, warum etwas geschieht, wird nämlich genau dieser

Grund durch das Ritual geliefert: Das und das wird also getan, damit das und das passiert. Würde der Effekt »einfach so« eintreten, ohne sichtbare »Ursache«, hätten wir Schwierigkeiten, das zu akzeptieren. Wir brauchen die »Ursache«, damit die Suggestion wirken kann. Und wenn die Suggestion wahrnehmbar wirkt, festigt das wiederum den Glauben an das Ritual: ein Loop.

Gesetzt den Fall, jemand glaubt an Wunderheilung und konsultiert einen Heiler. Dann könnte dieser zum Beispiel sagen: »All deine Krankheiten sind von dir genommen ...« Anschließend rennt er bedeutungsschwanger mit einem Federbusch herum und vollführt vielleicht noch einige andere mysteriöse Handlungen. Der Patient bekommt dadurch das Gefühl: Aha, der Mann tut etwas, um mich gesund zu machen. Das führt meistens dazu, dass sich der Patient direkt besser fühlt.

Vielleicht finden Sie das Beispiel mit dem Heiler und dem Federbusch lustig. Ich habe es aber bewusst gewählt, denn ein Schamane kann für uns unter Umständen das Gleiche erreichen wie ein westlicher Therapeut oder Arzt. Allerdings müssten wir dazu akzeptieren, dass er sich auf das Unerklärliche stützt. Auf höhere Mächte. Das fällt vielen von uns schwer. Statt traditionell an Religionen zu glauben, emotionalisieren wir uns in wissenschaftliche Erkenntnisse hinein. Der moderne Glaube der westlichen Welt ist die Wissenschaft. Dadurch gewinnt der alte biblische Spruch »Der Glaube kann Berge versetzen« eine neue Bedeutung. Er ist über die Religion hinausgewachsen.

Die Wissenschaft hat sich lange dagegen gewehrt, dass ein gesprochenes oder geschriebenes Wort Macht hat. Doch seit man handfeste Beweise dafür findet, dass das tatsächlich so ist, kehren wir zu entsprechenden Techniken und Ritualen zurück. Aber auf einer anderen Ebene. Es kann sein, dass wir in 20 Jahren wieder mit Zaubersprüchen und Ritualen hantieren wie alte Druiden. Aber nicht mehr aus dem Glauben an andere Mächte heraus, sondern weil die Wissenschaft uns die Wirksamkeit bescheinigt hat.

DIE MÜNZE FÜR DEN NEUANFANG

Dies ist ein Ritual der ersten amerikanischen Einwanderer. Wenn auch Sie wie diese Menschen neu anfangen und etwas Altes abhaken wollen, nehmen Sie eine Münze. Flüstern Sie alles, was Sie loswerden wollen, auf diese Münze. Wenn Sie damit fertig sind, werfen Sie sie hinter Ihren Rücken. Wichtig ist: Sie dürfen sich nicht umdrehen, und es darf Ihnen dabei keiner zuschauen.

Wie ich meinen Lieblingsfußballverein geschlossen hypnotisierte

Spätestens seit ich vor ein paar Jahren meinem Lieblingsfußballverein Borussia Mönchengladbach in scheinbar aussichtsloser Lage – die Mannschaft lag abstiegsbedroht auf dem letzten Tabellenplatz – einen Sieg gegen den Tabellenersten, den HSV, vorausgesagt hatte, sind mir die Macht der Rituale und ihre hypnotische Wirkung so richtig bewusst.

Dabei war die ganze Geschichte erst einmal nichts als ein Versehen: In der Show *The Next Uri Geller* hatte mich Moderator Matthias Opdenhövel, ebenfalls Gladbach-Fan, beim Gedankenlese-Test telepathisch danach gefragt, ob die Borussia das nächste Spiel gewinnen würde. Da habe ich dann auf seine gedachte Frage das geantwortet, was mir spontan in den Sinn kam. Möglicherweise nur, weil ich es mir so wünschte. Ich verkündete also, ohne groß nachzudenken: »Das nächste Spiel wird der Klub gewinnen.« Kaum hatte ich es ausgesprochen, wurde mir siedend heiß. Was hatte ich da gerade gesagt? Ich hatte zwar bewiesen, dass ich Matthias' Gedanken lesen konnte, das war ja der Sinn der Übung gewesen. Aber ganz nebenbei hatte ich auch noch eine völlig verrückte Prophezeiung gemacht, live und in Farbe im Fernsehen. Vor Millionen von Zuschauern.

Die leise Hoffnung, dass niemand meine übermütige »Hellseherei« so richtig mitbekommen hatte, wurde bald im Keim erstickt. Die Welt stand kopf. Der Verein rief mich an und lud mich zum Spiel ein, nachdem Tausende Borussia-Fans in Internet-Foren das gefordert hatten. Fans des Mönchengladbacher Vereins stürmten auf der Straße glückselig auf mich zu, als sei ich ein Messias des Fußballs. Mir wurde klar: Aus der Nummer kam ich so einfach nicht mehr raus. Ich wusste, wenn ich nicht auf mein Glück vertrauen wollte, dass ich zufällig recht behielt – und die Wahrscheinlichkeit war gegen mich, Borussia Mönchengladbach hatte in der letzten Zeit ein Spiel nach dem anderen verloren –, hatte ich nur eine Chance ...

Diese Chance hieß: Hypnose.

Allerdings natürlich nicht die Sorte Hypnose, die ich sonst auf der Bühne durchführe. Hier musste es schon eine ganz besondere Variante sein, denn ich musste ja eine ganze Fußballmannschaft auf einmal hypnotisieren. Ich spanne Sie nicht lang auf die Folter, und wenn Sie mein erstes Buch *Ich kenne dein Geheimnis* gelesen haben, wissen Sie sowieso schon, wie die Sache ausgegangen ist: Die Mannschaft siegte. Gegen alle Erwartungen. Borussia Mönchengladbach gewann mit einem unglaublichen 4:1 – und das, nachdem sie alle vorherigen Spiele haushoch verloren hatten.

Wie hatte »ich« das geschafft? Nun, ich hatte mir genau überlegt, was zu tun war. Kurz hatte ich erwogen, ein paar schamanistische Rituale zu vollziehen, wie es zum Beispiel in Afrika üblich ist. Das hatte ich dann aber wieder verworfen – Mönchengladbach ist nicht der Schwarze Kontinent. Stattdessen war ich unter dem Jubel der Gladbach-Fans vor dem Spiel in meinem »magischen« Bühnen-Outfit – schwarzer Frack und handgefertigter Gehstock, der bei Bedarf auch schon mal aussieht wie ein Zauberstab – auf den Rasen getreten und hatte meine Prophezeiung, die eigentlich nichts anderes als ein vages Gefühl gewesen war, mit einer feierlichen, motivierenden Ansprache bekräftigt.

»Ich habe euch mein Glück ins Stadion gebracht, um es an euch weiterzugeben. Ich mache es euch zum Geschenk, damit eure Mannschaft gewinnt«, hatte ich beschwörend gesagt. Dann hatte ich noch an die Adresse der Fans hinzugefügt: »Es ist wichtig, dass ihr all eure Energie bündelt und auf den Platz schickt und eure Mannschaft unterstützt.« Damit war ich fertig. Das war alles. Sonst hatte ich nichts getan. Ich hatte keine überdimensionierte Kristallkugel befragt, ich hatte nicht wie Harry Potter einen Zauberspruch in petto gehabt, der die Mannschaft unbesiegbar gemacht hätte. Und doch hatte »mein« Team gewonnen.

Wie konnte das geschehen? Nicht nur die über sich selbst verwunderten Spieler fragten mich hinterher nach dem Geheimnis. Auch mein Vater, der neben mir auf der Tribüne gesessen und mir nach einem noch wenig verheißungsvollen 1:1 in der Halbzeitpause ein herzliches »Du hast sie doch nicht mehr alle« zugeflüstert hatte, wollte wissen, wie »ich« das geschafft hatte. Die Antwort war ganz einfach: Ich hatte das Unterbewusstsein der Borussen mit einer hypnotisch wirksamen Botschaft gefüttert. Die lautete: *Wir, die Elf von Borussia Mönchengladbach, werden heute gewinnen! Egal, was passiert!* Dem Unterbewusstsein der gegnerischen Mannschaft hatte ich dagegen mit genau der gleichen Aktion eine gehörige Portion Selbstzweifel mitgegeben. Diesen nagenden Gedanken: *Was ist, wenn dieser Hokuspokus-Spinner recht hat? Der schien sich seiner Sache ja verdammt sicher zu sein ...*

Alle Trainer dieser Welt wissen, dass ab einem bestimmten Trainingsniveau die meisten Spitzenfußballspieler mehr oder weniger austauschbar sind. Das gilt aber nur für die körperliche Ebene. Alles, was darüber hinausgeht, hat allein mit dem Kopf zu tun. Und das, was darin vorgeht, macht den Fußballer zum Ausnahmefußballer.

Solche Suggestionen, wie ich sie in meiner kurzen Ansprache verwendet habe, sind unglaublich wirksam und auch eine Form der »Hypnose Undercover«. Undercover, weil die Fußballspieler nicht gemerkt haben, dass sie gleichsam hypnotisiert wurden, denn der Effekt war auch ohne die Trance praktisch der gleiche wie bei einer klassischen Hypnose.

In manchen Fällen muss man nicht einmal etwas sagen. In meinen Shows gibt es zum Beispiel eine Nummer, bei der ich immer vier möglichst zierliche Zuschauerinnen auf die Bühne hole, die mit jeweils zwei Fingerspitzen einen Stuhl hochheben sollen, auf dem ein schwergewichtiger Mann sitzt. Das klappt zunächst nie, so sehr sich alle Beteiligten auch anstrengen. Dann stelle ich mich vor die Frauen und führe vor ihrem Körper eine Handbewegung von unten nach oben aus, ich schließe den »Energiereißverschluss«. Dabei bleibe ich stumm, aber der Sinn meiner Handlung wird auch nonverbal klar: Wenn ich den gedachten Reißverschluss schließe, kann keine Energie mehr entweichen und steht den Damen uneingeschränkt zur Verfügung. Den Energiereißverschluss des schweren Mannes öffne ich dagegen von oben nach unten. Die nonverbale Suggestion bei dieser Handlung: Die Energie des Schwergewichts folgt der Gravitation und entweicht – er wird leichter. Anschließend fordere ich die Frauen auf, es noch einmal zu versuchen, und voilà: Es funktioniert! Mühelos und von sich selbst überrascht lassen sie die korpulente Last über ihren Köpfen schweben. Wenn ich ihnen dann mit einer Handbewegung die Energie aus dem Körper nehme und den Mann wieder »schwer mache«, ist dagegen alle Anstrengung für die Katz.

Entfesseln Sie Ihre Bärenkräfte

Ich verrate Ihnen etwas: Jeder körperlich gesunde Mensch ist zu so einem Kunststückchen in der Lage. Das ist keine Hexerei, und dazu braucht es eigentlich auch keinen Magier. Allerdings ist unser System I der Überzeugung, dass dem nicht so ist. Darum brauchen wir eine Legitimation, damit diese scheinbare Unmöglichkeit möglich wird. Da kann jemand wie ich ungeheuer helfen – als Autoritätsperson in Sachen Magie. Die Rolle, die beim Placebo-Effekt dem Arzt zukommt (dazu lesen Sie in Kürze mehr), bekleide ich in »zauberhaften« Dingen. Unser Bewusstsein gibt dem Unterbewusstsein leichter das »Go!«, wenn da einer ist, der Kompetenz ausstrahlt und vermittelt, dass die Sache grundsätzlich möglich ist. Genau so arbeiten gute Sporttrainer. Sie holen mit Suggestionen wie »Da geht noch was, Django!« alles aus den Sportlern raus.

Im Grunde muss man nur an das (vermeintlich) Unmögliche glauben und seine Kräfte darauf fokussieren. Mit meinen kleinen Energie-Suggestionen helfe ich lediglich dabei, diesen Fokus, diese absolute Konzentration, herzustellen. Das kann man aber auch selbst tun. Man muss sich nur das Richtige vorstellen und daran glauben.

Ich war einmal in einer Fernsehsendung mit Shaolin-Mönchen, die in der Lage waren, höllisch scharfe Bambusspeere mit ihrem Hals zu zerbrechen. Sie haben sich meditativ derart fokussiert, dass sie sich nicht verletzten. Nichts anderes tun Karate-Kämpfer, wenn sie den berühmten Handkantenschlag trainieren: Neben der Anwendung einer bestimmten Technik stellen sich die Sportler mithilfe bestimmter Atemübungen vor, wie sie die Kraft und Energie in ihrer Handkante bündeln. Nur so ist das kraftvolle Zuschlagen, das Bretter und Ziegel zerbersten lässt, überhaupt möglich, die Technik allein bringt's nicht. Auch im Aikido nutzt man Suggestionen. Man stellt sich zum Beispiel vor, dass Wasser durch den Arm fließt, um ihn hart und unbeugsam zu machen. Ob das der Realität entspricht oder nicht, ist egal, solange wir diese lebendige Vorstellung haben. Der Effekt ist umwerfend. Umgekehrt kann ein zerstreuter Kämpfer so stark wie Obelix sein, und trotzdem würde er sich beim Versuch, ein Brett mit der Handkante zu zerteilen, vermutlich eher einen riesigen blauen Fleck holen, als Erfolg zu haben. Die konzentrierte und gezielte Vorstellung, die nichts anderes als eine Form der Selbsthypnose ist, hat einen direkten Einfluss auf unseren Körper.

Unsere Gedanken wirken auf den Körper
»Meister was muss man tun, um die Kunst des Schwertes zu erlernen?«

»Man braucht Achtsamkeit.«

»*Nur das?*«
»*Nein, man braucht Achtsamkeit und Achtsamkeit.*«
»*Nicht mehr?*«
»*Doch, man braucht Achtsamkeit und Achtsamkeit und Achtsamkeit. Gelingt es dir, jeden Augenblick deiner Existenz auf diese Weise zu beobachten, freust du dich über den geringsten Fehler, den du bei dir entdeckst.*«

Einstein sagte, die Vorstellungskraft sei wichtiger als Wissen. Das stimmt:
Alle Gedanken ziehen eine körperliche Reaktion nach sich. Was wir erwarten, hat die Tendenz, real zu werden. Unser Unterbewusstes kann nicht unterscheiden, ob uns etwas Reales widerfährt oder wir uns etwas »nur« vorstellen. So beginnen wir real zu schwitzen, wenn wir einen Albtraum haben. Aufregende Gedanken führen zu Adrenalinausschüttung und höherem Blutdruck, und jede positive Suggestion beeinflusst den Körper auch positiv. Dagegen kann der Körper gebrochen werden, wenn er nur lange genug destruktiven Suggestionen ausgesetzt ist: Hypochondrisch veranlagte Menschen können recht behalten und sich selbst krankdenken.

Kein Zweifel: Gedanken sind reale Dinge, die eine Kraft umgibt. Zu jedem einzelnen gibt es eine äquivalente körperliche Reaktion. Beim Gedankenlesen, meiner zweiten Leidenschaft neben der Hypnose, mache ich mir den sogenannten Carpenter-Effekt zunutze, den der englische Naturforscher und Mediziner William Benjamin Carpenter Ende des 19. Jahrhunderts erstmals beschrieben hat. Er wies nach, dass die Vorstellung einer Bewegung die entsprechenden Muskeln aktiviert. Viele neuere Versuche haben das inzwischen belegt. Verletzte Sportler können allein mit der aktiven, intensiven Vorstellung, ihren Sport auszuüben, ihre Muskeln stärken, gerade so, als würde die Bewegung tatsächlich ausgeführt. Sogar die Technik lässt sich auf diese Weise verbessern. Kein großes Kunststück, sich vorzustellen, dass diese Voraktivierung zum Beispiel in einem Fußballspiel einen oder auch mehrere Spieler um genau die Sekundenbruchteile schneller machen kann, die über Sieg oder Niederlage, Tor oder Ballverlust entscheiden. Damit wären wir wieder bei Borussia Mönchengladbach: Meine kleine Beschwörung hatte den Jungs so viel Selbstvertrauen eingeflößt, dass ihr Unterbewusstsein alles daransetzte, die Prophezeiung wahr zu machen. Äußerste Kräfte wurden mobilisiert, Sinne und Muskeln der Spieler in höchste taktische Einsatzbereitschaft versetzt. Was die Borussen da in der zweiten Halbzeit auf dem Rasen »gezaubert« haben, wirkte auf alle Zuschauer und nicht zuletzt auf die gegnerische und zunehmend entmutigte Mannschaft wie ein kleines Wunder, wie Magie. Und darum handelte es sich auch. Allerdings geht es bei dieser Magie nicht um Übersinnliches. Die Magie, mit der die Borussen das Spiel gewonnen haben, steckt in jedem von uns und wartet nur darauf, geweckt zu werden. Wir alle können Wunder vollbringen und damit nicht nur sportliche Wettkämpfe gewinnen oder anderen dabei helfen, zu Gewinnern zu werden. Mit dieser Magie können wir sämtliche Lebensbereiche bezaubern und andere Menschen gleich mit.

SUGGESTION ZUR SPORTLICHEN LEISTUNGSSTEIGERUNG (Skript Nummer 3)

Lesen Sie die folgende Suggestion regelmäßig ganz oder in Teilen in entspanntem Zustand. Zum Beispiel jeden Abend vor dem Schlafengehen und direkt nach dem Aufwachen.

Sie können Sie, wie alle Skripts, auch als Suggestion unter Hypnose anwenden. (Wie das geht, erkläre ich später.)

Mit jedem Tag, der von nun an vergeht, wirst du dein Augenmerk auf die Leistungen richten, bei denen du dein volles Talent entfaltest und die du mit Energie und Spaß ausübst.

Du wirst mit der größten Energie und mit absoluter Freude und dem größten Spaß neue Herausforderungen angehen und diese auf den Punkt genau meistern.

Dein Wille zu siegen, steigert sich mit jedem Schritt, den du tust.
Jedes neue Spiel erwartest du mit großer Vorfreude, Sicherheit und dem Wissen um deine eigenen Fähigkeiten und wie du diese zielgenau einsetzt. Du bist absolut frei.

Von Spiel zu Spiel, von Training zu Training erweitert sich dein Potenzial. Dein Spaß und deine Energie nehmen zu.

Du lernst aus jedem Spiel, egal wie das Endergebnis lautet.
Du gehst erfahrener und gestärkt in das nächste Spiel hinein.
Du akzeptierst jeden Ausgang und nimmst diesen als Preis und Auszeichnung an. Du ziehst aus jedem Spiel Zufriedenheit, Befriedigung und Weisheit. Dieses Wissen unterstützt dich bei jeder Vorbereitung und holt aus dir das absolute Maximum dieser Sportart heraus.

Du schläfst vor und nach jedem Spiel absolut entspannt und erholsam. Und im Schlaf tust du alles, was notwendig ist, um dich perfekt auf das nächste Spiel vorzubereiten. Mit jedem Spiel spürst du die Entwicklung und den Stolz, Sportler zu sein. Dein strategisches Denken und deine Talente koordinieren sich zur Einheit und lenken deinen Körper.

In jedem Spiel, in jedem Training, mit jedem Gedanken an deinen Sport füllen sich dein Körper und dein Geist mit Respekt, Achtsamkeit, Zufriedenheit, Ruhe, Freude und Energie. Bei jedem Spiel erlaubst du dir zu gewinnen.

7. Kapitel

Placebo, Nocebo und Hypnose: Die unheimliche Macht der Drogen aus unserer Gehirnapotheke

Der Mechanismus, der ein Ritual durch den Glauben an seine Wirkung wirksam werden lässt, verblüffte auch den amerikanischen Arzt Henry K. Beecher. Dem war bei der Versorgung von verletzten Soldaten im Zweiten Weltkrieg das Morphium ausgegangen. Damit die Verletzten sich nicht im Stich gelassen fühlten, spritzten er und die Krankenschwestern ihnen statt Morphium über mehrere Tage Salzwasser. Die mit dem Verabreichen der Spritze verbundenen Handlungen waren die gleichen wie immer – und damit aus psychologischer Sicht nichts anderes als ein Ritual, an das eine bestimmte Erwartung geknüpft war. Und siehe da: Die Verletzten fühlten sich keineswegs wegen der ausbleibenden Wirkung betrogen. Das Gegenteil war der Fall, die Schmerzen waren tatsächlich verschwunden: Ein Placebo-Effekt war eingetreten.

Trotz solcher Beobachtungen wurde ziemlich lange angenommen, dass der Placebo-Effekt auf Einbildung beruhe und keine tatsächliche messbare Auswirkung auf den Körper habe. Inzwischen weiß man, dass man hier falsch lag. Der Neurophysiologe Fabrizio Benedetti hat in jüngster Zeit zum Placebo-Effekt geforscht. Unter Einsatz winzigster Messelektroden hat er festgestellt, dass durch die Erfüllung der Patientenerwartung – im Fall der verletzten Soldaten die Suggestion »Diese Spritze wird mir helfen« – das Belohnungszentrum im Gehirn aktiviert wird. Dort, im Nucleus accumbens, wird der Botenstoff Dopamin ausgeschüttet. Dopamin ist chemisch verwandt mit Morphium und hat eine euphorisierende und schmerzunterdrückende Wirkung. Kein Wunder also, dass die Soldaten keinen Unterschied zum Original feststellten. Durch die positive Erfahrung wurden die Erwartung und damit der Effekt bei der nächsten Behandlung noch verstärkt.

Der Placebo-Effekt lässt sich wegen des direkten Zusammenhangs mit der Dopaminausschüttung besonders gut bei Schmerzen beobachten, außerdem auch bei Krankheiten, bei denen ein gestörter Dopaminhaushalt die Hauptrolle spielt, wie etwa bei Parkinson.

Die einzigen Wirkungsbereiche von Placebos sind das aber noch lange nicht. Ein Arzt der Berliner Charité hat mir folgende Geschichte erzählt:

Es gab eine bestimmte Art von Knieproblemen, die Ärzte vor ein Rätsel stellten, weil die Ursache partout nicht feststellbar war. Nun kam ein Arzt auf die Idee, ein bestimmtes Teil aus Kunststoff ins Kniegelenk einzusetzen. Damit feierte er große Heilerfolge. Tatsächlich wurde die Operation aber nur vorgetäuscht: Ein kleiner oberflächlicher Schnitt wurde gesetzt, nicht viel mehr als ein Kratzer. Das Kunststoffteil kam gar nicht zum Einsatz. Dennoch waren die Patienten, die felsenfest annahmen, operiert worden zu sein, von ihren Schmerzen befreit. Auch Wunderheiler, die angeblich Tumoren entfernen, arbeiten nach diesem Prinzip. Statt des Tumors halten sie dann zum Beispiel eine blutige Ochsenzunge in der Hand. Der Patient glaubt, ihm sei geholfen – und der Tumor verschwindet tatsächlich.

Wie oft der Placebo-Effekt für Heilungen verantwortlich ist, auch im Rahmen klassischer schulmedizinischer Behandlungsmethoden, lässt sich nicht genau sagen. Unsere Selbstheilungskräfte sind enorm – der Geist kann Wunder vollbringen. Versuche haben gezeigt, dass die Hormondrüsen, das Immunsystem und Herz und Kreislauf messbar auf Placebos ansprechen. Die sich einstellende Wirkung geht dabei über die Dopaminausschüttung hinaus und entspricht in der Regel der Erwartung an die Wirkung des Medikaments oder der Therapie, die durch das Placebo ersetzt werden. Interessant ist, dass Patienten sogar die erwarteten Nebenwirkungen eines Medikaments verspüren.

Forscher haben auch festgestellt, dass große Pillen besser wirken als kleine. Aufwändig verpackte und vor allem teure Placebos sind wirkungsvoller als solche, die schlicht und günstig daherkommen. Hier greift wieder die Suggestion, der auch die Skull & Bones-Mitglieder erliegen: Je mehr ich in etwas investiere, umso mehr erwarte ich dafür zu bekommen. Und umso mehr bekomme ich auch!

Die Hypnose und der Placebo-Effekt

Einer der ersten, die – ohne es zu wissen – die Effekte des Placebo-Effekts nutzten, war der deutsche Arzt Franz Anton Mesmer (1734–1815), der als einer der Ahnen der modernen Hypnose gilt. Mesmer entwickelte im 18. Jahrhundert in Wien den nach ihm benannten »Mesmerismus«. Dieser beruhte auf der Annahme eines in allen Lebewesen vorhandenen Magnetismus. Behandelt wurde in mystisch anmutenden Zeremonien mit der Methode des Handauflegens, mit Handstreichungen oder mit Behältnissen, in denen sich »magnetisiertes Wasser« befand. Damit sollten die durch Krankheit aus der Balance geratenen Energien wieder in Harmonie gebracht und so eine Heilung erreicht werden.

In Wien wurde der junge Mesmer von etablierten Medizinern nicht nur belächelt, sondern vor allem angefeindet, ähnlich wie man es heute häufig im Kampf zwischen Schulmedizinern und Vertretern alternativer Heilmethoden beobachten kann. Mesmer machte seinen Medizinerkollegen nämlich mit (zunächst) kostenlosen Mesmerismus-Behandlungen die Patienten abspenstig und behandelte außerdem Arme und Reiche völlig gleichberechtigt. Damals war die gängige und wissenschaftlich anerkannte medizinische Methode bei den meisten Krankheiten – auch bei Psychosen – der Aderlass. Mesmer wagte Kritik daran: Wieso soll man jemanden zur Ader lassen, weil er im Kopf ein Problem hat? Dadurch stellte er den Stand der Medizin und die Kompetenz seiner Kollegen infrage und machte sich keine Freunde.

Wohl um diesem Klima zu entgehen, zog Mesmer nach Frankreich und gründete dort den sogenannten Orden der Harmonie. Die Zusammenkünfte dieses »Ordens« waren geheimnisvolle Zirkel, »harmonische Gesellschaften« genannt. In diesen Salons behandelten seine Schüler andere Menschen oder unterrichteten den Mesmerismus. Die Zirkel wurden in ganz Frankreich veranstaltet und hatten regen Zulauf.

Dennoch wurde Mesmer auch dort kritisiert. Einer von Mesmers schärfsten Kritikern war Benjamin Franklin, der damals in Paris als Diplomat arbeitete. Franklin war der Ansicht, Mesmers Magnetismus-Theorien seien Humbug. Er war auch Mitglied der Regierungskommission, die den Mesmerismus 1784 offiziell für unwirksam erklärte. Es gebe keinen Erdmagnetismus und auch kein *Fluidum*, von dem Mesmer gern sprach: Das unsichtbare *Fluidum* sah er als eine allem innewohnende Energie an – ähnlich der chinesischen

Lebensenergie Qi oder dem hinduistischen Prana. Franklin kritisierte am Mesmerismus sinngemäß, dass Menschen völlig unabhängig davon, ob nun Magnetismus vorhanden war oder nicht, bereits auf die Annahme reagierten, dass es eine magnetische Kraft gebe, die ihnen helfen könne. Damit hat er den Kern jeder Hypnose beschrieben: die Suggestion durch Worte. Aus Mesmers suggestiven Methoden entwickelten sich später einige der heutigen Hypnosetechniken. Er selbst war allerdings wenig begeistert von der Kritik, denn er war überzeugt von der Wissenschaftlichkeit seiner Methode und hielt rein gar nichts von Geistheilung.

Ein gewisser Dr. James Braid nahm einige Jahre später neugierig an einer Sitzung teil, in der der Magnetismus von dem Schweizer Charles Lafontaine vorgeführt wurde. Mesmers Magnetismus war zu diesem Zeitpunkt als Scharlatanerie verschrien. Wissenschaftler und Mediziner, die etwas auf sich hielten, gingen dazu tunlichst auf Abstand. Trotzdem blieb der Magnetismus ein spannender Forschungsgegenstand. Um das Phänomen wissenschaftlich neutral betrachten zu können, verwendete Braid statt »Mesmerismus« das Wort »Hypnose«, das von dem Schriftsteller und Mesmeristen Etienne Félix d'Henin du Cuvillers schon Jahrzehnte zuvor zum ersten Mal verwendet worden war. Wegen des Trancezustandes, in den die Patienten fielen, war der Franzose auf den griechischen Gott des Schlafes, *Hypnos,* gekommen. Trotz dieses belegten Ursprungs des Begriffs »Hypnose« rühmt fast jedes Buch, das ich über das Thema gelesen habe, James Braid als den Erfinder des Wortes. Er soll es, so heißt es, angeblich zum ersten Mal in seinem Buch *Neurohypnology* aus dem Jahre 1843 gebraucht haben, um diesen besonderen Prozess zu beschreiben. Dabei ist selbst diese

Datierung nicht ganz korrekt, denn Braid hat den Begriff »Hypnotic Sleep« schon ein Jahr zuvor in einem Brief an einen gewissen Reverend Hugh McNeile verwendet, um sich gegen die Vorwürfe zu wehren, er führe satanische Praktiken aus. Man kann sich aber auf jeden Fall darauf verständigen, dass Braid das Wort »hypnosis« in England verbreitete.

Braid hat später den Begriff übrigens wieder verworfen, da er den hypnotischen Prozess nicht mit »Schlaf« vergleichen wollte. Er sprach lieber von »absoluter Fixation und Fokussierung« und stimmt damit auch mit der modernen Auffassung von Hypnose überein. Weil man sich in der Hypnose auf eine einzige Sache konzentriert, erfand er in späteren Jahren den – nicht nur für ihn – passenderen Begriff »monoideism«, eine Zusammensetzung aus »mono«, dem griechischen Wort für »einzig«, und »Idee«: die Fokussierung auf nur eine Sache. Dieser Begriff setzte sich aber nie ganz durch.

So wurde also aus dem Mesmerismus die Hypnose. Wie Franklin war auch James Braid der Ansicht, dass hier nicht Mesmers *Fluidum* am Werk war, sondern ein psychischer Prozess. Er hatte das Gefühl, dass die Worte etwas auslösen. Braid war auch der Erste, der von »Suggestionen« sprach, die manipulative Beeinflussung einer Vorstellung oder Emotion, ohne dass dies vom Betroffenen wahrgenommen wird. Er nahm an, dass ein großer Teil der Wirkung durch die intensive Auseinandersetzung mit dem Kranken und dessen Erwartung seiner Heilung eintritt. Übrigens ein Effekt, den die moderne Placebo-Forschung bestätigt: Das Gespräch mit dem Arzt unterstützt die Wirkung von Placebos entscheidend. Werden die Scheinmedikamente ohne vorheriges suggestives Gespräch von Arzt zu Patient eingenommen, wirken sie deutlich schlechter. Es ist die von einem anerkannten Fachmann in Aussicht gestellte Heilung, die eine der stärksten Suggestionen ist.

Die dunkle Seite des Placebos: Nocebo und böser Blick

Diese Erwartung funktioniert auch im Negativen. Es gibt in verschiedenen Stammeskulturen Medizinmänner, die Menschen bestrafen, indem sie ihnen suggerieren: »Du stirbst jetzt.« Das Unheimliche dabei ist: Es passiert tatsächlich. Menschen fallen auf Befehl um und sind tot. Das ist der sogenannte Nocebo-Effekt. Während der Placebo-Effekt die Selbstheilungskräfte unterstützt, wirkt der Nocebo-Effekt wie ein Fluch. Das Unterbewusstsein richtet sich gegen den Körper. Beide Effekte funktionieren aber nur dann, wenn sie eine Person in ihrem eigenen Glaubenssystem abholen. Wer nicht an Schamanismus glaubt, der wird davon auch nicht beeinflusst. Wer Voodoo von tiefstem Herzen für Unsinn hält, der kann davon auch nicht betroffen werden. Aber wenn Sie der Vorstellung anhängen, dass Geistwesen Ihr Leben regieren, und der okkulte Priester nun behauptet: »Die Geister bringen dich um«, kann diese Annahme lebensbedrohlich werden. Unterbewusst werden sämtliche Kräfte des Körpers darauf ausgerichtet, die düstere Prophezeiung wahr werden zu lassen. Was ganz genau in diesen Fällen in Körper und Gehirn abläuft, hat man noch nicht im Detail wissenschaftlich erfasst. Noch nicht. Aber dass auch der Nocebo-Effekt existiert, ist unbestritten.

Einmal kam nach einem Auftritt eine Frau zu mir, die fest davon überzeugt war, dass sie der böse Blick getroffen habe.

Zunächst verstand ich nicht ganz, was sie meinte, weil sie so aufgeregt plapperte. Doch langsam begriff ich, worum es ging. Sie erklärte, dass sie aus Brasilien stamme, und dort habe eine Hexe sie mit dem bösen Blick verflucht. Darum hatte sie das Gefühl, sie sei vom Pech verfolgt. Sie bat mich um Hilfe. Normalerweise mache ich in solchen Fällen nichts, weil ich mich als Unterhalter und nicht als Heiler verstehe. Doch hier hatte ich spontan eine Eingebung, denn ich ahnte, dass diese Frau einem Nocebo-Effekt unterlag. Das Schlimmste, was passieren konnte, war, dass das so blieb, ich konnte also im Grunde nichts falsch machen.

Ich griff in meine Tasche und holte das Pendel heraus, das ich immer bei mir trage. Ich sagte zu ihr: »Das will ich einmal überprüfen. Wenn sich das Pendel nach links dreht, dann haben Sie recht. Dann sind Sie vom bösen Blick verfolgt.« Ich hielt das Pendel eine kurze Weile vor ihr Gesicht, und es begann, sich nach links zu drehen. »Es stimmt«, bestätigte ich mit ernstem Blick. »Die Hexe hat Sie verflucht.« Ich schlich mich auf diese Weise in ihr schon vorhandenes Weltbild und Ihr aktuelles Glaubenssystem. Gewann somit ihr Vertrauen und den Status eines Hexenmeisters. Dann verkündete ich: »Aber ich kenne ein Ritual, mit dem man den Fluch auflösen kann.« Ich bat sie, auf das Pendel zu schauen, murmelte dabei einige geheimnisvolle Sprüche und führte verschiedene Handbewegungen aus. Dann sagte ich: »Wenn sich das Pendel nun nach rechts dreht, nimmt es den bösen Blick und die negative Energie von Ihnen weg. Sobald es aufhört, sich zu bewegen, ist der böse Blick aufgehoben.« Ich hielt das Pendel wieder in die Luft. Es begann, sich nach rechts zu drehen. Nach einer Weile stoppte es. Ich nahm das Pendel, steckte es in die Tasche und verkündete: »Ich kümmere mich da jetzt drum.«

Ein paar Wochen später bekam ich eine Mail. Die Frau berichtete begeistert: »Es hat gewirkt, ich habe kein Pech mehr. Danke schön!«

Wenn ich nun anders reagiert und ihr nach westlicher Logik erklärt hätte: »Jetzt erzähl mal nicht so einen Quatsch. Es gibt keinen bösen Blick«, wäre dieser Erfolg niemals möglich gewesen. Dann wäre sie nach Hause gegangen und immer noch überzeugt gewesen, vom bösen Blick verfolgt zu sein. Das wäre ihre Realität gewesen. So habe ich sie in ihrem eigenen Glaubensmodell abgeholt, und sie war überzeugt: Da war dieser Magier, der hat den Fluch von mir genommen.

Auch hierbei handelt es sich »nur« um Suggestionen, aber die können sehr machtvoll sein.

8. Kapitel

Die Magie des Schreibens: Wie Sie mit Brainwashing-Methoden gute Vorsätze in die Tat umsetzen und warum der »Gefällt mir«-Button bei Facebook gefährlich sein kann

Schreiben ist ein magischer Prozess. Es kann Wunder vollbringen. Wenn Sie sich ein Ziel stecken oder einen bestimmten Wunsch haben, ist es am besten, dies schriftlich auszudrücken. Das Schreiben macht Gedanken sichtbar. Es zwingt uns, unsere Gedanken zu fokussieren, eine Sache aus dem Gedankenstrom herauszunehmen und festzuhalten – genau das ist die Basis der Hypnose. Auch bei der Hypnose muss erst einmal klar definiert werden, was das Ziel ist. Nur wenn wir uns bewusst machen, was wir wollen, gibt es die Chance, dass es sich erfüllt.

Das Niederschreiben hat aber noch mehr Vorteile. Das Schreiben und das gleichzeitige Lesen verfestigen die Information gleich doppelt in unserem Gehirn. Und zwar sehr nachhaltig. Das geschieht sogar, wenn wir zunächst gar nicht daran glauben, was wir da schreiben.

Dies beweist ein Experiment, das mit amerikanischen Soldaten durchgeführt wurde, die im Koreakrieg in chinesische Kriegsgefangenschaft geraten waren. Sehr viele kehrten mit einer ganz anderen Einstellung aus dem Krieg heim, als sie losgezogen waren: einer kommunistischen. Außerdem gab es eine erhebliche Anzahl Deserteure. In den USA war man verstört: Wie konnte so etwas passieren?

Der Psychiater Robert Jay Lifton und der Organisationspsychologe Edgar H. Schein fanden in zwei Studien heraus, dass die Chinesen sehr systematisch mit den amerikanischen Soldaten vorgegangen waren. Zu Beginn der Gefangenschaft bekam jeder der Soldaten ein Blatt Papier. Darauf sollte er fünf Gründe zusammentragen, was ihm persönlich an den USA nicht gefiel. Das klingt einigermaßen harmlos, aber während des Schreibens veränderte sich bereits das Bewusstsein der Soldaten. Plötzlich legten sie den Fokus auf Dinge, die nicht so wunderbar waren an dem Land, für das sie ihr Leben riskierten. Daran änderte auch die Tatsache nichts, dass sie dazu gezwungen wurden.

Zunächst einmal haben wir es hier mit Priming zu tun, das Sie aus dem zweiten Kapitel kennen. Die Soldaten wurden auf das Negative ihres Heimatlandes geprimt. Doch das war noch nicht alles. Die Liste mit den fünf Gründen musste jeder der Soldaten unterschreiben. Dadurch wurde ihr Blatt von einem privaten Statement zu einem öffentlichen Statement. Zu einer Art Vertrag. Eine Unterschrift verpflichtet das Unterbewusstsein, konsistent zu dem zu handeln, was da unterschrieben wurde.

Diese Taktik setzten die Chinesen fort. Man ließ die jungen Männer immer wieder Aufsätze schreiben. Ganze Pamphlete wurden verfasst, warum die USA nicht das gelobte Land seien. Doch auch dabei blieb es nicht. Diese Aufsätze mussten die Soldaten anschließend vorlesen. Sehr schlau von den Chinesen: Wenn man etwas schreibt, verfestigt sich etwas bereits stärker, als wenn man es nur denkt. Liest man es dann obendrein laut vor, schaltet man noch einen weiteren Sinn dazu. Dadurch werden die Nervenverknüpfungen im Gehirn, die diesen bestimmten Inhalt betreffen, noch stabiler. Und Wiederholung, auch das hatte ich bereits erwähnt, lässt etwas wahr wirken. Selbst wenn man anfangs ans Gegenteil glaubt.

Außerdem wird die Angelegenheit durch das Vorlesen noch öffentlicher. Es entsteht ein sozialer Zwang, in Übereinstimmung mit dem Vorgelesenen zu handeln.

Der Effekt des Vorlesens geht sogar noch weiter: Wenn man einen Text vorliest, den jemand anders geschrieben hat und der eine politische Meinung vertritt, die nicht die eigene ist, assoziieren trotzdem alle Zuhörer diese politische Meinung mit einem. Dadurch kommt man selbst in die Verlegenheit, die öffentlich vertretene Meinung anzunehmen. Man nennt das, was die Chinesen mit den Amerikanern gemacht haben, auch Gehirnwäsche.

Der Trick mit der Unterschrift

Doch so weit muss man gar nicht gehen, um jemanden zu manipulieren. Es gibt ein sehr interessantes Experiment, das man in den USA durchgeführt hat und das der Psychologe Robert B. Cialdini in seinem Buch *Die Psychologie des Überzeugens* beschreibt. Bei diesem Test stattete man amerikanischen Vorstadtbürgern, die allesamt ein schmuckes Häuschen mit Garten ihr Eigen nannten, einen Besuch ab. Den Leuten wurde ein Folder gezeigt, in dem Fotos von riesigen Plakaten abgebildet waren mit der Aufschrift: »Achtung im Straßenverkehr!« Daraufhin wurden sie gefragt, ob sie es erlauben würden, dass man so ein Riesenplakat, welches das halbe Haus verdecken würde, für zwei Wochen in ihrem Vorgarten aufstelle. Alle sagten dazu Nein.

Bei einer zweiten Gruppe war das ganz anders. Bei diesen Leuten war zwei Wochen zuvor schon einmal jemand gewesen und hatte um eine Unterschrift gebeten. Es gehe um die Aktion »Unsere Stadt soll sicherer werden«. Die Unterschrift hatten die meisten geleistet. Auch diese Leute bat man nun, das riesige Plakat im Vorgarten platzieren zu dürfen. Hier lehnten die wenigsten ab.

Folgendes war passiert: Durch den ersten Besuch wurden die Bürger von einem Neutrum ohne spezifische Haltung zum aktiv Handelnden. Sie hatten ja ihre Unterschrift geleistet. Außerdem wurden sie damit auf Sicherheit im Straßenverkehr geprimt. In den zwei Wochen zwischen dem ersten und zweiten Besuch hatte der Gedanke »Sicherheit im Straßenverkehr geht mich etwas an« Gelegenheit, in ihr Unterbewusstsein zu sinken. Und das Ganze geschah nur mithilfe einer einfachen Unterschrift, die in einer Sekunde auf ein Blatt Papier gekritzelt war.

Erinnern Sie sich? Mittels einer klitzekleinen Signatur habe ich auch die Leute in meinem Supermarkt-Experiment auf Bio-Waren gepolt.

Immer wenn wir uns öffentlich äußern, zieht das ein konsistenteres Handeln nach sich. Und eine Unterschrift ist nun einmal eine öffentliche Entscheidung für oder gegen eine Sache. Es ist sehr schwer, sich danach wieder umzuentscheiden, denn niemand will als Wendehals angesehen werden.

Die Folgen des Facebook-Buttons »Gefällt mir«

Der Facebook-Button »Gefällt mir« hat einen sehr ähnlichen Effekt wie eine Unterschrift. Ich klicke einmal darauf, und alle meine Freunde sehen: Aha, der Jan ist für diese eine Sache. Sagen wir, Jan ist für die Abschaffung der Massentierhaltung. Ich selbst habe das Gefühl, dass es die ganze Welt sieht: Jan Becker ist für die Abschaffung der Massentierhaltung. Wenn nun noch einer meiner Freunde sagt: »Hey, Jan. Ich geh zur Demo. Komm mit, du bist doch auch gegen die Massentierhaltung«, übt das einen sozialen Druck aus. Erst mal war es nur ein winziger Klick auf »Gefällt mir«. Aber ich fühle mich verpflichtet, nun konsistent zu handeln und mitzugehen. Außerdem empfinde ich ja auch, dass ich *wirklich* hinter der Sache stehe. Mit jedem Mal, das ich mich dazu äußere, mehr.

Welche Folgen der »Gefällt mir«-Button haben kann, darüber habe ich zum ersten Mal im Mai 2011 nachgedacht. Damals las ich von den spontanen Demonstrationen in Barcelona gegen die Schuldenpolitik des spanischen Staates. Studenten hatten sich über eine Facebook-Gruppe verabredet. Ein junger Mann war dabei von der Polizei angeschossen worden. Mir kam plötzlich das Wort »Abkürzungsrevolutionen« in den Sinn. Revolutionen entstanden in Momenten, aus einer Kette von Klicks. Zunächst brechen die Informationen lawinenartig über uns herein. Ein und dieselbe Sache wird ständig wiederholt. Den psychologischen Effekt der ständigen Wiederholung auf unser Unterbewusstsein habe ich schon erklärt: Wir halten die Sache für wahr, ob sie es ist oder nicht. Wir unterliegen einer Massenhypnose.

Nun posten auch unsere Freunde plötzlich politische Statements. Sie laden uns zu einer Gruppe ein. Die Quelle prüfen wir nicht genau nach, es kommt ja von unseren Freunden, denen wir vertrauen. Wir klicken den »Gefällt mir«-Button. Vielleicht laden wir noch mehr Leute zur Gruppe ein. Posten selbst ein politisches Statement. Dann steht plötzlich die Demo an. Und wir gehen hin, weil wir uns ja öffentlich zu der Sache bekannt haben. Plötzlich stehen wir da, und jemand schießt auf uns …

Unsere eigene Wahrheit zu finden, braucht Zeit

Das alles passiert in einem Tempo, in dem wir keine Zeit mehr haben, Dinge zu überprüfen und zu durchdenken. Uns eine eigene Meinung zu bilden und nicht nur die Ansichten anderer kritiklos zu übernehmen. Die kleinen Schritte zu gehen, auf die unser Gehirn angewiesen ist, um Informationen zu verdauen. Wenn das umgangen wird, kann es gefährlich werden: Extreme Ideen können sich so unreflektiert verbreiten. Ideen, die nur unser System I ansprechen, unsere Emotionen. Das Internet wird zum Katalysator, aber unsere Psyche ist nicht so schnell. Es wird klar: Das »Gefällt mir«-Klicken ist nicht so harmlos, wie es aussieht.

Machen Sie sich das bewusst. Verordnen Sie sich selbst eine Reflexionszeit. Und klicken Sie nur auf »Gefällt mir«, wenn Sie sich bereits ein eigenes Bild gemacht haben.

Dafür ist es gut, noch ein paar Hintergrundinformationen aus vertrauenswürdigen Quellen zusammenzutragen. Aber da wartet dann natürlich der nächste Stolperstein: Was ist eine vertrauenswürdige Quelle? Auf jeden Fall nicht das Top-Suchergebnis bei Google. Die obersten Treffer sagen nur etwas über die Quantität der Ergebnisse aus, nichts über die Qualität. Nein, wir müssen uns schon die Mühe machen, den Ursprung einer Information zu finden. Links und Zitate zurückzuverfolgen zu ihrer Quelle. Hier ist unser System II gefordert. Im Informationswust das Echte und Wahre herauszufiltern, ist nicht leicht. Aber es geht. Mit Übung geht es immer besser. Hintergrundartikel aus renommierten Zeitungen und Zeitschriften sind durchaus hilfreich. Zwar können diese Journalisten ebenfalls in die Fallen tappen, aber sie sind es gewohnt, Information zu filtern und Hintergründe aufzudecken. Das ist ihr Job.

So setzen Sie sich nach und nach aus vielen Mosaiksteinchen Ihr Bild zusammen. Und dann klicken Sie bewusst: »Gefällt mir«. Oder eben ganz bewusst nicht.

Ziele erreichen: So geben Sie Ihren guten Vorsätzen einen Kick-Start

Das Wunderbare ist nun aber, dass man all die Mechanismen der Suggestion auch dazu verwenden kann, sich selbst und Freunden zu helfen.

Lernen Sie von den Chinesen:

Wenn Sie ein Ziel erreichen wollen, schreiben Sie es zunächst auf. Handschriftlich, denn dadurch verbinden Sie die Aktion des Schreibens mit Ihren Gedanken. Das prägt den Gedanken stärker ein, denn wir denken auch körperlich. Finden Sie Gründe dafür, warum es wunderbar ist, das Ziel zu erreichen. Machen Sie vor sich selbst Werbung für Ihr Ziel.

Wie werden Sie sich fühlen, wenn Sie fünf Kilo schlanker sind? Zehn Kilometer ohne Keuchen laufen können, weil Sie nicht mehr rauchen? Wenn Sie von dem gesparten Zigarettengeld ein neues Mountainbike kaufen? Lesen Sie, was Sie geschrieben haben. Immer wieder. Am besten laut.

Im nächsten Schritt machen Sie dann Ihr Ziel öffentlich. Verkünden Sie bei Facebook, was Sie vorhaben. Dass Sie eine Weltreise machen werden. Dass Sie sich zum Französischkurs anmelden oder mit Aikido anfangen. Schreiben Sie Postkarten an Ihre Freunde – Handschriftliches wirkt noch besser. So programmieren Sie Ihr Unterbewusstsein und motivieren sich obendrein selbst. Das hat natürlich auch den Effekt, dass Ihre Umgebung Ihr Ziel kennt und sich vermutlich bemüht, Sie zu unterstützen. Doch das ist nur der Startschuss. Jetzt müssen Sie dranbleiben. Aber auch dafür gibt es Tricks.

Wenn ich jemanden offen, also mit seinem Wissen, hypnotisiere, ist es ganz wichtig, zunächst Aha-Momente zu schaffen: Ich bitte zum Beispiel den Probanden, die Hände wie zum Gebet zu verschränken. Dann soll er die Zeigefinger ausstrecken und auseinanderziehen, sodass sie wie ein »V« aussehen. Der Proband soll auf die Lücke zwischen den Zeigefingern schauen und sich vorstellen, dass die Finger zwei Magnete sind, die sich anziehen. Als Nächstes suggeriere ich, dass sich die Magnete immer stärker anziehen. Wenn die Finger sich nun tatsächlich aufeinander zu bewegen, gebe ich positives Feedback. Ich lobe mein Gegenüber und sage begeistert so etwas wie: »Ja, genau, super.«

Mehr zur offenen Hypnose und wie Sie selbst eine durchführen können, lernen Sie im 13. Kapitel dieses Buches. Im Moment müssen Sie nur wissen, dass ich mir bei diesem Vorgang eine normale körperliche Reaktion zunutze mache, die gar nichts mit meiner Suggestion der Fingermagneten zu tun hat: Finger in der beschriebenen V-Position bewegen sich automatisch aufeinander zu (es sei denn, der Proband wehrt sich aktiv dagegen). Für Ihr Gegenüber wird der Moment aber zum Aha-Erlebnis: Das funktioniert ja tatsächlich! Das Vertrauen in Ihre Fähigkeiten als Hypnotiseur wird gestärkt.

Ich gebe zu, das ist ein kleiner Trick. Ein Trick, der auf spätere Suggestionen vorbereitet, die mit dem gestärkten Vertrauen dann auch ohne Tricks funktionieren. Erkennen Sie die Self Fulfilling Prophecy?

Nach ähnlichem Prinzip ging auch eine Werbedame in einem Hamburger Einkaufszentrum mit ihrer sündhaft teuren Anti-Falten-Creme vor. Von ihr hatte mir eine Bekannte berichtet. Die Verkäuferin fing sie auf dem Weg aus dem Parkhaus ab: »Nur eine Minute, ich möchte Ihnen etwas zeigen.« Ehe sie sich versah, saß meine Bekannte auf einem Hocker, und die Verkäuferin schmierte dick ihre »Wundercreme« auf ein paar Trockenheitsfältchen unter einem Auge. Wer sich nur ein bisschen mit Kosmetik beschäftigt hat, weiß: So eine Einbalsamierung würde mit jeder x-beliebigen Billig-Creme jede Falte für ein paar Minuten weniger sichtbar machen. Genau diesen natürlichen Effekt nutzte die Verkäuferin aus: Sie zückte einen Spiegel, hielt ihn meiner Bekannten vors Gesicht und sagte: »Sensationell! Sehen Sie den Unterschied zwischen dem linken und rechten Auge?« Meine Bekannte konnte nicht anders, als ihr beizupflichten. Daraufhin sagte die Verkäuferin noch cleverer: »Ich mache Ihnen nichts vor. Dieser Effekt wird gleich wieder verschwinden.« Mit dieser Aussage machte sie sich besonders glaubwürdig. Denn sie wies sich als jemand aus, der die Wahrheit erzählt. Doch dann holte sie zum Schlag aus: »Aber Sie können den Effekt dauerhaft machen, wenn Sie meine Creme mit den tollen Zusätzen aus dem Schwarzen Meer kaufen und täglich anwenden.« Meine Bekannte durchschaute den Trick und kaufte die 120 Euro teure Creme nicht.

So clever es war, sich hier nicht einwickeln zu lassen: Manchmal ist es auch ganz schlau, sich auf diese Weise selbst auszutricksen. Der beste Start in eine Diät ist zum Beispiel ein Gang in die Sauna. Selbst wenn die verlorenen Kilos Wasser sind, hat man ein Instant-Erfolgserlebnis und wird ganz auf Schlankwerden geprimt.

Ein anderer Trick, sich Aha-Momente durch Erfolgserlebnisse zu verschaffen, ist es, sich die Latte am Anfang nicht allzu hoch zu legen. Sie müssen wissen, dass Sie das, was Sie sich vornehmen, mit ein bisschen Anstrengung gut schaffen werden. Ein Erfolgserlebnis bekommen Sie nämlich weder, wenn Sie sich unterfordern, noch wenn Sie sich an der selbst gesteckten Hürde die Zähne ausbeißen. Eine erfolgreich gemeisterte Hürde aber, und sei sie noch so winzig, signalisiert: Wenn das klappt, klappt auch der Rest. Das ist das Geheimnis des Aha-Moments bei der Hypnosevorbereitung, wenn sich die Finger aufeinander zu bewegen.

9. Kapitel

Wie Sie mit kleinen Schritten schneller zum Ziel kommen, warum Langsamkeit das Glück anzieht und wie Ihre Liebsten ganz von selbst tun, was Sie wollen

Das Leben ist Veränderung. Um dauerhaft eine Veränderung in unserem Leben zu erreichen, müssen wir kleine Schritte gehen. Denn nur mit diesen kleinen Schritten – der Wiederholung – wächst nach und nach das Bewusstsein, dass man selbst die Veränderung will. In der Bühnenhypnose mache ich normalerweise Ministeps, um den Mitspieler zu entspannen und in die Trance hineinzuführen. Würde ich als Erstes sagen: »Zack, du bist hypnotisiert«, so würde das höchstens bei sehr hypnoseerfahrenen Leuten funktionieren, die die Hypnose schon etliche Male erlebt und damit *erlernt* haben.*

Das Leben funktioniert genauso.

Wenn Sie einen guten Vorsatz in die Tat umsetzen wollen, dann versuchen Sie möglichst noch am gleichen Tag etwas zu tun, was diesem Vorsatz entspricht. Einen kleinen Schritt nur.

---

* Es gibt auch eine Technik, die sich »Blitzhypnose« nennt. Doch dazu muss ich den Moment genau erkennen und treffen, in dem diese herstellbar ist. Da hilft nur langjährige Erfahrung als Hypnotiseur, oder anders gesagt: viele kleine, bereits gegangene Schritte.

Sagen wir, Sie haben sich vorgenommen, mit Joggen zu beginnen. Dann müssen Sie nicht gleich losrennen. Da würden Sie als Untrainierter vermutlich nach 100 Metern keuchend zusammenklappen und nie wieder einen Versuch starten. Es reicht, wenn Sie erst einmal spazieren gehen. Und am nächsten Tag tun Sie das wieder. Wenn Sie einen Monat täglich spazieren gegangen sind, hat sich dieses Verhalten automatisiert. Dann können Sie das Spazierengehen durch ein leichtes Traben ersetzen, das sich mit Gehen abwechselt. Wenn Sie das einige Zeit gemacht haben, können Sie durchgängig traben. Nach einer Weile werden Sie schneller. Und so weiter. Durch die Wiederholung gewöhnt sich das Unterbewusstsein an das neue Verhalten und schaltet nicht mehr auf Abwehr vor dem Unbekannten.

Ein anderes Beispiel: Angenommen, Sie wünschen sich eine Karriere als Sänger. Wenn Sie nun als Erstes zu *Deutschland sucht den Superstar* gehen, überspringen Sie eine entscheidende Phase. Selbst wenn Sie tatsächlich in eine der letzten Runden kommen, »gönnen« Sie sich nicht die Ochsentour, die Ihr Unterbewusstsein mit dem System »Sänger sein« vertraut macht und den Glauben in Ihnen verankert, dass Sie tatsächlich Sänger sind. Damit Sie sich auch wirklich wie ein Sänger verhalten, müssen Sie mit jeder Faser Ihres Körpers wissen, dass Sie Sänger sind. Das muss Ihre Realität sein, der Zustand, den Ihr Unterbewusstsein mit allen automatischen Reaktionen und Aktionen anstrebt. Dies ist ein Lernprozess, und dafür braucht man Geduld. Dass viele Gewinner von *DSDS* nach der Sendung bald wieder in der Versenkung verschwinden, ist darauf zurückzuführen, dass sie das »Sänger-Sein« eben nicht verinnerlicht hatten. Die dauerhaft Erfolgreichen waren meist schon vorher aktiv.

Abkürzungen enden meistens in Sackgassen

Nehmen wir aber noch einmal an, Ihr Vorsatz ist es, abzunehmen. Vielleicht sind Sie versucht, eine Abkürzung auszuprobieren. So eine Abkürzung wäre etwa eine Crash-Diät. Doch damit tun Sie sich keinen Gefallen, denn die hat nie einen langfristigen Erfolg. Ihr Essverhalten ändert sich mit einer Woche Kohlsuppe oder Ananassalat nicht. Sie werden Ihr altes Gewicht nach Abschluss der Radikalkur sehr schnell wieder erreichen. Durch den Jojo-Effekt werden Sie vermutlich bald sogar noch mehr wiegen als vor der Diät. Auch Fettabsaugen ist keine Lösung. Das ist nicht nur teuer und mit Operationsrisiken behaftet. Eine neue Untersuchung der medizinischen Fakultät der Universität von Colorado kam zu dem Ergebnis, dass sich das Fett nach der Absaugung an anderen Körperbereichen immer wieder anlagert. Allerdings nicht mehr an der abgesaugten Stelle, denn dort fehlen nun die Fettzellen. Dafür zeigt sich das Fett als Wulst an sehr seltsamen Stellen wie dem Nacken oder den Füßen. Nicht sehr schön.

Der einzige Weg ist also eine langfristige Ernährungsumstellung. Damit sind wir wieder bei den kleinen Schritten: Auch das Unterbewusstsein muss das neue Essverhalten begreifen. Nur wenn Sie langsam auf Ihr Ziel hinarbeiten, verfestigt sich der Gedanke immer mehr.

Die einzige Möglichkeit, diesen normalerweise langsamen Prozess tatsächlich erfolgreich abzukürzen, heißt Hypnose: sozusagen ein psycho-chirurgischer Eingriff, bei dem die neue erwünschte Verhaltensweise sofort in unser Unterbewusstsein implantiert wird. Und selbst hier mache ich meinen Hypnotisierten immer wieder bewusst: »Versuche die nächste Woche erst einmal, im Großen und Ganzen so weiterzuleben, wie du das bisher getan hast. Achte auf die kleinen Veränderungen, die sich langsam einstellen, statt radikal alles umzustellen.« So nehme ich den Druck heraus, den viele Menschen haben, wenn sie eine 180-Grad-Wendung mit ihrem Leben vollführen wollen. Gleichzeitig richte ich den Fokus auf den Erfolg: Die kleinen Erfolgserlebnisse führen zum Ziel.

Wir kommen um die kleinen Schritte nicht herum. Der Erfolg von Organisationen wie Weight Watchers setzt sich zum Beispiel aus vielen kleinen Bausteinen zusammen. Man versorgt Sie kontinuierlich mit Material zu Ihrer neuen Lebensweise, Sie bekommen Tipps und Rezepte. Es gibt persönliche Treffen. Auch so ein Weight-Watchers-Treffen ist streng genommen ein regelmäßiges Ritual mit dem immer gleichen Ablauf. Und was Rituale bewirken, haben Sie ja schon gelernt. Die anderen Teilnehmer sehen außerdem, wie Sie abnehmen. Die würden allerdings auch sehen, wenn Sie nicht abnehmen – das baut Druck auf, durchzuhalten. Sie können außerdem vor Zeugen über Ihre Erfolge berichten. All das sind Suggestionen, die das neue Essverhalten immer und immer wieder bestätigen. Der Erfolg wird obendrein dadurch unterstützt, dass Sie zunächst virtuell eine Unterschrift leisten: Sie werden Mitglied. Außerdem bringen Sie mal wieder ein Opfer: Sie zahlen einen Monatsbeitrag. Und Sie müssen etwas für Ihren Erfolg tun. Dadurch halten Sie ihn in Ehren, und der Erfolg wird langfristig. All das verhindert, dass Sie wieder auf dem Set Point landen, der angeblich unser Gewicht bestimmt. Nach der umstrittenen Set-Point-Theorie ist das Körpergewicht genetisch bestimmt. Man kam darauf, weil bei gleicher Energiezufuhr und gleicher Bewegungsaktivität Probanden unterschiedlich stark zu- oder abnahmen.

Allerdings wäre nach dieser Theorie eine langfristige Gewichtsveränderung nicht möglich. Aber dafür gibt es unzählige Beispiele. Ich denke, es gibt einen Set Point, aber der ist nicht genetisch. Er ist in unserem Kopf und damit veränderbar. Der Trick ist: Wir müssen uns an das neue geringere Gewicht auch mit unserem Unterbewusstsein anpassen. Mit den kleinen Schritten eben. Langsam. Sonst nimmt das Unterbewusstsein weiter an, unser »normales« Gewicht betrage soundsoviel Kilo und das dünnere Ich sei nur eine Abweichung. In dem Fall strebt das Unterbewusstsein nach Beendigung einer Radikaldiät wieder nach »Normalität«: nach unserem alten Essverhalten und den gewohnten Nahrungsmitteln ... Was dann passiert, können Sie sich denken oder haben es selbst schon erlebt.

Einen gedanklichen Set Point gibt es auch bei den Finanzen: Wenn wir an einen bestimmten Kontostand gewöhnt sind, pendelt der sich immer wieder darauf ein. Auch das ist eine Suggestion. Besonders Freiberufler sind darauf programmiert, erst dann richtig aktiv zu werden, wenn ihr Kontostand unter ein bestimmtes Level fällt. Ich kenne das von mir selbst. Ich kann wunderbar die Tage im Café vertrödeln, wenn ich das Gefühl habe, ich bin momentan ausreichend versorgt. Sinkt aber der Geldpegel unter ein bestimmtes Niveau, werde ich sehr schnell außerordentlich kreativ.

Da von Haus aus reiche Menschen an höhere Kontostände gewöhnt sind, schlägt deren innere Alarmglocke früher an. Fast unnötig zu erwähnen, dass uns solche Vorgänge sehr selten bewusst werden. Wenn wir es aber hinbekommen, uns vorzustellen, dass wir reicher sind, als es tatsächlich der Fall ist, verändert sich dieser Set Point. Unser Unterbewusstsein treibt uns daraufhin an, früher etwas zu unternehmen, um unseren höheren Kontostand zu sichern. Außerdem wird unsere Wahrnehmung von unserem Gehirn selektiv darauf ausgerichtet, mögliche Geldquellen zu identifizieren, die uns helfen, unseren nun als normal empfundenen finanziellen Level wieder zu erreichen. Solche psychologischen Mechanismen stecken auch dahinter, wenn die Tipps aus *The Secret* oder ähnlichen Büchern im Leben funktionieren. Das Universum hat damit allerdings (wahrscheinlich) nichts zu tun.

Dennoch ist es eine wunderschöne spielerische Metapher!

Mit Langsamkeit das Leben zelebrieren

In Paulo Coelhos Buch *Auf dem Jakobsweg* beschreibt der Autor ein Ritual, bei dem bewusst die Gehgeschwindigkeit verringert wird, aus einem Weg von vielleicht 20 Minuten wird einer von einer ganzen Stunde. Probieren Sie das doch einmal aus. Halbieren Sie als Erstes Ihre Gehgeschwindigkeit. Sie werden staunen! Dadurch wird der Fokus verschoben, Ihnen fallen ganz andere Dinge auf.

Als Kinder machen wir das noch automatisch. Da schauen wir uns alles ganz genau an, lassen uns Zeit und sehen plötzlich fasziniert Ameisen zwischen Steinen herumkrabbeln. Solche Details können Kinder eine ganze Weile fesseln. Leider geht diese Gewohnheit mit dem Erwachsenwerden meist verloren.

Wir vergessen, dass die Bewegung und Position unseres Körpers auf unseren Geist zurückwirkt. Unser Körper hat eine starke Symbolik. Der Kopf steht für die Ratio. Arme stehen für Handlung. Und die Beine stehen für unseren Platz auf dieser Welt. Wenn man Babys beobachtet, die zum ersten Mal stehen, haben sie ein breites Lachen im Gesicht. Sie haben ihren Platz zum ersten Mal gefunden: Dort, wo ein Mensch steht, kann kein anderer stehen. Auch das Gehen hat darum eine starke Symbolik. Es ist etwas anderes, ob wir einen Weg gehen oder fahren. Wer geht, wird sich des Weges bewusster.

Man kann es tatsächlich auf die Formel bringen: Je langsamer wir uns vorwärtsbewegen, umso mehr begreifen wir.

Das habe ich wiederum verstanden, als ich, ebenso wie ein Freund von mir, zu einem Kongress in Stockholm eingeladen war. Ich hatte am Vorabend des Kongresses einen Vortrag und war darum gezwungen, nach Stockholm zu fliegen. Mein Freund fuhr dagegen von Saarbrücken aus mit dem Bus. Er nahm die Fähre nach Dänemark und fuhr über die Öresundbrücke nach Schweden.

Wir kamen zeitgleich in Stockholm an und trafen uns abends. Er war noch ganz selig und schwärmte: »Oh, dieses schöne Land. Die Wälder. Die Seen.« Alles, was ich dagegen gesehen hatte, war der Flughafen. Für mich hat sich nur die Stadt geändert, ich wusste im Grunde überhaupt nicht, wo ich war. Aber er hat sich tagelang Zeit genommen, um anzureisen.

Es kommt nicht darauf an, im Affenzahn durch die Welt zu sausen. Versuchen Sie, so oft es geht, Ihre Wege bewusst zu zelebrieren und wahrzunehmen. Dann verstehen Sie mehr von der Welt. Dann kosten Sie Ihr Leben aus.

Pssst! Verjagen Sie nicht die Mäuse
Für all das brauchen Sie allerdings eine wichtige Eigenschaft: Geduld. Die meisten Menschen beherrschen diese schöne Kunst nicht mehr. Eine Katze kann still und geduldig

stundenlang vor einem Mauseloch ausharren, bis sich die Beute zeigt. Würde sie ungeduldig mit der Pfote angeln, würde sie nie etwas fangen, weil die Mäuse sich in den hintersten Winkel ihrer Behausung verzögen. Aber genau das tun die meisten von uns, bildlich gesprochen: ungeduldig herumangeln. Stellt sich nicht unmittelbar ein Erfolg ein, verdoppeln wir unsere Bemühungen und verausgaben uns, anstatt Kräfte zu sammeln. Wenn etwas schiefläuft, muss sofort eine Lösung her. Vielleicht geraten wir gar in Panik. Besonders weil uns heutzutage immer wieder die Machbarkeit aller Wünsche präsentiert wird: Wenn wir nur fest genug an etwas glauben und uns besonders anstrengen, so nehmen wir an, dann wird sich das Gewünschte auch einstellen. Das Universum wird's schon richten. Ich bin der Ansicht: Manchmal ist es die beste Strategie, ruhig zu bleiben und abzuwarten. Bis ein Sturm vorübergezogen ist. Bis die Gelegenheit günstig ist. Bis wir in der richtigen Verfassung sind. »Abwarten und Tee trinken« ist nicht nur ein Spruch, sondern eine Weisheit. Verstehen Sie mich nicht falsch: Ich glaube, dass man viel selbst in der Hand hat. Sehr viel. Vielleicht das meiste. Aber eben nicht alles. Es liegt nicht immer an uns, manchmal sind einfach die Umstände widrig. Bei jeder Turbulenz in blinden Aktionismus zu verfallen und Energie an eingebildete Windmühlen zu verschwenden wie Don Quijote, ist nicht immer ratsam. Freunden, die gerade in einer akuten Krise stecken, krank sind oder vielleicht in einer Prüfungsphase auf dem Zahnfleisch gehen, schenke ich darum gerne einen Satz, einen magischen Begleiter, der sie immer wieder aufrichtet. Und hiermit schenke ich ihn auch Ihnen:

Nehmen Sie ein Stück Papier und schreiben Sie die folgenden Worte darauf:

AUCH DAS WIRD VORÜBERGEHEN

Dann falten Sie den Zettel zusammen und geben ihn in Ihren Geldbeutel, Ihre Brieftasche. Irgendwohin, wo Sie ihn immer dabeihaben. Immer dann, wenn Sie denken, Sie sind in einer aussichtslosen Situation, oder wenn Sie einem geliebten Menschen helfen wollen, öffnen Sie den Zettel und lesen Sie die vier magischen Worte: Auch das wird vorübergehen!

Dieser Satz ist ein richtiger Zauberspruch, denn er macht klar, dass das Leben Veränderung ist. Wenn es uns auch richtig schlecht geht: Es ist nur eine Phase. Wenn es uns gerade unwahrscheinlich gut geht, hält uns dieser Satz auf dem Boden. Wenn wir gerade kurz davor sind abzuheben und uns für den König der Welt halten, erinnert uns dieser Satz daran, was wirklich wichtig ist. Das sind nicht äußerer Erfolg, Reichtum oder Ruhm. Sondern das Leben als solches. Jetzt.

Lernen Sie sich glücklich

Wenn man etwas neu lernen will, muss man sich Zeit geben. Geduld ist auch hier die wichtigste Eigenschaft. Man kann sich nicht als Jongleur auf die Bühne stellen, wenn man zuvor zwei Mal einen Ball in die Luft geworfen hat. Jemand, der Jonglieren lernt, hat oft schon Probleme, einen Ball von rechts nach links zu befördern. Doch nach einer Weile der

Übung, des Immer-wieder-Probierens, steht man plötzlich da und kann drei Bälle in der Schwebe halten! Das Ergebnis eines solchen Erfolgs ist eine enorme Entspannung. Die Sache, die uns zunächst schwer vorkam, erfordert weit weniger Kraft als gedacht. Das gleiche Aha-Erlebnis gibt es bei der Fremdsprache: Von einer ungeheuren Kompliziertheit geht es hin zu einer unglaublichen Leichtigkeit. Durch ständige Wiederholung hat sich das Gelernte im Gehirn verfestigt. Übrigens am besten – siehe oben –, indem man den Lerninhalt handschriftlich auf Karteikarten festhält. So bleibt der Inhalt stärker im Gedächtnis haften, als wenn man die Vokabeln am Computer tippt und dann ausdruckt. Die Vernetzung im Gehirn wird stabiler. Je mehr Sinne die Information aufnehmen, umso besser.

Sobald aus einem Kuddelmuddel an Lauten und Buchstaben plötzlich eine verständliche Botschaft wird, ist das ein Erfolgserlebnis. Glückshormone werden ausgeschüttet: Wiederholung wird belohnt. Außerdem wird plötzlich die eigene Welt größer. Wir können in andere Länder reisen und uns verständlich machen. Dass Lernen die Welt erweitert, erleben Kleinkinder ständig. Erst ist die Welt nur die Wiege. Dann lernt das Kind krabbeln und erobert das Zimmer. Als Nächstes kommt das Gehen an die Reihe. Davor steht jeweils eine beinahe endlose Reihe wiederholten Ausprobierens. In uns Menschen läuft von Geburt an dieses Lernprogramm, das einen Wiederholungsdetektor in sich birgt. Was wiederholt wird, wird gelernt.

Nachdem eine Handlung drei Mal in relativ kurzem Zeitabstand ausgeführt wurde, hat man sie bereits im Ansatz verinnerlicht. Dann ist man zwar noch kein Meister, hat aber schon eine Ahnung, wie die Sache funktioniert. Das gilt für den neu erlernten Aufschlag im Tennis genauso wie für eine schlechte Angewohnheit wie das Rauchen. Schnelles Automatisieren hatte schon für den Urmenschen den Vorteil, dass er sich nicht mehr so anstrengen musste. Er erhielt Freiraum zum Faulenzen, denn das tägliche Überleben war schon nervenaufreibend genug.

Jetzt kommt die Kehrseite: Wir müssen aufpassen, was wir lernen. Denn einmal verfestigte Automatismen wieder loszuwerden, ist deutlich schwieriger. Man muss mindestens sieben Mal eine neue Aktion ausgeführt haben, die eine alte Gewohnheit vollwertig ersetzt. Wenn wir also eine falsche Aufschlagtechnik beigebracht bekommen haben, ist es ziemlich schwierig, wieder umzulernen. Und wie schwer es ist, das Rauchen aufzugeben, ist bekannt.

Hier kann Hypnose helfen. Hypnose kann Lernen und Umlernen so gut unterstützen, weil sie durch die extreme Fokussierung und die Ausschaltung aller ablenkenden Faktoren erwünschtes Verhalten wesentlich schneller verankert. Das wirkt wie ein Katalysator. Und manchmal wie ein Wunder. Wie zum Beispiel die Erkenntnis: Ich kann meinen Seelenzustand steuern. Wenn ich in der Lage bin, mich in der Hypnose willentlich trauriger zu denken, funktioniert das auch umgekehrt. Das Wichtige dabei: Was wir in der Hypnose lernen, zeigt nur den Weg auf. Anschließend funktioniert die neue Verhaltensweise sofort im täglichen Leben.

Hypnose ist eigentlich nichts anderes als Turbo-Lernen. Wenn ich einen Freiwilligen zur Hypnose auf der Bühne habe, gebe ich ihm meistens drei Mal hintereinander einen Befehl: »Dein Arm ist jetzt ganz steif. Stell dir vor, dass dein Arm ganz steif ist. Dein Arm ist jetzt ganz steif.« Die dreimalige Wiederholung ist auch hier ganz wichtig.

Ich »trainiere« also den zu Hypnotisierenden dahingehend, dass sich genau die Vorstellung formt, die ich ihm eingeben möchte. In diesem Fall, dass er sich vorstellt, sein Arm sei unbeweglich. Wobei die Sache mit dem Arm nicht in erster Linie das Publikum zum Staunen bringen soll, das ist nur ein Nebeneffekt. Wenn ich jemandem suggeriere, dass er den Arm nicht mehr beugen kann, passiert vielmehr Folgendes: Er stellt sich vor, dass er den Arm nicht mehr beugen kann. Dann vergisst er, dass er sich das nur vorstellt. Ich beweise damit der zu hypnotisierenden Person, dass das, was sie sich vorstellen kann, wahr wird. Das wird im Lauf der Hypnose auf die späteren Suggestionen übertragen, die dadurch auch wahr werden.

Der Grat zwischen Vorstellung und Wirklichkeit ist so schmal, dass er leicht überschritten werden kann. Viele Soziologen, Psychologen und vor allen Neurobiologen sagen schon lange: Unsere Realität entsteht nicht nur in unserem Kopf. Sie *ist* in unserem Kopf. Unsere Welt entsteht aus dem, woran wir glauben. Das heißt, wir hypnotisieren uns alle ständig selbst, sind uns aber dessen nicht bewusst. Und der Hypnotiseur auf der Bühne oder der Hypnosetherapeut machen uns darauf aufmerksam. Wenn Sie sich das bewusst machen, werden Sie zum Meister oder zur Meisterin Ihrer Realität!

DAS LORBEERBLATT

Dies ist ein altgriechisches magisches Ritual, mit dem man wunderbar das neue Jahr beginnen kann. So können Sie sich einen Wunsch erfüllen. Nehmen Sie ein Lorbeerblatt und schreiben Sie auf dieses Blatt Ihren Wunsch. Dann verbrennen Sie dieses Blatt. Ihr Wunsch wird dadurch ins Universum gesandt. Antike Überlieferungen sagen, sobald das Lorbeerblatt verbrannt ist, wird der Wunsch bald in Erfüllung gehen. Lassen Sie sich überraschen!

Der motivierende Zauber der Bestätigung

Lernen hat noch einen anderen Aspekt. Möchten Sie, dass die Menschen um Sie herum *lernen*, Ihnen mit Freude einen Gefallen zu tun? Ganz einfach, weil sie sich in Ihrer Gegenwart wohl und respektiert fühlen?

Vielleicht haben Sie sich ja schon einmal gefragt, was das Geheimnis dieser Menschen ist, die so charmant sind, dass ihnen niemand etwas abschlagen will. Dabei ist es ganz einfach: Sie kennen den Zauber der Bestätigung. Sie zeigen Respekt für andere, nehmen nichts für selbstverständlich und erkennen die Leistungen anderer an.

Das einfachste und wirksamste Ritual in diesem Zusammenhang, das ich von Kindesbeinen an befolge, ist das des Dankens. Menschen, die sich nicht bedanken können, sind mir unsympathisch. Ich denke, damit stehe ich nicht allein. Und trotzdem scheint das Danken ein wenig aus der Mode gekommen zu sein. Dabei hat das Wort »Danke« magische Kräfte. Es manipuliert im absolut positiven Sinne: Ein Danke, das von Herzen kommt, wertschätzt und hebt den anderen. Jede Hilfe, jede Unterstützung, jedes Kompliment ist dankenswert. Dabei muss man nicht übertreiben. Es geht allein um das Anerkennen. Da reicht auch schon ein Kopfnicken oder ein Lächeln. Zum Beispiel im Bus, wenn jemand uns Platz macht.

Aber eigentlich braucht man gar kein Gegenüber, um etwas zu finden, für das man sich bedanken kann. Allein durch den Gedanken an das Wort »Danke« lässt sich jeder Situation etwas Positives abgewinnen. Es gibt immer etwas, wofür wir dankbar sein können. Selbst wenn wir im Regen dem Bus hinterhersprinten, der gerade ohne uns abfährt, können wir immer noch dankbar sein. Dafür, Beine zu haben, mit denen wir sprinten können. Oder dafür, den Regen auf der Haut spüren zu können. Wir können dankbar sein für den dampfenden Kaffee, den wir nun in der Wartezeit bis zum nächsten Bus am Kiosk schlürfen. Und für das nette Gespräch mit der Kioskbesitzerin. Dank rückt die schönen Dinge in den Fokus und verschafft uns ein positives Grundgefühl.

Und wenn wir uns bei jemandem bedanken, gibt das unserem Gegenüber das Gefühl: Ich habe hier gerade etwas richtig gemacht! Jemand freut sich über das, was ich getan habe! Das ist unwiderstehlich. Überlegen Sie doch einfach mal, wem geben Sie lieber etwas: einem Kind, das sich beschwert, dass es viel weniger zu Weihnachten bekommen hat als sein Freund? Oder einem Kind, das sich selbst über eine Kleinigkeit so freut, dass es glühende Wangen bekommt?

Dank ist auch ein wunderbares Mittel, um in einer Beziehung den Respekt voreinander zu erhalten und damit die Liebe zu pflegen. Weil Dank das Gegenteil von Gleichgültigkeit ist. Ganz nebenbei vereinfacht er den Alltag. Probieren Sie es aus:

Achten Sie ab jetzt bewusst darauf, wenn Ihr Partner etwas für Sie oder Ihr Zusammensein tut. Wenn Ihr Freund den Staubsauger in die Hand nimmt. Wenn Ihre Frau den Tisch abräumt oder den Müll rausbringt. Oder auch nur, wenn der andere die Zeitung reinholt. Achten Sie auch bewusst darauf, wofür Sie dankbar sind, ohne dass Ihr Partner etwas tut. Dass er oder sie einfach da ist, zum Beispiel. Dass er oder sie Sie liebt. Verleihen Sie Ihrer Freude darüber Ausdruck und bedanken Sie sich.

Nicht übertrieben, Sie verleihen ja nicht den Oscar. Ein einfaches, unaufgeregtes »Danke« oder »Schön, dass es dich gibt« reichen vollkommen.

Vielleicht vertreten Sie bisher die Einstellung: »Aber für so was muss ich mich doch nicht bedanken, das sollte doch eine Selbstverständlichkeit sein.« Möglicherweise haben Sie auch das Gefühl, der oder die andere sei ein bisschen faul oder erkenne umgekehrt Ihre Leistung nicht an. Dann fühlt sich das Aussprechen eines Dankeschöns vielleicht wie eine ungerechtfertigte Belohnung an.

Aber vielleicht bekommen Sie ja keine Anerkennung, weil Sie selbst damit geizen? Anerkennung erzeugt Anerkennung, Respekt erzeugt Respekt. Unsere Psyche will beachtet werden. Für das, was wir tun und was wir sind. Erst dann macht das Leben Spaß. Denn das, wofür wir Anerkennung erfahren, wird als lohnenswerte Tätigkeit abgespeichert. Wer keine Anerkennung bekommt, stirbt dagegen innerlich ab. Manche Menschen sind nur vermeintlich »faul«. Sie strengen sich nicht an, weil sie das Gefühl haben, dass es sowieso keinen Unterschied macht.

Um beim Beispiel von vorhin zu bleiben: Wenn ich den Müll rausbringe, weil das mit mürrischer Miene von mir erwartet wird, werde ich zum Unterlegenen in der Beziehung. Das fühlt sich unangenehm an und macht die Tätigkeit unattraktiv. Wenn mir aber meine Partnerin vermittelt, dass sie meine Leistung schätzt oder zumindest bemerkt, habe ich das Gefühl, einen wertvollen Beitrag zu leisten. Es wird signalisiert: Das, was du tust, ist nicht umsonst, und wir bewegen uns miteinander auf einer Augenhöhe. Das ist die beste Motivation überhaupt. Jeder Mensch möchte Gutes tun.

Auch Kindern sollte man danken. Dabei ist es allerdings wichtig, dem Kind das Gefühl zu geben, dass es nicht für seine Taten, sondern um seiner selbst willen geliebt wird. Und wie beim Erwachsenen sollte der Dank nicht in eine Lobhudelei ausarten, damit gerade das Kind sich in der Realität zurechtfinden lernt.

Ein ehrliches Danke streichelt die Seele eines jeden und gibt eine positive Suggestion auf alles, für das man sich bedankt. Dadurch wird die Handlung mit Energie aufgeladen.

Diesen Zusammenhang nutze ich auch in der Hypnose. Wenn ich jemandem suggerieren möchte, dass sein Arm immer leichter wird und sich hebt, sage ich zwar nicht »Danke«. Aber ich gebe jede Sekunde eine Bestätigung für die kleinste Bewegung nach oben. Ich sage: »Ja.« – »Sehr gut.« – »Genau.« Dadurch schwebt der Arm wie von selbst.

Lob und Dank sind so wirksam, sie funktionieren bereits nonverbal. Ich war kürzlich mit meinem Sohn beim Babyschwimmen. Dort werden die Babys an das Schwimmen gewöhnt, indem sie mit Wasser übergossen und deutlich dafür gelobt werden. Mein Sohn kann die Worte noch nicht erfassen, aber er versteht das Wohlwollen und gluckst vor Vergnügen. Freude über Bestätigung ist eine tief verwurzelte menschliche Reaktion.

Im Restaurant können Sie das beobachten, wenn Sie Trinkgeld geben. Wenn der Kellner ein seiner Meinung nach zu geringes Trinkgeld bekommt, zuckt er mit den Schultern. Bekommt er genug, lächelt er. So eine Reaktion ist nicht antrainiert. Wir dürsten nach Bestätigung und lieben denjenigen, der sie uns gibt.

DANKE SAGEN

Mit diesem Ritual verspreche ich Ihnen und einer Person, die Ihnen wichtig ist, ein halbes Jahr Wohlbefinden. Mindestens.

Schließen Sie für einen kurzen Moment die Augen. Denken Sie an eine Person, die Ihnen etwas Gutes getan hat. Stellen Sie sich diese Person vor.

Dann nehmen Sie ein Blatt Papier und schreiben Sie einen Brief, in dem Sie sich bei dieser Person für das Schöne, das sie für Sie getan hat, bedanken. Schreiben Sie, was sich alles dadurch für Sie verändert hat und wie Sie sich fühlten. Dann vereinbaren Sie ein Treffen. Bei diesem Treffen lesen Sie der Person den Brief vor. Wichtig: nicht unterbrechen lassen. Danach übergeben Sie der Person Ihren Dankesbrief. Ich verspreche Ihnen: Die Wirkung wird Sie überzeugen!

10. Kapitel

Trance to go: Warum Ihr Körper die Seele führt, wie Sie tiefenentspannt mit mehr Spaß arbeiten und wie glückliche Momente unsterblich werden

Ich lade Sie zu einem kleinen Experiment ein: Schauen Sie sich im Raum um. Lassen Sie den Blick schweifen. Was geschieht dabei mit Ihren Gedanken? Bleiben sie bei einer Sache? Oder wandern die Gedanken automatisch mit dem Blick von einem Thema zum nächsten? Vermutlich werden Sie Letzterem zustimmen.

Nun suchen Sie sich einen festen Punkt, den Sie fixieren. Versuchen Sie jetzt, viele unterschiedliche Gedanken zu haben. Klappt das? Vermutlich nicht. Mit fixiertem Blick bleiben Sie automatisch bei einer Sache. Ihr Geist wird ruhig. Entspannt und fokussiert. Darum ist der hypnotische Blick immer ein fixierter.

Das Erfolgsmodell der Hypnose wie auch jeder anderen (Selbst-)Beeinflussung lautet: Ich sorge für Entspannung. Dann füge ich eine Idee, eine Suggestion, hinzu. Denn in der Entspannung wirkt jede Idee tiefer. Entspannt kann nur jemand sein, der nicht von zu viel Eindrücken überflutet wird.

Hypnose und Entspannungstechniken haben darum viel gemeinsam.

Nehmen wir zum Beispiel die Meditation. Dabei setzt man oft Klangschalen ein, die eine gleichbleibende Tonfrequenz erzeugen. Konzentriert man sich darauf, wird der Gedankenstrom angehalten. Auch Düfte unterstützen die

Konzentration. Oder man fokussiert sich auf ein Mandala, ein meist abstraktes Bild, mit einem kreisförmigen Zentrum. In jedem Fall spricht man die Sinne mit einem relativ gleichbleibenden Reiz an, der den Meditierenden wie ein Zirkel umschließt.

Das kann auch ein gesummter Laut sein, ein klassisches bedeutungsfreies Mantra oder das »Om«. Ein Punkt an der Wand, auf den Sie schauen. Eine Kerzenflamme. Oder ein Wort, das Ihnen ein gutes Gefühl gibt. LIEBE etwa. Oder ENERGIE. Oder RUHE. Diese einzelne Sache behalten Sie im Kopf und halten damit das sonst sich unablässig drehende Gedankenrad an. Das ist der Sinn der Meditation: zur Ruhe zu kommen und dadurch klarer zu sehen. Im Grunde ist Meditation Selbsthypnose minus Suggestion. Auch wenn natürlich jedes verwendete Wort im Grunde bereits eine Suggestion darstellt. Wenn Sie sich selbst hypnotisieren möchten, um bestimmte Suggestionen anzuwenden, sind Meditationstechniken sehr zu empfehlen.

Sie können sich aber auch einfach hinsetzen und sich auf Ihre Atmung konzentrieren. Auf das Ein- und Ausatmen. Wenn das gelingt, ohne gedanklich abzuschweifen, sind Sie bereits in einem meditativen Zustand.

Es geht sogar noch einfacher. Man hat herausgefunden, dass das Gehirn sofort in einen entspannteren Zustand übergeht, in dem Alpha-Gehirnwellen vorherrschen, wenn wir nur die Augen zumachen. Diese Erkenntnis ist auch ein guter Tipp für den Alltag. Wenn Sie sich das nächste Mal überfordert und gestresst fühlen: Einfach mal zwischendurch einige Sekunden die Augen schließen und auf die Atmung konzentrieren. Anfangs werden Sie das vermutlich maximal eine halbe Minute durchhalten, bis sich der nächste Gedanke einstellt. Dennoch wirkt bereits diese Gedankenpause wie ein Miniurlaub. Der Blutdruck sinkt, der Stresshormonlevel auch.

Vielleicht entschließen Sie sich jetzt, mit Meditation zu beginnen. Dann üben Sie das Fokussieren auf nur einen Gedanken immer und immer wieder. Im Laufe der Zeit wird es Ihnen gelingen, diese geistigen Urlaube auszudehnen. Oder Sie lernen Autogenes Training, das auch eine Methode der Selbsthypnose ist, denn es kombiniert die tiefe Entspannung mit Suggestionen.

Die magischen drei – oder was ein Oktopus mit Konzentration zu tun hat

Was glauben Sie, was passiert, wenn Sie einem Oktopus 100 Bälle ins Aquarium werfen? Richtig: Er wird sich nicht rühren. Werfen Sie ihm jedoch nur einen oder maximal drei Bälle zu, wird er beginnen, damit zu spielen.

Wir Menschen sind da nicht anders gestrickt als der Krake. Zu viele Dinge gleichzeitig verwirren und blockieren uns. Die Fokussierung auf wenige Dinge zur gleichen Zeit stimuliert uns dagegen.

Die amerikanische Psychologin Sheena Iyengar hat ein Experiment in – mal wieder – einem Supermarkt durchgeführt. Einmal wurden den Besuchern 24 Marmeladensorten zum Probieren kredenzt. In einem anderen Fall nur sechs. Die Kunden, die 24 Sorten probierten, kauften deutlich weniger als diejenigen, die nur sechs testeten. Und hinterher grübelten die Käufer einer Marmelade aus 24, ob sie auch wirklich die beste Wahl getroffen hatten.

Ich hatte es bereits erwähnt: Wir können bewusst maximal drei Informationen auf einmal verarbeiten. Einige Forscher sind sogar der Ansicht, dass es noch weniger sind. Der

Rest wird immer unterbewusst aufgenommen. Auch Lernprozesse können nur so stattfinden: immer eine Sache nach der anderen. Wenn wir uns darauf besinnen, kann jede Handlung theoretisch zu einer hypnotischen – oder meditativen – Erfahrung werden. Und damit zu einer Quelle des Glücks, wie Forscher herausgefunden haben – dazu gleich mehr. Doch damit uns Alltagstätigkeiten glücklich machen können, muss es uns zunächst gelingen, die Stressfaktoren abzuschalten.

Spätestens, wenn mehr als drei Eindrücke gleichzeitig auf uns einprasseln, führt das also zu Überforderung. Dabei müssen diese Dinge gar keine tatsächlichen Ereignisse sein. Es reicht, wenn etwas in unserem Kopf passiert. Wenn wir uns Sorgen machen.

Stellen Sie sich vor, Sie sind Student und schreiben gerade Ihre Examensarbeit. Stellen Sie sich weiter vor, Sie merken plötzlich, dass Sie das Manuskript einen Monat früher abgeben müssen, als Sie dachten. Sie beginnen prompt, sich auszumalen, was alles passiert, wenn Sie es nicht schaffen, das Manuskript rechtzeitig fertigzustellen: Sie werden Ihren Abschluss erst nächstes Jahr machen können. Weil Ihr BAföG ausläuft, müssen Sie einen Kredit aufnehmen. Den schon zugesagten Job müssen Sie ausschlagen. Sie müssen nebenbei arbeiten. Ihre Familie ist enttäuscht. Sie selbst sind enttäuscht. Die Examensparty, auf die Sie sich so gefreut haben, findet nicht statt. Und so weiter.

Obwohl noch überhaupt nichts passiert ist, können die Worst-Case-Szenarien in Ihrer Vorstellung nahezu ins Unendliche laufen. Das führt zu weit mehr als drei Eindrücken gleichzeitig. Sie sind überfordert. Dabei befinden sich die Szenarien nur in Ihrem Kopf. Trotzdem führen sie dazu, dass

Sie sich wie gelähmt fühlen. Möglicherweise machen Sie gar nichts mehr, außer sich zu sorgen, und die schlimmen Befürchtungen werden eben deswegen wahr.

Natürlich definiert es unsere menschliche Natur, in die Zukunft zu denken. So sind wir angelegt. Das ist grundsätzlich etwas Gutes. Trotzdem sollten wir uns bewusst machen, dass wir im Jetzt leben. Nur das Jetzt kann ich spüren. Nur jetzt kann ich Zukünftiges entscheiden. Statt in Panik auszubrechen, hilft es, sich zu fragen:

Was kann ich *jetzt tun,* um die Situation zu entschärfen?
Welche konkreten *Aktionen* können das Problem lösen?

Und das arbeiten Sie dann in Ruhe aus, statt sich die Worst-Case-Szenarios in Ihrer Phantasie auszumalen.

Bleiben wir im Beispiel: Sie können einen Arbeitsplan aufstellen, um herauszufinden, ob Sie mit der Zeit nicht vielleicht doch noch hinkommen. Sie können Ihren Urlaub umbuchen, falls Ihnen das mehr Zeit verschafft. Sie können entscheiden, zumindest das Korrekturlesen der Arbeit an ein Schreibbüro zu geben. Sie können mit Ihrem Professor reden und vielleicht einen Aufschub erwirken. Sie können zu Ihrem Arzt gehen, die Situation erklären und sich ein Attest besorgen. Sie können prüfen, ob sich die Examensarbeit etwas weniger aufwändig gestalten lässt. Sie können für eine Weile auch am Wochenende und abends schreiben. Sie können sich vielleicht von Ihrer Familie Geld leihen, um Ihren Nebenjob für ein paar Wochen auf Eis zu legen. Sie können auch ganz bewusst entscheiden, das Examen um ein Jahr zu verschieben und alles, was damit verbunden ist, zu regeln. Es gibt immer *Handlungs*möglichkeiten.

So erleben Sie sich nicht ohnmächtig, sondern handelnd.

Und das gibt Ihnen die Möglichkeit, nicht nur effektiv Ihre Ziele zu erreichen, sondern dabei auch noch Spaß zu haben. Wie Sie das ganz sicher hinbekommen, zeige ich Ihnen jetzt.

Panta rhei – alles fließt im Flow

Flow ist ein hypnotischer Zustand. Eine echte Trance, in die wir automatisch fallen, wenn wir in einer Tätigkeit vollkommen aufgehen. Leider erleben das die meisten Menschen nach ihrer Kindheit nur noch selten. Dabei sind es diese verzauberten Momente, in denen wir Zeit und Raum völlig vergessen. Zeiträume, in denen wir voll konzentriert malen, etwas zusammenbauen, schreiben, an einem beruflichen Projekt arbeiten oder auch nur die Fenster polieren. Dann erschrecken wir uns furchtbar, wenn plötzlich jemand das Zimmer betritt oder uns ein Geräusch aus der Trance reißt, in die wir geraten sind, indem sich unsere Aufmerksamkeit absolut nur auf eine Sache gerichtet hat. Der Psychologe Mihaly Csikszentmihalyi hat dieses Phänomen erstmals ausführlich beschrieben und sieht Flow als Quelle des Glücks an. Er beschreibt aus diesem Grund unsere Aufmerksamkeit als psychische Energie. Und er sagt, dass wir einen Flow-Zustand prinzipiell bei jeder Tätigkeit erreichen können. Als Nebenwirkung dieses Zustands geht uns die Arbeit besonders gut und effektiv von der Hand. Auch die Kreativität sprudelt im Flow, neue Ideen und Lösungen kommen uns wie von selbst. Csikszentmihalyi ist allerdings der Ansicht, dass man für diese vollkommene Konzentration eine große Portion Disziplin benötigt.

Ich bin da etwas anderer Meinung, ich empfinde mich nicht als besonders diszipliniert, aber dennoch erlebe ich den Flow häufig. Durch die Beschäftigung mit Hypnose und

Gedankentechniken ist mein Gehirn es gewöhnt, sich völlig auf eine Sache zu konzentrieren. Aber auch wenn Sie »Flow-Anfänger« sind, müssen Sie sich weder zu etwas zwingen, noch müssen Sie warten, bis Ihnen der nächste Flow zufällig passiert. Ein Flow lässt sich nämlich mit einem kleinen Ritual ganz einfach herstellen: mit dem sogenannten ABC-Test, den der Begründer des Neurolinguistischen Programmierens (NLP), Richard Bandler, erdacht hat. Am besten machen Sie diese Übung alleine, denn die Sache sieht zugegebenermaßen etwas lustig aus.

Das Glücks-ABC
Schreiben Sie sich zuallererst ein ABC untereinander auf. Hinter jeden Buchstaben kommt dann nach Belieben mal ein »l« für links oder ein »r« für rechts. Anschließend gehen Sie die Reihe noch mal durch und schreiben hinter die »r« und »l« mal ein »B«, mal ein »A«. Die Reihenfolge ist dabei vollkommen egal.

Das »B« steht für »Bein heben« und das »A« für »Arm heben«. Den so präparierten Zettel heften Sie sich an die Wand Ihnen gegenüber und turnen das ganze Alphabet durch. So lange, bis die Sache flüssig funktioniert.

Diese Aktion verbindet eine geistige mit einer körperlichen Aufgabe. Sie sind gezwungen, sich voll zu konzentrieren, sonst kommen Sie durcheinander. Das bringt Sie ohne Umwege in einen Flow. Um diesen Zustand noch zu vertiefen, können Sie die Aufgabe schwieriger machen und Überkreuz-Bewegungen hinzufügen. Zum Beispiel bei »A« das rechte Bein und den linken Arm heben, dann stünde da:

A rB lA

Durch die Überkreuz-Aktion überfordern wir uns zunächst, aber je besser auch das funktioniert, umso tiefer wird der Flow-Zustand.

In diesem Zustand fühlen wir uns nicht nur gut. Wir sind auch offener für Suggestionen und lernen besser. Wenn Sie nach der ABC-Übung eines meiner Selbsthypnose-Skripts durchlesen, die Sie in diesem Buch finden, wird deren Inhalt tief in Ihr Unterbewusstsein sinken. Doch es wird noch besser!

Ängste besiegen in Minuten

Mit dem ABC-Test lassen sich noch mehr ganz wunderbare Dinge anstellen. Angenommen, Sie haben Höhenangst. Sie wollen sich aber nicht mehr davon beeinträchtigen lassen, weil Sie endlich Skifahren lernen wollen. Dann stellen Sie sich einen Kreis auf dem Boden vor. Sie können auch einen Hula-Hoop-Reifen auf den Boden legen oder einen Fahrradschlauch, wenn Ihnen das lieber ist. In diesen Kreis stellen Sie sich nun hinein und schließen die Augen. Stellen Sie sich jetzt Ihre Angst vor. So plastisch wie möglich. Diese Situation, wenn Sie oben auf dem Berg stehen und paralysiert in die Tiefe starren. Mit Herzrasen, Händezittern und Schwitzen. Nun bewerten Sie die Intensität der Angst auf einer Skala von 1 bis 10.

Anschließend verlassen Sie den Kreis, der nun Ihre Angst repräsentiert. Stellen Sie sich außerhalb hin. Dort machen Sie den ABC-Test, wie ich ihn eben beschrieben habe. So lange, bis Sie richtig im Flow sind. Anschließend stellen Sie sich wieder in den Angst-Kreis. Versuchen Sie erneut, die Angst zu spüren, wieder so gut es geht. Bewerten Sie dann noch einmal Ihre Angst auf der Skala von 1 bis 10.

Sie werden überrascht sein. Denn entweder sind Sie nun gar nicht mehr in der Lage, auch nur ein bisschen Ihrer eben noch so großen Angst zu spüren. Oder sie hat sich drastisch reduziert. Den Vorgang können Sie so oft wiederholen, bis die Angst bei 0 angelangt ist.

Mithilfe dieser Visualisierungsübung können Sie auch Klarheit bei Problemen erlangen. Dafür stellen Sie sich nicht eine Angstsituation vor, sondern Ihr aktuelles Problem oder eine Frage, die Ihnen auf den Nägeln brennt. Vielleicht stehen Sie vor einer wichtigen Entscheidung im Beruf. Sind sich nicht sicher, ob Sie sich für Nachwuchs entscheiden sollen oder nicht. Oder ob Sie Ihr letztes Date noch einmal treffen möchten. In dem Fall brauchen Sie die Skala nicht. Visualisieren Sie nur Ihr Problem oder die Situation, die Ihre Frage symbolisiert. Nicht selten kommen Sie in der zweiten Runde, nachdem Sie die ABC-Übung absolviert und den Flow in sich gefunden haben, plötzlich von selbst auf eine Lösung. Auf alle Fälle entspannen Sie, und das Problem erscheint nicht mehr so erdrückend: Sie gewinnen eine neue Perspektive.

DAS GEMÜSE ERNTEN

Einer der ersten Menschen, die einen hypnotischen Trick benutzten, um sich von Ängsten zu befreien, war im 18. Jahrhundert übrigens der Priester Abbé Faria. Als junger Mann sollte er eine Rede vor einer großen Menschenmenge halten. Voller Angst und Lampenfieber wagte er sich nicht auf das Rednerpodium. Sein Vater bemerkte die Angst seines Sohnes und sagte zu ihm: Stell dir vor, dein Publikum ist Gemüse. Und jetzt geh raus und ernte dein Gemüse! Sofort war das Lampenfieber verschwunden, und der junge

Abbé Faria hielt eine wunderbare Rede. Von diesem Moment an war er fasziniert davon, wie ein simpler Satz sein komplettes Wesen verändern konnte und ihn frei sprechen ließ – er wurde einer der ersten bedeutenden Hypnotiseure, dessen Techniken zum Teil noch heute angewandt werden.

Glückliche Gefühle konservieren

Ängste zu besiegen und entspannt Probleme zu lösen, ist schon eine wundervolle Sache. Wie wäre es zusätzlich mit einer Selbstbewusstseinssteigerung auf Knopfdruck? Das wäre doch nützlich: in der nächsten Gehaltsverhandlung, beim Blind Date oder beim ersten Treffen mit den Eltern des neuen Freundes. Auch gute Laune im Handumdrehen kann man immer mal gebrauchen.

Beides können Sie mit einer sehr einfachen Selbsthypnose erreichen.

In der Hypnose spricht man vom *Anchoring*. Damit ist das Verankern eines bestimmten Gefühls gemeint: Das könnte etwa der Stolz sein, den Sie auf Ihrer Uni-Abschlussfeier empfunden haben. Das berauschende Gefühl nach einem Bungee-Sprung. Oder als Sie ein besonderes Kompliment bekommen haben. Je nachdem, welche Emotion Sie später auf Knopfdruck abrufen wollen. Immer, wenn man »den Anker wirft«, stellt sich das Gefühl wieder ein. Das ist keine Zauberei.

Suchen Sie sich dazu einen ruhigen Ort, an dem Sie nicht gestört werden ...

DIE HAUSAPOTHEKE DER POSITIVEN EMOTIONEN
(Skript Nummer 4)

Setz dich hin und schließe die Augen.
Atme tief ein und aus.
Tief ein und aus.
Spüre, wie die Anspannung mit jedem Ausatmen aus dem Körper weicht.
Mit jedem Einatmen fließt die Entspannung bis in deine Fingerspitzen.
Wenn du maximal entspannt bist, erinnere dich an eine Situation, in der du dich besonders großartig gefühlt hast.
Stell dir diese Situation vor.
Jedes Detail.
Sieh alles vor dir.
In Ruhe.
Fühle die großartige Emotion.
Fühle sie stärker.
Noch stärker.
So stark, wie du nur kannst.
Auf dem Gipfel des Gefühls presse Mittelfinger und Daumen zusammen.

Das war es schon. Diese Übung wiederholen Sie drei Mal hintereinander.

Am besten führen Sie die Selbsthypnose auf diese Weise drei Tage hintereinander aus. Anschließend ist das wunderbare Gefühl unentwirrbar mit dem Zusammenpressen von Daumen und Mittelfinger – dem Anker – verknüpft. In Zukunft sind Sie in der Lage, es allein durch die Geste hervorrufen. Ganz unauffällig unter dem Tisch Daumen und Zeigefinger zusammenpressen – und schon merken Sie, wie es Sie hebt. Im Grunde ist das nichts anderes als das Nutzen des berühmten Pawlow'schen Reflexes. Der Pawlow'sche Hund hörte immer eine Glocke, wenn er etwas zu fressen bekam. Dadurch lief ihm das Wasser im Maul zusammen. Irgendwann musste er nur noch die Glocke hören und fing an sabbern, auch wenn es gar nichts zu fressen gab. Wir Menschen ticken ganz ähnlich.

Sie können die eben beschriebene Übung auch einem Freund oder einem Familienmitglied vorlesen oder als Suggestion unter Hypnose verwenden. Dazu lesen Sie später mehr.

Mindestens genauso gut klappt es, wenn Sie in einer tatsächlichen Situation eine Aktion ausführen, die zum Anker werden soll. So konservieren Sie Emotionen unmittelbar, sobald sie auftreten! Sie können sich einen richtigen Medizinschrank zusammenstellen und verschiedene Anker mit verschiedenen Gefühlen verknüpfen.

Sie zwicken sich in den Unterarm, wenn Sie sich gerade besonders verliebt in Ihren Partner fühlen. Beißen sich in Situationen völliger Entspannung – beim Sonnenbaden, in der Sauna, nach dem Sex – leicht auf die Unterlippe. Oder Sie drücken mit Zeige- und Mittelfinger leicht in die Handfläche derselben Hand, wenn Sie sich extra energetisch fühlen: beim Runner's High, nach zwölf Stunden Schlaf. Ihrer Phantasie sind keine Grenzen gesetzt. Auf diese Weise haben Sie immer eine emotionale Notfallmedizin parat, wenn es Ihnen gerade mal nicht so gut geht. Oder Sie holen dann einfach Ihre Glücksblume hervor ...

DIE GLÜCKSBLUME (Skript Nummer 5)
Du bist in einem wunderschönen Garten.
Die Sonne scheint, der Himmel ist blau, eine Brise rauscht in den Bäumen. Du läufst durch den Garten und bleibst vor einer wunderschönen Blume stehen.
Schau dir diese Blume ganz genau an.
Wie sieht sie aus?
Wie sind ihre Blütenblätter angeordnet?
Welche Farbe hat sie?
Wie duftet sie?
Diese Blume ist deine Glücksblume.
Pflück diese Blume, die eine Wunderblume ist und niemals welken kann, und steck sie in deine Tasche.
Immer, wenn du in Zukunft ein Glücksgefühl brauchst, greif in deine Tasche und hol die Blume hervor.
Spürst du das Glück?

Praktizieren Sie mentales Judo – und erleben Sie, wie Ihre Probleme wie von selbst schrumpfen

Vielleicht gehören Sie zu den Menschen, die positives Denken für unrealistisch und naiv halten. Für eine weltfremde Einstellung, mit der man der Realität entflieht. Das stimmt aber nicht ganz. Die Pessimisten werden genauso wie die Optimisten immer recht behalten, denn negatives Denken erzeugt eine negative Realität, während konsequentes positives Denken eine positive Realität erzeugt. Nicht nur, indem es positive Effekte auf den Körper hat. Positives Denken lässt Probleme tatsächlich auf ein handlicheres Format schrumpfen. Das beweist zum Beispiel die folgende Untersuchung: Man gab einer Gruppe von Studenten die Aufgabe, sich eine halbe Stunde auf etwas Negatives in ihrem Leben zu konzentrieren. Eine zweite Gruppe sollte für die gleiche Dauer nur an etwas Schönes im Leben denken. Anschließend bekamen alle die Aufgabe gestellt, ein kompliziertes mathematisches Problem zu lösen. Das Ergebnis war frappierend. Von der zweiten Gruppe, den positiven Denkern, kamen etwa 80 Prozent schnell auf die richtige Lösung. Von den Negativdenkern löste hingegen kaum einer die knifflige Aufgabe. Sie gaben einfach auf, so erschöpft und mutlos waren sie von der halben Stunde Sorgenwälzen.

Positives Denken ist also nicht einfach nur Blauäugigkeit. Es bewirkt in unserem Körper das Freisetzen von mehr Energie und macht uns lösungsorientierter.

Das einzige und oft große Problem beim positiven Denken ist die Umsetzung. Gerade wenn wir in einer düsteren Stimmung gefangen sind, scheint es oft unmöglich, einen erhebenden Gedanken zu fassen. Der amerikanische Psychiater Jeffrey M. Schwartz rät darum zu »mentalem Judo«. Das bedeutet, in eine positive Aktion zu gehen. Führen Sie eine Handlung aus, die Ihren Körper und möglichst viele Sinne fordert und von der Sie wissen, dass sie Ihnen guttut. Eine Tätigkeit, die zunächst einmal Ihre Aufmerksamkeit von den düsteren Gedankenspiralen löst. Das können völlig unterschiedliche Dinge sein.

Gehen Sie zum Beispiel joggen oder spazieren. Kochen Sie Ihr Lieblingsgericht. Tanzen und singen Sie zu Ihrer

Lieblings-CD. Malen Sie etwas. Gehen Sie schwimmen und in die Sauna. Verabreden Sie sich zum Badminton. Wichtig ist, dass Sie etwas *tun* und nicht nur still dasitzen. Untätigkeit fördert Depression, wir Menschen sind Tätigkeitstiere. Wenn wir das vergessen, müssen wir uns über Niedergeschlagenheit nicht wundern.

Bewegung wirkt als »mentales Judo« sogar langfristig. Der Wissenschaftler Patrick Smith vom Duke University Medical Center in Durham in North Carolina hat 29 Studien mit mehr als 2000 Teilnehmern ausgewertet und kam zu dem Schluss: Regelmäßige körperliche Betätigung lässt den Hippocampus, das Zentrum unseres Gehirns, das für Sinneswahrnehmungen zuständig ist, wachsen. Nach sechs Monaten Ausdauertraining ist dadurch unser Konzentrationsvermögen gesteigert, die Nervenzellen im Gehirn feuern effektiver, unser Gedächtnis funktioniert besser, und wir sind messbar intelligenter.

Die bessere Laune haben wir aber nicht erst nach sechs Monaten: Der Kreis der Negativität wird sofort durchbrochen.

Der Aktion des Körpers folgt immer der Geist. Das gleiche Prinzip befolgen Paare, die nach einem Streit miteinander schlafen. Dadurch ist der Streit vergessen. Viele Beziehungen würden ohne Versöhnungssex sicher schon gar nicht mehr existieren.

DIE SCHATULLE DER SCHÖNEN DINGE

Machen Sie eine Liste mit allen Aktivitäten, von denen Sie wissen, dass sie in der Lage sind, Sie aus einem Stimmungstief herauszuholen: Ein Madras Curry zubereiten. Einen Waldspaziergang machen. Einen Schokokuchen backen. Ein

Kressebeet bepflanzen. Und so weiter. Dann schreiben Sie jede Aktivität in Schönschrift auf einen bunten kleinen Zettel. Sobald Sie fertig sind, geben Sie alle Zettel in eine schöne Schatulle. Wenn Sie das nächste Mal Aufmunterung benötigen, ziehen Sie ein Los – und legen Sie los.

Ich versuche, alles an meinem Alltag zu zelebrieren, jeden Moment auszukosten – auch das ist mentales Judo. Ich mag Schönheit um mich herum. Mit Genuss in der Sonne zu sitzen und zu arbeiten, ist etwas anderes, als in einem grauen Hinterzimmer bei Neonlicht zu schuften. Aber besonders wichtig ist mir der Start in den Tag. Mein Morgenritual ist inspiriert durch einen guten Freund, der eine Kaffeerösterei hat. Er hat ganz klein angefangen, mit nur einer Röstmaschine. So nach und nach expandierte das Geschäft, inzwischen führt er in Münster mehrere Kaffeehäuser. Bei ihm habe ich zum ersten Mal erlebt, wie Kaffee schmecken kann und welche unglaublichen Unterschiede es gibt. Kaffee ist so vielfältig wie guter Wein. Seit diesem Aha-Erlebnis zelebriere ich jeden Morgen meine erste Tasse Kaffee. Ich bereite sie mir genau so zu, wie das ein Kaffeekenner tun würde. Frisch gerösteten und gemahlenen Kaffee gieße ich mit frisch gekochtem Wasser in einer Qualitätskanne auf. Ich wärme die Tasse an. Lasse mir Zeit und genieße diese ersten Minuten intensiv. Das gibt dem ganzen Tag einen positiven Schub. Das reinste Zen.

Nach meinem morgendlichen Kaffeeritual ist es nun eine weitere feste Gewohnheit, die Wohnung zu verlassen. Ich arbeite immer in meinem Stammcafé an neuen Nummern oder an einem neuen Buch – so wie jetzt gerade. Diese Struktur ist so fest und gelernt, dass ich dort sofort in einen

Arbeitsmodus komme und nicht so leicht ablenkbar bin. Wenn ich auf meinem Stammplatz sitze, mein Notizbuch und meinen Füller vor mir platziert habe, dann weiß ich: Jetzt beginnt der Job. Das ist eine starke gelernte Suggestion. Das können Sie auch:

Alles, was Sie gern tun, lässt sich zum Ritual perfektionieren, um damit binnen Minuten in eine bestimmte Stimmung zu kommen.

Sobald Sie dann die positiv aufgeladenen Handlungen ausführen, werden Sie sich automatisch besser fühlen. Wenn wir uns auf diese Weise schon morgens auf den Tag einstimmen, werden wir kreativer, und unsere alltäglichen Aufgaben fallen uns umso leichter.

Also, was ist Ihr Morgenritual? Vielleicht finden Sie ja Gefallen an diesem Vorschlag:

GOOD VIBRATIONS – SUMMEN FÜR MEHR ENERGIE

Eine schöne Sache, die man zu jeder Tageszeit oder auch gezielt machen kann, wenn man sich gerade müde oder niedergeschlagen fühlt. Bei Naturvölkern lässt sich dieses Ritual noch oft beobachten. Ein vibrierender Summton versetzt den ganzen Körper in Schwingung und füllt ihn mit Energie. Probieren Sie es aus, mindestens morgens und abends vor dem Spiegel. Ich verspreche Ihnen: Nach drei Wochen sind Sie ein neuer Mensch.

11. Kapitel

Die gleiche Wellenlänge einstellen: Die Geheimnisse gelungener Verführung und Kommunikation

Das Leben ist Verführung. Das gilt nicht nur in der Liebe. Der Beruf eines Verkäufers besteht darin, Menschen dazu zu bringen, etwas zu erwerben. Ein Journalist oder Schriftsteller verführt Leser, in die Welt seines Textes einzutauchen. Ein Magier verführt sein Publikum, ihm in phantastische Universen zu folgen. Und wir alle möchten die Menschen um uns herum dazu verführen, uns zu mögen.

Der Schlüssel zu all dem sind unsere Emotionen.

Die amerikanische Menschenrechtlerin Maya Angelou hat einmal gesagt: »Ich habe im Leben eins gelernt: Die Menschen werden vergessen, was du getan hast. Aber sie werden niemals vergessen, wie sie sich durch dich gefühlt haben.«

Das bringt *die* Grundregel jeder Kommunikation auf den Punkt: Unser Gefühl ist für unsere Wahrnehmung wichtiger als der Inhalt. Wir suchen alle das Wohlgefühl. Politiker werden nicht wegen ihrer Kompetenz oder ihres Parteiprogramms gewählt, sondern aufgrund ihrer Ausstrahlung. Das belegten zahlreiche Umfragen. Gefühl bestimmt unser Handeln. Gefühl führt uns. Und es verführt uns auch.

Das gilt nicht nur für Menschen. Können Sie sich zum Beispiel an irgendetwas erinnern, was in der Coca-Cola-Werbung gesagt wurde? Wurde dort überhaupt je etwas gesagt?

Oder gab es nur Musik? Wenn ja, welche? Jeder von uns hat vermutlich unzählige Male Werbung für die braune Brause gesehen. Von den dort verwendeten Worten bleibt nur die Emotion, die sie hervorgerufen haben, in Erinnerung. Dazu einige schöne Bilder, ein Schriftzug und vor allem das wohlige Gefühl des Vertrauten. Die Macht der Wiederholung, die ich ausführlich im zweiten Kapitel erklärt habe, wirkt auch hier.

Der *Dschungelcamp*-Trick und der Halo-Effekt

P. T. Barnum war ein amerikanischer Zirkusdirektor und Politiker im 19. Jahrhundert. Aber vor allem war er der Begründer des modernen Marketings, denn er hat folgende Aussage geprägt: »Es ist egal, was Sie über mich schreiben. Wichtig ist nur, dass mein Name erwähnt wird und ein Bild von mir erscheint.« Er hatte recht. Die Erinnerung an den Namen und das Bild bleibt bestehen, aber die Nachricht von der schlechten Zirkusshow ist in drei Monaten vergessen. Das gilt natürlich nicht bei richtig schlechten Nachrichten, die emotional negativ aufrühren – ein Massenmörder wird auch als solcher in Erinnerung bleiben, und ein Krieg ist ein Krieg. Aber eine Zirkusshow, ein Konzert oder ein Fernsehauftritt fallen nicht in diese Kategorie. Solche Nachrichten nehmen wir zunächst eher beiläufig wahr, sie rühren erst mal nicht an tieferen Emotionen. Aber je häufiger wir den Namen und das Bild des Zirkus sehen, umso stärker wird das vertraute Gefühl. Wenn wir uns dann eines Tages spontan entscheiden sollen, ob wir den Zirkus Barnum besuchen möchten oder die Magieshow eines Wundermachers namens Jan Becker, dann entscheiden wir uns in den meisten Fällen für denjenigen, von dem wir schon häufiger gehört haben.

Prominente, die in Vergessenheit geraten sind, gehen ja heutzutage gern ins *Dschungelcamp*. Dass dort peinliche, eklige und andere gruselige Dinge geschehen, ist nach kürzester Zeit vergessen. Dann sind die Promis nur noch die, die im *Dschungelcamp* waren. Ihre Gesichter und Namen hat man für ein paar Wochen täglich im Fernsehen, auf den Titelseiten sämtlicher Boulevardzeitungen, People-Magazine und im Internet gesehen. Plötzlich sind die zuvor Vergessenen wieder im Gespräch und werden deutlich positiver wahrgenommen als zuvor. *Mission completed.*

Dann gibt es natürlich noch den Halo-Effekt – vom englischen Wort für Heiligenschein. Nicht ganz so prominenten Leuten, die gerne berühmt werden wollen, wird oft geraten, sich in Gesellschaft größerer Stars zu zeigen, denn diese umgibt eine »Aura« von Glamour, eben wie ein Heiligenschein. Dabei ist dieser besondere Glanz nichts Messbares, sondern nur ein Gefühl, das in den Beobachtern ausgelöst wird, sobald sie die Betreffenden sehen. Dieses Gefühl färbt dann auf die noch nicht so prominenten Zeitgenossen ab. Auch das geschieht natürlich nur in den Augen der Beobachter, tatsächlich färbt nichts ab, höchstens ein bisschen Make-up beim obligatorischen Bussi-Bussi.

In Berlin lässt sich dieses Schauspiel oft beobachten. Wenn man in einen angesagten Club geht und es kommt eine Berühmtheit herein, die wirklich jeder kennt, und dieser Prominente hat zwei Freunde dabei, dann erlangen auch diese bisher unbekannten Menschen sofort eine enorme Wichtigkeit. Die Blicke wandern zu ihnen. Die Leute fragen sich: Wer ist denn das? Es wird geraunt, geflüstert und spekuliert, Fotos werden geschossen. Die Begleiter sind Gesprächsthema, dabei haben sie weder etwas Besonderes gesagt noch getan.

Positive Suggestionen locken positive Gefühle

Nun sind vermutlich die wenigsten meiner Leser prominent oder beabsichtigen, es zu werden. Aber von den Erkenntnissen über die psychologischen Prozesse kann jeder profitieren. Noch einmal: Gefühl kommt vor Inhalt, wenn es um unsere Aufmerksamkeit geht.

Während ich hypnotisiere, versuche ich darum jede Suggestion mit einer positiven Emotion zu verbinden. Wenn ich einem Menschen erkläre: »Dein Arm ist ganz steif, und je steifer er wird, umso besser fühlst du dich«, dann führt das dazu, dass das Unterbewusstsein der Person diese Aktion des Armversteifens gerne ausführt. Wenn ich dann noch sage: »Je besser du dich fühlst, umso steifer wird dein Arm«, schaffe ich damit einen Loop, in dem die eine Suggestion die andere anschiebt. In einer Show sagte mir eine Mitspielerin hinterher: »Ich hätte den Arm am liebsten zwei Stunden in die Höhe gehalten, so gut habe ich mich gefühlt.«

Verhaltensweisen, die positive Emotionen hervorrufen, sollten Sie gezielt pflegen. Heben Sie die Menschen in Ihrer Umgebung immer bewusst. Mit ehrlich gemeinten Komplimenten. Einer Dankeschönkarte nach einer gelungenen Party. Damit, dass Sie anderen helfen. Eine inspirierende Geschichte erzählen. Einen selbst gepflückten Blumenstrauß mitbringen. Es gibt unzählige Wege, um in anderen ein positives Gefühl hervorzurufen. Das Schöne daran ist, dass wir uns dabei immer auch selbst beschenken, denn dieses Gefühl strahlt auf uns zurück.

Statt die Dinge zu berichten, die schiefgelaufen sind und an denen Sie ohnehin nichts mehr ändern können, erzählen Sie in Zukunft bewusst die schönen und lustigen Geschichten, die ein angenehmes Gefühl hinterlassen. Denken Sie daran: Alles, was wir sagen, wirkt. Niemand ist gern in Gesellschaft eines notorischen Jammerlappens oder Lästerers. Solche Menschen erwecken den Eindruck, Energie zu rauben – und das ist eindeutig ein negatives Gefühl. Geben Sie lieber Energie. Als Nebeneffekt fokussieren Sie auch Ihre eigene Aufmerksamkeit auf die angenehmen Dinge, Sie bringen Menschen zum Lachen – und Ihre Laune steigt.

Benutzen Sie in der Kommunikation mit anderen Menschen immer positive Suggestionen. Das können Sie ganz subtil machen. Sagen Sie zum Beispiel zu Ihrer Schwiegermutter: »Setz dich doch bitte hier auf unseren *bequemsten* Stuhl.« Dadurch machen Sie den Stuhl und das Sitzen darauf zu einem besonders entspannenden Erlebnis. Ein stinknormales Sitzmöbel wird so zum Thron. Und Ihre Schwiegermutter wird sich daran erinnern, bei Ihnen wie eine Königin behandelt worden zu sein. Und wenn Sie all das mit einem Lächeln vermitteln, steigt das allgemeine Wohlgefühl noch um einige Grade mehr.

Überhaupt, das Lächeln. Es ist faszinierend, dass wir selbst Menschen, die uns mit einem Lächeln im Gesicht das größte Unglück prophezeien, sympathischer finden als jemanden, der mit grimmigem Gesicht etwas ganz Tolles vorhersagt. Darum lächeln im Fernsehen immer alle. Selbst in Nachrichtensendungen, in denen die schlimmsten Meldungen verkündet werden, lächeln die Sprecher immerhin angedeutet. Egal, wozu Sie jemanden verführen wollen – ob nun zu einer Liebesnacht oder dazu, ein Auto von Ihnen zu kaufen –, Sie sollten sich immer daran erinnern: Gefühl kommt vor Inhalt. Doch der Reihe nach.

Möglichst bezaubernd: Der erste Eindruck

Bei zwischenmenschlichen Begegnungen gibt es eine wichtige Gesetzmäßigkeit: Der erste Eindruck stimmt oder er stimmt nicht. Das ist eine Sache von Sekunden. Leider sind viele Menschen unsicher, wenn sie in einen Raum mit anderen Menschen kommen, weil sie nicht wissen, was sie tun sollen. Sie haben den Eindruck, alle Blicke seien auf sie gerichtet. Manchmal ist das ja auch tatsächlich so, wenn jemand zum Beispiel Dozent ist oder eine Bühne betritt. Leider drückt sich Unsicherheit auch in unsicherer Körpersprache aus: ein eingezogener Kopf, hängende Schultern und ein unsicherer Blick, der auf den Fußboden geheftet ist.

Dabei können Sie Ihr Entree im Handumdrehen mit einer wunderbaren Visualisierung verzaubern, die gleichzeitig Ihr Selbstbewusstsein stärkt. In meinem ersten Buch *Ich kenne dein Geheimnis* beschreibe ich das magische Gedankenspiel der Engelsflügel. Wenn wir uns vorstellen, an unseren Schultern säßen zwei große silberne Engelsflügel, die wir majestätisch ausbreiten, verändert sich unsere gesamte Ausstrahlung unmittelbar. Wir haben etwas zu tun. Gehen aufrechter, mit erhobenem Kopf und einem Lächeln auf den Lippen. Wir begegnen allen Blicken gelassen und offen. Ich bekomme immer wieder begeisterte Rückmeldungen von Lesern, die diesen verzaubernden Trick ausführen. Sie berichten, dass sie noch nie zuvor so viele neue, interessante Menschen kennengelernt haben. Testen Sie es selbst.

Sobald Sie einen Raum betreten – sagen wir ein Café oder eine Bar –, können Sie oftmals gleich erkennen, wer offen für Sie ist. Wenn Sie dem Blick eines oder einer anderen begegnen und der Blick zwei, drei Sekunden stehen bleibt und dann erst weiterwandert, haben Sie gute Karten. Falls Sie auf der Suche nach einem Flirt sind: Die Zeichen stehen auf Grün.

Allerdings macht es keinen Sinn, auf jemanden loszustürmen. Da geht fast jeder Mensch automatisch auf Abwehr. In Studien wurde nachgewiesen: Menschen, die sich unter Zeitdruck für oder gegen etwas noch Unbekanntes entscheiden sollen, ziehen es vor, sich dagegen zu entscheiden. Geben Sie sich also ein paar Minuten. Suchen Sie sich einen Platz, bestellen Sie einen Kaffee. Verstärken Sie Ihr Selbstwertgefühl und Ihre Selbstsicherheit mit einem Anker aus der emotionalen Hausapotheke aus dem vorigen Kapitel. Dann gehen Sie auf den Menschen zu.

Und noch einmal: Türöffner-Geschenk

Besonders Männer überlegen sich ja gern Sätze, um Frauen anzusprechen. »Hab ich dich schon mal hier gesehen?« oder »Hast du mal die Uhrzeit?« lauten die üblichen Klassiker. Ich bin eher für Annäherungen wie: »Ich habe dich gerade hier sitzen sehen. Du hast eine unheimlich interessante Ausstrahlung.«

Wenn Sie allgemein die Ausstrahlung loben, hat das den Vorteil, dass Ihre Aussage den ganzen Menschen umfasst, das Äußere wie das Innere. Dadurch fühlt sich Ihr Gegenüber besonders wertgeschätzt. Gelungene Komplimente heben immer die Seele eines Menschen und stellen eine erste Verbindung her. Außerdem sind Komplimente verbale Geschenke – und wie Geschenke wirken, wissen Sie ja bereits: Man wird Ihnen etwas zurückgeben wollen.

Der nächste wichtige Punkt: Limitieren Sie die Zeit. Zum Beispiel indem Sie sagen: »Leider muss ich in ein paar Minuten wieder los, weil ich gleich mit Freunden verabredet bin, aber ich musste dich einfach ansprechen.«

Das ist nicht nur charmant und räumt sofort jeden Verdacht aus, dass Sie verzweifelt »auf der Suche« sind. Es macht der angesprochenen Person vor allem eines klar: Hier kann ich ein kurzes Gespräch riskieren. Falls der Mensch sich als Vollidiot rausstellt, ist er ja gleich wieder weg. (Umgekehrt gibt Ihnen das die Möglichkeit zu verschwinden, falls die Ausstrahlung Ihres Gegenübers doch nicht so interessant ist, wie Sie zunächst dachten.)

Wenn ich jemanden zur Hypnose auf die Bühne hole, soll derjenige auch wissen, dass in ein paar Minuten alles wieder vorbei ist und er nicht stundenlang für meine Gedankenlese- und Hypnose-Spielchen zur Verfügung stehen muss. Das ist für die meisten Zuschauer die Voraussetzung, überhaupt mitzumachen. Später sind die meisten enttäuscht, dass es schon vorbei ist.

Bemühen Sie sich bitte bei Ihrer Annäherung nicht um Originalität, das wirkt nur verkrampft. Bleiben Sie bei Ihrem Kompliment natürlich. Im Grunde ist es beinahe egal, was Sie sagen. Wenn Sie einmal den wohlwollenden Blickkontakt hatten, haben Sie die wichtigste Hürde genommen.

Eine gute Idee ist es auch, sich einem anderen Menschen mit kleinen Spielereien zu nähern (sofern Sie zuvor einen wohlwollenden Blickkontakt hatten; Menschen aus dem Nichts zu überrumpeln, bringt nichts, wie gesagt) – Spielereien, die einen Aha-Moment oder ein Staunen produzieren. Nichts mögen Menschen mehr, als wenn sie zum Lachen gebracht werden. Die gute Laune und das Lachen werden automatisch mit Ihnen verknüpft. Das schafft sofort eine positive Verbindung. Ein paar Vorschläge:

DAS RÄTSEL UM BENS MUTTER

Sagen Sie zu Ihrem Flirt (statt des Kompliments, das schließen Sie in diesem Fall an): »*Ich möchte da gern mal schnell was mit dir ausprobieren. Spielst du mit?*«

Wenn Sie ein Okay bekommen, sagen Sie: »*Bens Mutter hatte drei Söhne: Däumling*« *(zeigen Sie dabei auf Ihren Daumen),* »*Zeigling*« *(zeigen Sie dabei auf Ihren Zeigefinger) und ...?*« *(bei dieser Frage zeigen Sie auf Ihren Mittelfinger). Ihr Gegenüber wird zu 99,9 Prozent mit so etwas wie* »*Mittling*« *oder Mittelfingerling antworten.*

Manchmal dauert es einen Moment, bis das Gegenüber auf die richtige Lösung kommt, aber dann ist das Gelächter groß. Nutzen Sie den Moment des Lachens, um sich für den Überfall zu entschuldigen und ein Kompliment anzuschließen: »*Entschuldige, dass ich dich so überrumpelt habe. Ich konnte einfach nicht an dir vorübergehen. Übrigens, mein Name ist ...*« *Und schon sind Sie im Gespräch.*

DIE KOMPLIMENTE-SCHLANGE

Oder gehen Sie noch aktiver vor und verteilen Sie folgende Komplimente: »*Ich mag deine Frisur.*« *Das Danke abwarten, sich dann ganz kurz angedeutet zum Gehen wenden, fast im gleichen Moment schon wieder Ihrem Flirt zuwenden und hinzufügen:* »*Und wenn ich ehrlich bin, mag ich auch deine Schuhe.*« *Dabei lächeln, wieder den Dank abwarten. Dann sagen Sie: »Ich mag deine Kleidung insgesamt.« Lächeln, warten, dann sagen: »Ach, ganz ehrlich, ich mag alles an dir.« Wenn die oder der Angesprochene keine versteinerte Mumie ist, wird er/sie mit größter Wahrscheinlichkeit lachen. Daraufhin sagen Sie: »Und du hast Humor, denn du lachst über meine blöde Anmache ...«*

DER SPATZ IN DER HAND

Nehmen Sie einen Kugelschreiber und schreiben Sie in leserlichen Großbuchstaben folgenden Dreizeiler in Ihre Hand:

EIN SPATZ
IN DER
DER HAND

Halten Sie dann Ihre Hand Ihrer/Ihrem Auserwählten zum Lesen hin. Die meisten Menschen benötigen mehrere Anläufe, um zu sehen, dass das »der« doppelt ist, denn das schnelle System I schreit sofort »kenn ich« und schaut nicht mehr genau hin. Der Lacher ist Ihnen sicher. Weiter wie oben.

Das Wunderbare an solchen Spielen ist, dass Sie ganz natürlich einen Rapport herstellen. Rapport ist eine Verbindung zwischen den Beteiligten einer Kommunikationssituation. Auch bei der Bühnenhypnose oder Hypnosetherapie ist die Herstellung eines Rapports einer der wichtigsten Schritte. Ohne ihn funktioniert keine Hypnose. Ohne Rapport findet überhaupt keine Kommunikation statt. Diese Verbindung ist übrigens nicht unbedingt gleichbedeutend mit Harmonie.

Bei vielen Formen der Kommunikation ist es nur wichtig, dass unser Gegenüber auf das reagiert, was wir sagen und tun. Wenn ich beispielsweise in meinen Shows jemanden auf die Bühne hole und der folgt meinen Bitten, die Arme zu heben oder die Augen zu schließen, weiß ich, dass ein Rapport besteht und er hypnotisierbar ist. Dazu muss er mich nicht unbedingt sympathisch finden. In Beziehungen bedeutet das: Auch wenn unser Partner uns gerade wütend anschreit, ist er in diesem Moment ganz bei uns. Denn auch das ist bereits ein Rapport, das ist Nähe. Solange beim einst berühmtesten Krawall-Paar Elizabeth Taylor und Richard Burton noch die Fetzen flogen, war die Welt ihrer Ehe in Ordnung. Alarmierend für eine Beziehung wird es erst, wenn der andere nicht mehr reagiert. Dann ist es ihm egal, was der Partner tut – und das ist wirklich ein Problem.

Doch zurück zum Flirt. Wenn wir uns gerade erst begegnen, ist Anschreien sicher nicht die beste Strategie. Hier müssen wir nicht nur den Rapport vertiefen, sondern gleichzeitig auch Sympathie aufbauen. Zum Glück gibt es auch dafür Tricks.

Das Schokoladenseiten-Geheimnis und andere Kommunikationstricks

Achten Sie darauf, ob Ihr Gegenüber Links- oder Rechtshänder ist. Nähern Sie sich einem Rechtshänder möglichst von rechts, einem Linkshänder von links. Anschließend bleiben Sie auf dieser »Schokoladenseite«. Falls Sie die aktive Seite erst im Gespräch identifizieren, können Sie immer noch wechseln – Sie werden geblendet, es zieht, lassen Sie sich etwas einfallen. Ihr Gegenüber wird Sie automatisch als sympathisch abspeichern, wenn Sie sich auf seiner aktiven

Seite befinden. Das können Sie natürlich in jeder anderen Situation auch nutzen.

Die aktive Hand ist übrigens noch aus anderen Gründen verräterisch. Bei Politikern kann man das besonders gut beobachten. Wenn Menschen etwas wirklich so meinen, wie sie es sagen, gestikulieren sie automatisch eher mit ihrer aktiven Hand. Menschen, die sich beim Gesagten unsicher sind oder sogar schwindeln, unterstreichen das meist mit der weniger dominanten Hand. So schwang Rechtshänder Norbert Blüm bei seinem legendären Versprechen »Die Renten sind sicher« verräterischerweise die linke Faust. Linkshänder Barack Obama gestikuliert dagegen meist tatsächlich mit links – eine ehrliche Haut. Wenn Ihr Flirt also erklärt »Ich freu mich, dass wir uns kennengelernt haben« und das mit einer Geste der aktiven Hand unterstreicht, ist das ein gutes Zeichen.

Primen Sie Ihren Flirt: auf Sie

Noch einmal: Gefühl ist für unsere Wahrnehmung wichtiger als Inhalt. Wenn eine Frau oder ein Mann Sie sympathisch findet, können Sie also eigentlich auch Unsinn erzählen. Der andere wird Ihnen trotzdem zuhören. Sind Sie einmal so weit, dass Sie sich unterhalten, haben Sie schon fast gewonnen. Nun lautet das Geheimnis: Wenn Sie einmal den Kontakt haben, hören Sie nicht auf zu reden. Wenn ich jemanden hypnotisieren will, mache ich das ganz genauso. Wichtig ist, dass der Kontakt für eine bestimmte kurze Zeit nicht abreißt. Dass Ihr Gegenüber ganz auf Sie fokussiert ist. Also: Erzählen Sie einfach zwei bis drei Minuten von sich. Erzählen Sie, wie Sie genau in diesem Café gelandet sind. Wie Sie heißen. Reden Sie übers Wetter und den Kaffeeduft. Die Musik, die gespielt wird. Geben Sie Ihrem Gegenüber diese zwei Minuten und damit die Möglichkeit, sich stressfrei zurückzulehnen und Sie einzuschätzen. Und währenddessen nutzen Sie die Gelegenheit, Ihr Gegenüber zu *primen* – und zwar auf Sie.

Alles Gute zeigt nach oben
Auch mit Gesten können Sie die Einstellung Ihres Gegenübers zu Ihnen beeinflussen: Führen Sie während des Gesprächs nach oben gerichtete Handbewegungen aus. Diese Aufwärtsbewegung lässt das, was Sie erzählen – und Sie erzählen ja gerade von sich –, sympathisch erscheinen. Denken Sie an die Studenten aus Kapitel eins, die die Murmeln von oben nach unten sortieren mussten und pessimistisch wurden. Die Gruppe, die nach oben sortierte, bekam dagegen blendende Laune. Nach oben zu gestikulieren, hat den Nebeneffekt, dass auch Ihre eigene Stimmung steigt.

Schlaues Lausen: Soziales *Grooming*
Nach den entscheidenden ersten zwei oder drei Minuten wird sich bestenfalls ein lockeres Gespräch entwickeln, denn Sie sollen natürlich auch keinen stundenlangen Monolog halten. Lockerer Small Talk ist jetzt völlig ausreichend, Imponiergehabe nicht notwendig. Small Talk ist für Menschen das, was bei Affen *Grooming* genannt wird: das Lausen. Heutzutage haben wir natürlich nicht mehr die Möglichkeit, gegenseitig an uns herumzulausen, also reden wir. Und zwar zu 80 Prozent der Zeit über vollkommen unwichtige Dinge. Und dabei geht es uns gut. Das gilt nicht nur beim Flirten, sondern in fast allen formlosen sozialen Situationen mit Menschen jeden Alters und Geschlechts. Auf Partys, *Get Togethers,* an der Bar, mit dem Sitznachbarn im Zug oder Flugzeug. Wir bekommen so die Bestätigung, vollwertiger Teil der Gesellschaft zu sein.

Falls Sie einmal nicht wissen, worüber Sie reden sollen, merken Sie sich das Nonsens-Wort NO-BUFF (übersetzt heißt das so viel wie »keine Politur«). Das steht für **N**ame (Wie heißt er oder sie?), **O**rt (Wo kommt er oder sie her?), **B**eruf (Was macht er oder sie?), **U**rlaub (Wo verbringt er oder sie am liebsten freie Zeit?), **F**amilie (Was ist der Background der Person?), **F**reizeit (Was hat sie für Hobbys?). Aber bitte auch kein einseitiges Verhör starten. Erst von sich erzählen, dann fragen.

Die Blitztrance
Ich trage meine ungewöhnliche Halbmond-Frisur nicht ohne Grund: Immer, wenn etwas Ungewöhnliches unseren Blick fesselt, fokussiert sich unsere Aufmerksamkeit auf diesen Punkt. Sobald die Menschen meine Frisur wahrnehmen, sind sie schon in Trance, in einem Zustand höchster fokussierter Aufmerksamkeit. Verändern Sie ein Detail an Ihrem Äußeren, das hervorsticht. Ein phantastischer Ohrring. Ein Button. Ein asymmetrisches Kleidungsstück. Ein Schmuckstück. Immer wenn Sie bemerken, dass die Aufmerksamkeit eines anderen Menschen gerade auf diese Besonderheit gebündelt ist – doch Achtung, manchmal geschieht das nur für einen Sekundenbruchteil –, suchen Sie den Blick Ihres Gegenübers und lächeln Sie! Seien Sie ganz Ihr offenes, liebenswürdiges Selbst. In diesem kurzen Moment haben Sie Zugang zum Unterbewusstsein Ihres Gegenübers, das Sie automatisch als sympathisch abspeichert. Und natürlich sorgt ein solches Detail auch für Gesprächsstoff – erzählen Sie die Geschichte, wo Sie dieses besondere Armband aufgestöbert haben, woher Ihr verrückter Button stammt oder wie Sie auf Ihre ungewöhnliche Frisur gekommen sind.

Die magische Visitenkarte
Auch die magische Visitenkarte sorgt für Gesprächsstoff. Freud sagte, das Glück bestehe darin, einen Kindheitstraum zu verwirklichen. Kinder sagen oft: »Wenn ich groß bin, mache ich dies und das.« Diese Pläne bleiben im Unbewussten registriert und verfolgen uns das ganze Leben. Deshalb lassen Sie sich Visitenkarten drucken, auf denen Ihr Name steht und ein imaginärer Beruf, der Ihr kindliches Ideal beschreibt. Zum Beispiel »Marlene Segal – Professorin für Unsichtbarkeit« oder »Kurt Schimanski – Meister für das Fallen nach oben« oder »Minka Schmitter – Seifenblasendesignerin« und so weiter. Auf meiner Visitenkarte steht übrigens »Wundermacher«. Diese Visitenkarten wirken in der Tat Wunder. (»Mein Kindheitstraum« ist ein psychomagischer Akt meines Lehrers im Geiste, Alejandro Jodorowsky.)

Die gleiche Wellenlänge einstellen
Wollen Sie bei Ihrem Flirt oder jedem anderen Menschen, mit dem Sie sich unterhalten, sofort einen Stein im Brett haben, äußern Sie in Ihrer Unterhaltung einfach an passender Stelle: »Verrückt, ich habe genau das Gleiche gedacht.« Am besten natürlich, wenn das der Wahrheit entspricht. Das ist eine wunderbare Bestätigung für Ihr Gegenüber: Da ist einer, der denkt wie ich. Ein Seelenverwandter. Psychologisch gesehen handelt es sich um ein weiteres Priming, das den anderen auf unsere Wellenlänge einstellt.

Die Spiegelneuronen kitzeln
Zustimmung lässt sich noch subtiler einsetzen. Man hat mal wieder ein Experiment mit Studenten gemacht. Offiziell ging es angeblich um das Testen einer neuen Lautsprechertechnik, die auf Bewegung reagiert. Dazu setzte man den

Studenten Lautsprecher auf, über die Nachrichten vorgelesen wurden. Die Mitglieder der einen Gruppe sollten immer mit dem Kopf nicken, wenn sie eine Veränderung in der Tonqualität registrierten. Angeblich, um den Bewegungsdetektor zu aktivieren. Die andere Gruppe sollte zum gleichen Zweck den Kopf schütteln.

Der eigentliche Test war aber die spätere Bewertung der Nachrichten, die vorgelesen worden waren. Die Gruppe, die den Kopf geschüttelt hatte, bewertete die Nachrichten negativ, die Kopfnicker hatten eine eher positive Einstellung gegenüber dem Gehörten.

Das kann man nutzen! Wenn Sie nicken, führt das über die Spiegelneuronen dazu, dass Ihr Gegenüber auch nickt – und damit das, was Sie während des Nickens sagen, tendenziell positiv bewertet. Probieren Sie es aus.

Der Rapport-Test
Sie können auch einen kleinen Test einbauen, um bei einem Flirt herauszufinden, ob Sie gut ankommen. Erwähnen Sie zum Beispiel, dass Ihre Lieblingsfarbe Rot ist (oder Blau oder Grün oder was auch immer). Wenn er oder sie Ihnen imponieren will, kann es gut sein, dass er oder sie beim nächsten Treffen etwas in Ihrer Lieblingsfarbe trägt oder als Geschenk dabeihat. Das kann natürlich auch Zufall sein, aber die große Chance besteht, dass es keiner ist.

Der Name als Sympathieanker
Ein hervorragendes Mittel, um Wohlwollen zu wecken, ist die Verwendung des Namens Ihres Gegenübers. In guten Hotels merkt sich das Personal den Namen des Gastes und verwendet ihn immer wieder. Dadurch fühlt man sich zu Hause und aufgenommen. Sofort ist Nähe da, denn wenn

man sein Gegenüber mit Namen anspricht, signalisiert man: Ich respektiere dich, du bist wertvoll, ich nehme dich ernst, und du gehörst dazu. Dieses Prinzip lässt sich auch sehr gut im Flirt und in anderen kommunikativen Situationen anwenden.

Das weibliche und das männliche Prinzip

Wenn Sie bewusst Sympathie herstellen wollen oder ganz einfach möchten, dass man Sie ernst nimmt, sollten Sie sich klarmachen, dass Männer und Frauen in Sachen Kommunikation unterschiedlich ticken.

In Untersuchungen hat man zum Beispiel herausgefunden, dass Frauen, die einen Vortrag halten, instinktiv versuchen, den Blickkontakt in der Gruppe wandern zu lassen. Wenn die Referentin den Vortrag nur vor Frauen hält, ist das auch in Ordnung. Sind aber Männer anwesend, hat das zur Folge, dass diese die Referentin nicht als kompetente Führungsperson wahrnehmen. In den Augen der männlichen Anwesenden begibt sich die Referentin durch ihr Blickverhalten nämlich auf die Ebene der Zuhörer. Diese männliche Reaktion erfolgt unbewusst. Sie hat nichts mit Machogehabe zu tun, sondern ist vermutlich genetisch bedingt: Männer sind nun einmal hierarchischer orientiert als Frauen, das zeigt sich schon im Spiel ganz kleiner Kinder, was wiederum die Anthropologin Helen Fisher beobachtet hat.

Ein Mann, der einen Vortrag hält, würde sich instinktiv eine Person herauspicken und ihn oder sie während des Vortrags fixieren. Dadurch steigt der Rang der angeschauten Person in den Augen anwesender Männer ebenfalls.

Da in meinem Publikum immer Männer *und* Frauen sitzen, wähle ich auf der Bühne einen anderen Weg: Wenn ich die Show eröffne, schaue ich niemanden an. Ich scheine zwar jemanden zu fixieren, tatsächlich blicke ich mit festem Blick ins Leere. Das zieht enorm die Aufmerksamkeit auf mich. Allein durch diesen Blick bekomme ich Dominanz, sämtliches Geflüster und Geraschel verstummt. Außerdem führt es dazu, dass ich nicht abgelenkt werde und fokussiert bleibe auf das, was ich zu sagen habe. Mental und körperlich.

Doch noch einmal zurück zu unserem Flirt. Da Sie sich ja gerade erst kennengelernt haben und noch nichts über den anderen wissen, ist auch hier das Geschlecht ein guter Orientierungspunkt. Bitte verstehen Sie mich nicht falsch. Es ist wichtig und richtig, dass Frauen und Männer heute gleichberechtigt sind. Aber manchmal übersehen wir dabei, dass wir uns dennoch voneinander unterscheiden. Die weibliche Natur ist eine andere als die des Mannes. Wenn wir ein Unisex-Leben führen sollen, das unserem Wesen nicht entspricht, führt das oft zu Verwirrung.

Der Anthropologe Joseph Campbell hat einmal gesagt, dass uns das Wissen, dass die Frau das göttliche Wesen ist, leider verloren gegangen ist. In frühen Kulturen wurden die Frauen verehrt. Bei Naturvölkern ist das noch heute so. Eine Frau kann gebären. Sie kann Leben schenken. Den Menschen in ursprünglichen Gemeinschaften war bewusst, dass sie dadurch verletzlicher wird. Das vergessen wir in unserer männlich dominierten Welt oft, es ist aber auch in unserer Gesellschaft noch so. Diese Verletzlichkeit ist evolutionär bedingt: Wenn eine Frau sich auf den falschen Mann einlässt, der sie befruchtet und dann das Weite sucht, steht sie mit einem Kind allein da. Darum brauchen Frauen zuallererst ein Gefühl der Sicherheit, wenn sie einem Mann zum ersten Mal begegnen. Eine Frau muss auf emotionaler, mentaler und physischer Ebene spüren: Dieser Mann da wird mir nichts tun. Darum bevorzugen Frauen eine langsame, nicht zu forsche Annäherung mit guten und inhaltsvollen Gesprächen. Laut viel zitierter Statistiken gebraucht eine Frau mindestens 20 000 Wörter am Tag. Das ist natürlich nur ein Richtwert. Konkret bedeutet das: Nach der eben erwähnten Vorstellungsrunde sollte ein Mann vor allem auch zuhören können. Ausreden lassen. Fragen stellen.

Genauso wichtig ist es, mit dem Körper die richtigen Signale zu senden. Nichtsexuelle Berührungen bauen bei einer Frau Vertrauen auf. Dazu gehört das beiläufige Berühren der Hände, der Schulter, des Rückens oder auch Umarmungen. Das vermittelt ihr, als Mensch und nicht nur als Sexualobjekt wahrgenommen zu werden. Verbale, nichterotische Zugeständnisse der Zuneigung und Gemeinsamkeit erfüllen einen ähnlichen Zweck: »Mit dir verbringe ich gern Zeit.« Oder: »In deiner Gegenwart fühle ich mich einfach wohl.« Solche Sätze sind Balsam in den Ohren von Frauen.

Und es klingt nach Klischee, aber es ist meiner Erfahrung nach wahr: Die meisten Frauen sehnen sich nach Romantik. Kürzlich erzählte mir zum Beispiel eine TV-Redakteurin bei einem Dreh, ihr Leben sei gerade »völlig im Arsch«. Ich hatte den Eindruck, dass sie ein romantischer Mensch war, sich aber diese Seite der Persönlichkeit nicht erlaubte. Also fragte ich, ob es genug Romantik in ihrem Leben gebe. Das klingt möglicherweise abgedroschen, aber ich hatte das intuitive Gefühl, dass genau das ihr Problem war. Ich schlug ihr vor, das Leben mehr zu zelebrieren. Jeden Tag zu genießen. Und sie sagte: »Jan, du hast recht. Das kommt vollkommen zu kurz.«

Sollten Sie als Mann eine Frau beeindrucken wollen, organisieren Sie als zweites oder drittes Date ein romantisches Dinner bei Kerzenschein. Oder eine Unternehmung mit einem Hauch Abenteuer, vielleicht einem Picknick im Wald. Dann haben Sie irgendwann später hoffentlich romantischen, langsamen Sex in schöner Umgebung.

Kommen wir zu den Männern. Ich gebe es ungern zu, aber ein Mann ist da etwas einfacher gestrickt. Der freut sich, wenn man seine Leistungen anerkennt. Außerdem ist er glücklich, wenn er sexuelle Bestätigung und Befriedigung erfährt. Das war es dann auch schon. Im Herzen ist er immer noch der Jäger, der seine Sippe am Leben erhalten will. Und der freut sich nun mal über Lob fürs erlegte Mammut. Liebe Frauen, wenn Sie einem Mann begegnen, der total down ist, wird es ihn aufbauen, wenn Sie ihm erzählen, was er schon alles geleistet hat. Falls Sie sich gerade erst kennenlernen, dürfen Sie gern Komplimente für körperliche Attribute machen. »Was für starke Arme du hast« bestätigt ihn in seiner Männlichkeit. Und fragen Sie, was ihm so richtig gut gelungen ist, und bewundern Sie ihn möglichst dafür.

Ich gebe es zu: Natürlich handelt es sich um Verallgemeinerungen, und die treffen nie auf alle Menschen zu. Das macht aber nichts. Sie funktionieren trotzdem. Wenn ich jemanden auf die Bühne hole, weiß ich ja auch zunächst nichts über mein Gegenüber. Also taste ich mich mit meinen vagen Vorannahmen vorwärts.

Das Interessante bei diesen Rastern ist, dass sie uns einen Plan geben. Wir haben eine Stütze im Kopf, wie wir uns bei der Annäherung an eine noch fremde Person verhalten können. Etwas zu tun zu haben, gibt uns Sicherheit. Und die strahlen wir aus. Das macht uns attraktiv.

Natürlich nicht nur beim Flirten.

Die meisten dieser kleinen Kniffe machen jede kommunikative Situation erfolgreicher. Komplimente, Zustimmung, Bestätigung, Körpersprache, all das ist im zwischenmenschlichen Bereich viel wichtiger als Faktenwissen. Wir sind emotionale Wesen.

Die folgende Visualisierung können Sie beim zweiten oder dritten Treffen mit Ihrer neuen Liebe anwenden. Auch wenn Sie schon lange mit Ihrem Partner zusammen sind, fachen die Suggestionen die Leidenschaft wieder an. Sie müssen nicht Wort für Wort das Skript auswendig lernen. Lesen Sie es einige Male, bis Sie es verinnerlicht haben, das Prinzip ist einfach. Dann verwenden Sie Ihre eigenen Worte:

DIE EROTISCHE ROSE (Skript Nummer 6)

Schließ die Augen. Ich möchte, dass du dich auf das schönste Gefühl konzentrierst, das du jemals in deinem Körper gespürt hast. Du musst mir nicht sagen, was es ist. Aber konzentrier dich voll und ganz darauf. Spür, wie dieses Gefühl immer stärker und stärker wird. Konzentriere dich auf die Stelle deines Körpers, an der dieses Gefühl zu spüren ist. Welche Temperatur hat es? Wie bewegt sich dieses Gefühl durch deinen Körper? Wenn du es voll und ganz spüren kannst, nicke mit dem Kopf.

(Das Nicken abwarten.)

Sehr gut. Und jetzt, während du dieses Gefühl spürst, welche Farbe würdest du diesem Gefühl geben?

(Antwort abwarten und genannte Farbe verwenden.)

Sieh diese Farbe jetzt und beobachte, wie sie sich in deinem ganzen Körper bewegt, in deinem ganzen Körper verteilt. Mach die Farbe heller und stärker. Du spürst, wie gleichzeitig dein Gefühl immer stärker und stärker wird. Wenn du die Farbe spürst, dann nick mit dem Kopf.

Und jetzt stell dir vor, ich halte eine (passende Farbe, zum Beispiel Gelb) *gelbe Rose in meinen Händen. Die Rose ist voll und ganz mit deinem Gefühl erfüllt. Jede Stelle deines Körpers, die ich mit dieser Rose berühre, erfüllt sich sofort bei jeder Berührung mit diesem Gefühl wie eine kleine lustvolle Gänsehaut-Explosion. Ich werde dich jetzt mit der Rose berühren.*

(Beginnen Sie an einer Schulter, dann bewegen Sie sich über den ganzen Körper mit kleinen Tupfern und hauchzarten Streichungen, zum Schluss im Gesicht. Wenn Sie eine heftige erotische Reaktion auslösen wollen, dann berühren Sie leicht die Lippen Ihres Gegenübers und nähern Sie sich auf wenige Zentimeter den erogenen Zonen. Leichte und langsame Berührungen steigern das Empfinden.)

Und jetzt möchte ich, dass du spürst, wie es sich anfühlt, wenn ich die Rose tief in dich hineingebe. Atme tief ein, und beim nächsten Einatmen führe ich die Rose tief in dich ein.

(Dies ist eine starke sexuelle Assoziation. Legen Sie die Hand leicht auf den Bauch Ihres Partners.)

Und diese Energie wird immer stärker unter meiner Hand.

(Leichte Massage über den ganzen Körper.)

Mit jeder meiner Berührungen spürst du dieses wunderbare Gefühl in deinem ganzen Körper. Diese kleinen Explosionen der Lust ...

(Hierbei handelt es sich um das Verankern mit einer Supersuggestion, die alle Berührungen einschließt.)

Paare, die schon länger zusammen sind, profitieren besonders von der folgenden Suggestion. Man kann sie sich entspannt vor dem Einschlafen gegenseitig vorlesen, am besten täglich. Sie können sie auch gemeinsam niederschreiben – denken Sie daran, was das Verschriftlichen bewirkt. Anschließend können Sie den Text neben ein gemeinsames

Foto übers Bett hängen und immer mal wieder lesen. Falls Sie hin und wieder an Lustlosigkeit leiden, können Sie den Text auch allein lesen, mit dem Gedanken an Ihren Partner. Das wird Ihr Unterbewusstsein auf Lust programmieren, und Sie kommen schneller in Stimmung.

In jedem Fall ist Sex eine Form von Trance. Wir sind dabei absolut auf eine Sache konzentriert. Es heißt, Liebespartner hypnotisieren sich beim Miteinanderschlafen. Durch einen Blick, durch Worte, durch Berührungen.

DEINE GROSSE LIEBE (Skript Nummer 7)
Ich bin deine wahre, große unendliche Liebe, und wir werden den unglaublichsten Sex unseres Lebens gemeinsam immer und immer wieder genießen. Je mehr wir miteinander schlafen, umso größer wird das Verlangen, uns zu lieben, uns zu genießen.

Wir erleben neue Dimensionen der Zärtlichkeit, der Ekstase und des Verlangens. Größer, als wir es jemals erlebt haben. Intensiver, als wir es je erhofft haben. Tiefer, als wir es je erträumen könnten. Eine Explosion der Lust, der Schönheit und Erfüllung.

Jede Berührung von mir und jedes Streicheln meiner Hand macht deinen Körper sensibler und einfühlsamer und steigert in dir das Gefühl der Freude und der Lust.

Während wir Sex haben, erfüllt sich dein Geist mit Genuss und Liebe, mit dem Gefühl, alles aufzusaugen und absolute Erfüllung zu erfahren und Leidenschaft zu geben.

Mit jedem Moment steigert sich unser Verlangen zueinander, wird größer und größer, wird stärker und intensiver. Unsere Haut, unser Geist, jeder Muskel, jede Sehne, jeder Nerv in unse-

ren Körpern erfüllt sich mit Lust, Leidenschaft, Freude und Wohlgefühl. Unsere Körper verschmelzen zur Einheit der Lust.

Unser Moment des Liebemachens ist unendlich. Selbst wenn wir tausend Jahre leben würden, können wir jedes Mal diese Freude, diese Ekstase und unendliche Lust unserer Liebe erfahren. Dieser goldene Moment ist einzigartig. Und wird mit jedem Mal schöner und kraftvoller.

12. Kapitel

Keine Hexerei: Wie Horoskope, Wahrsagerei und Tarot »funktionieren« und wie Symbole uns in unser Innerstes und in frühere Leben führen können

Haben Sie schon einmal Bekanntschaft mit einem echten menschlichen Glücksbringer gemacht? Jemandem, der aus dem Nichts auftaucht und eine brenzlige Situation nonchalant vor der Katastrophe rettet? Ich habe das an einem sehr besonderen Tag erlebt. Ich war auf dem Berliner Standesamt und hatte vor zu tun, was man auf diesem Amt eben tut: Ich wollte meine Freundin heiraten. Doch plötzlich, kurz bevor die bürokratische »Zeremonie« beginnen sollte, räusperte sich die Standesbeamtin. Dann sagte sie: »Herr Becker, ich sehe hier gerade, Sie haben Ihren Hauptwohnsitz ja noch in Saarbrücken.« Ich stutzte. Saarbrücken? Bei meinen Eltern? Das musste ein Missverständnis sein. Perplex antwortete ich: »Nein, wieso? Ich wohne seit Jahren in Berlin.« Die Standesbeamtin zuckte mit den Schultern und meinte: »Es tut mir sehr leid, aber Sie sind hier nicht mit erstem Wohnsitz gemeldet. Dann kann ich Sie leider nicht trauen.« Mir wurde heiß. Meine Leider-noch-nicht-Frau schaute mich mit großen Augen an, unsere Eltern sahen geschockt aus. Meine waren extra aus dem Saarland angereist. Zu diesem Zeitpunkt wohnte ich schon seit 20 Jahren nicht mehr dort. Ich hatte mich auch bei jedem Wohnortwechsel ordentlich angemeldet. Das dachte ich jedenfalls. Allerdings hatte ich es wohl versäumt, mich in Saarbrücken abzumelden. Daran hatte ich einfach nicht gedacht. Ich hatte vorausgesetzt, das passiert automatisch. Bevor ich aber völlig im Boden versinken konnte, sagte die Standesbeamtin: »Laufen Sie mal schnell zum Meldeamt rüber. Vielleicht schaffen Sie es ja rechtzeitig, die Sache zu regeln.« Mit Herzklopfen rannte ich los. Die Zeit raste, in einer halben Stunde war schon das nächste Paar mit seiner Trauung dran. Das Einwohnermeldeamt befand sich zum Glück im gleichen Gebäude. Doch dort angekommen, rutschte mir das Herz in die Hose. Vor mir waren gut 150 Leute an der Reihe. 150. Doch bevor ich noch verzweifeln konnte, ging die Tür auf. Eine ältere Dame kam heraus und drückte mir eine Nummer in die Hand: »Hier, junger Mann, ich habe vorhin aus Versehen zwei Nümmerchen gezogen. Nehmen Sie die, Sie sehen aus, als könnten Sie eine gebrauchen.« Damit entschwand sie wie ein Flaschengeist, der einen Wunsch erfüllt hat.

Ich wurde sofort aufgerufen. Der absolute Glücksfall. Sonst wäre es mit unserer Hochzeit an diesem Tag nichts geworden. Damals beschloss ich: Das will ich auch, dieses Glück möchte ich weitergeben. Seitdem ziehe ich auf dem Amt immer zwei Nummern. Die zweite Nummer gebe ich beim Rausgehen jemandem, der jetzt erst kommt. Damit löse ich in dieser Person ein wunderbares Glücksgefühl aus. Und das steckt an. Probieren Sie es einmal aus, Sie werden verblüfft sein, wie gut es sich anfühlt, zum Glücksbringer zu werden.

Doch ich will noch auf etwas anderes hinaus: Stellen wir uns also vor, ich hätte gerade eine Person auf diese Weise glücklich gemacht. Nehmen wir weiter an, diese Person glaubte an die Macht der Sterne und hätte am Morgen das Horoskop in der Tageszeitung gelesen. Vielleicht stand dort:

»Heute ist Ihr Glückstag.« In diesem Fall hätte die Person diese »Vorhersage« sicher mit meinem überraschenden Auftauchen verknüpft. Hätte dort dagegen gestanden: »Ihnen begegnen heute einige Schwierigkeiten«, wäre die Sache mit der Nummer aus dem Raster herausgefallen. Trotzdem hätte die Person die prophezeiten Schwierigkeiten im Laufe des Tages garantiert noch woanders gefunden. Wer suchet, der findet.

Wie Horoskope wahr werden: Cold Reading

Nun gibt es vermutlich relativ wenige, die tatsächlich an die Horoskope in der Tageszeitung glauben. Andererseits gibt es durchaus jede Menge Menschen, die sich von professionellen Astrologen Horoskope erstellen lassen oder sich Tarotkarten legen lassen. Anschließend glauben sie felsenfest an die Vorhersagen, die sie bekommen haben. Nicht nur, weil sie in der Regel Geld dafür bezahlt haben – das alte Prinzip: Ich bringe Opfer, dafür erwarte ich auch etwas zu bekommen. Vor allem erleben sie am eigenen Leib, dass sie sich bewahrheiten.

Ich gebe zu, ich bin selbst für solche Dinge anfällig. Und das, obwohl ich die zugrunde liegenden psychologischen Mechanismen tagtäglich auch von der anderen, analysierenden Seite betrachte. Mein chinesisches Sternzeichen ist zum Beispiel Hase. 2011 war darum mein Jahr, und zu Beginn des Jahres habe ich gelesen: Du musst die Farbe Rot tragen, das bringt dir Glück. Daran habe ich mich gehalten. Ich hatte immer etwas Rotes an mir, und wenn es nur ein Taschentuch war. Das hat mir das sichere Gefühl gegeben, dass dieses Jahr glücklich verläuft, und das rote Detail hat mich daran erinnert. Und tatsächlich wurde es für mich ein sehr erfolgreiches und glückliches Jahr. Ich hatte viele tolle Shows, mein erstes Buch kam heraus, aber am wunderbarsten war natürlich die Geburt meines Sohnes.

Was Wahrsager, Astrologen oder Tarotkartenleger sagen, wirkt wie eine Suggestion, die das Unterbewusstsein programmiert.

Es kann durchaus sein, dass diese Leute die Astrologie von der Pike auf gelernt haben und von ihrer Tätigkeit überzeugt sind. Nicht alle Astrologen und Wahrsager sind hinterhältige Betrüger, die ihren Kunden das Geld aus der Tasche ziehen wollen. Der Trick bei der Sache liegt auch gar nicht aufseiten der »Propheten«. Nein, ihre Kunden machen die Vorhersagen selber wahr.

Der Mensch stellt zum Beispiel automatisch Verknüpfungen zwischen parallel stattfindenden Ereignissen her, auch wenn diese nichts miteinander zu tun haben. Ein positives Horoskop wird mit positiven Ereignissen verknüpft, ein negatives mit negativen. Aber dieses psychologische Phänomen ist durchaus nicht nur auf die Welt der Esoterik beschränkt.

Vielleicht erinnern Sie sich noch an den Tag, als Saddam Hussein gefangen genommen wurde. An diesem Tag schnellten die Börsenwerte in der westlichen Welt plötzlich in die Höhe. Daraufhin hat man die Gefangennahme des Diktators in der Presse als Grund für den Kursanstieg angesehen. Investoren, so nahm man an, hätten nun wieder mehr Vertrauen. Doch nach nur ein paar Stunden fielen die Werte wieder. Da hieß es dann sofort in den internationalen Headlines, dass man nicht einschätzen könne, ob es noch einmal zu Krieg komme.

Dabei hatte die Gefangennahme Saddam Husseins gar keinen Einfluss auf die Börse. Börsenbewegungen beruhen auf Beobachtungen von Unternehmensaktivitäten. Natürlich kann eine politische Entwicklung Investoren abhalten oder ermutigen, ihr Geld in ein bestimmtes Land oder in bestimmte Wirtschaftszweige zu stecken. Aber die Auswirkung auf die Böse erfolgt zeitversetzt – an diesem bewussten Tag konnte das politische Ereignis noch gar keinen Effekt gehabt haben, schon gar nicht innerhalb von wenigen Stunden.

Es gibt ein sehr interessantes Experiment aus den Vierzigerjahren, das eindrucksvoll zeigt, dass wir Zusammenhänge illusionieren, die nicht existieren. Ein Psychologe hatte damals einen Trickfilm erstellt, in dem ein Quadrat ein anderes berührt.

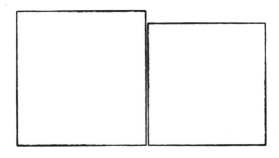

Betrachter gaben daraufhin an, dass das eine Quadrat das andere anschiebt. Tatsächlich schubste natürlich kein Quadrat das andere: Beide Figuren waren nur aufgemalt.

In einer zweiten Animation hat man ein großes Viereck mit einer kleinen Öffnung aufgezeichnet. Daneben ein kleines Dreieck, ein großes Dreieck und einen kleinen Kreis.

Im nächsten Bild befand sich das große Dreieck näher am kleinen Kreis. Und im dritten Bild sah man das kleine Dreieck zwischen dem großen Dreieck und dem Kreis. Im letzten Bild befand sich der kleine Kreis im großen Viereck, das kleine Dreieck in der Öffnung des Vierecks und das große Dreieck direkt vor der Öffnung außerhalb.

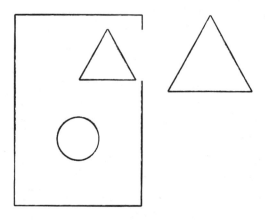

Aus diesen eigentlich völlig abstrakten Formen machten Betrachter eine Geschichte, eine komplexe Verknüpfung von Ursache und Wirkung: Das kleine Dreieck wurde zu einer Mutter, der kleine Kreis zu ihrem Kind. Das große Dreieck war plötzlich ein gewalttätiger Mann, vor dem die Mutter ihr Kind beschützen wollte. Die Betrachter hatten weiterhin nur geometrische Formen vor sich. Trotzdem wurden Gründe illusioniert, warum diese Formen im einen Bild anders zueinander standen als im nächsten.

So, wie die abstrakten Formen von uns mit einer Geschichte verbunden werden, verbinden wir Horoskope oder andere Prophezeiungen mit unserem Leben.

Unsere innere Bilderwelt

Menschen, die Horoskope erstellen oder Tarotkarten legen, arbeiten darum mit allgemein gehaltenen Suggestionen. Sie nennen keine konkreten Orte, keine konkreten Zeitpunkte, keine Namen. Sie bleiben bewusst vage. Dadurch kann das, was sie sagen, im Grunde auf jeden Menschen zutreffen.

Diese Technik nennt sich Cold Reading, weil sie auch »kalt« funktioniert, ohne den anderen in Person zu treffen und einschätzen zu können. Also etwa am Telefon. Typische Cold-Reading-Aussagen sind zum Beispiel: »Ich habe den Eindruck, du bist immer etwas zu kritisch mit dir selbst.« Oder: »Ich denke, du hast einen Traum, den du dir noch nicht erfüllt hast.« Oder: »Du hast ein verstecktes Talent. Etwas, das nur du kennst und vor der Welt verbirgst.« Das Gegenüber wird auf die Suche gehen und in seinem Leben eine Bestätigung dafür finden. Das ist eine Form des Primings, das die Glaubwürdigkeit des Wahrsagers festigt. Alles, was der Wahrsager danach verlauten lässt, wird nun als wahrer wahrgenommen, als es ohne diese Bestätigung der Fall wäre.

Eine weitere verbreitete Vorgehensweise ist es, viel Positives zu erzählen, aber dabei auch einige negative Dinge zu erwähnen. Das macht die Vorhersage glaubwürdiger. Der Prophet ist von dem Verdacht befreit, dem Gegenüber nur Honig um den Bart schmieren zu wollen.

Zusätzlich horchen die Wahrsager darauf, was ihr Gegenüber von sich preisgibt, und greifen diese Informationen auf. Die meisten Wahrsager haben eine gute intuitive Menschenkenntnis. Sie erkennen sofort, ob sie es etwa mit einem Draufgänger, einem Narzissten oder einem schüchternen Mauerblümchen zu tun haben.

Ich kenne alle diese Techniken und Kniffe. Für ein Fernsehexperiment habe ich damit einmal innerhalb einer Woche eine junge Frau zu einer »Wahrsagerin« ausgebildet. Am Ende sollte sie gegen eine Frau antreten, die sich für eine Profiprophetin hielt.

Ich schulte zunächst die Intuition meiner Auszubildenden. Sie musste spontan fremde Menschen auf der Straße einschätzen. Anschließend wurde überprüft, ob sie mit ihrem Tipp richtig gelegen hatte. Ich brachte ihr das Cold Reading bei und schärfte ihr ein, niemals zu konkret zu werden. Sie sollte mit ihren Aussagen im Bereich des Symbolischen bleiben, Gedanken und Bilder in den Raum werfen, aus denen ihr Gegenüber sich eine Deutung stricken konnte. Bei alldem sollte sie aber vor allem auf ihr Gefühl vertrauen. Den Menschen zur Seite stehen, als seien es ihre Freunde. Dazu gehörte, keine Wege vorzugeben, sondern den anderen selbst die Lösung finden zu lassen. Wenn jemand also fragte: »Soll ich wirklich nach Argentinien auswandern?«, würde sie wie eine gute Psychologin fragen: »Was löst der Gedanke daran in dir aus? Was sollte passieren, damit sich die Sache gut anfühlt?« Das schubste die Phantasie der Fragenden an.

Meine Amateur-Wahrsagerin schlug mit dieser weichen und ganzheitlichen Herangehensweise den Profi haushoch. Sie schätzte die Hilfesuchenden richtig ein und brachte sie auf die richtigen Pfade. Und das, obwohl sie nie von sich behauptet hätte, in die Zukunft blicken zu können. Die angeblich echte Wahrsagerin griff hingegen mit auswendig gelernten Formulierungen oft daneben.

Das Experiment beweist: Wahrsagerei im Sinne eines Blickes in die Zukunft gibt es nicht. Aber wenn Wahrsage-Techniken von einer talentierten Person behutsam angewendet werden, können sie wie eine Therapie wirken. Sie können denjenigen, der eine Antwort auf seine Fragen sucht, sanft in die für ihn richtige Richtung lenken.

Das Bild einer Tarotkarte lässt zum Beispiel vielfältige Deutungen zu. Je nachdem, was das Bild im Betrachter zum Schwingen bringt, kommt dieser auf eine Fährte, die sich verfolgen lässt. Ein Skelett, das den Tod symbolisiert, löst in vielen Menschen erst einmal Angst aus. Aber wenn Sie ein wenig darüber nachdenken, fällt Ihnen plötzlich ein, welche Dinge in Ihrem Leben vielleicht schon längst tot im übertragenen Sinne sind. Beziehungen, die nur noch formal existieren. Ein Beruf, der keinen Spaß mehr macht. Auf diese Erkenntnis kann jeder wiederum verschieden reagieren. Einigen geht auf einmal auf, dass sie Schlussstriche ziehen müssen. Andere stellen plötzlich fest, dass sie bestimmte Bereiche wieder aktiv mit Leben füllen wollen.

Auch der berühmte Psychiater und Begründer der analytischen Psychologie, Carl Gustav Jung, ging davon aus, dass die Antwort auf alle Fragen in uns steckt. Wir müssen nur die richtigen Bilder und Assoziationen finden, die uns zur Lösung führen.

Das Problem bei der Wahrsagerei ist nun, dass es keine einheitliche und vertrauenswürdige Wahrsager-Ausbildung gibt. Jeder darf Tarotkarten legen, jeder in eine Kristallkugel schauen oder über Buchstabenkarten pendeln. Wir wissen nicht, ob wir an einen talentierten Menschenkenner geraten oder an einen Scharlatan, der unsere Ängste schürt und nur unser Geld will.

Darum rate ich zur Vorsicht, sich hier blind jemand Fremdem anzuvertrauen. Die Folgen können unvorhersehbar sein. Und: Es gibt noch einen anderen Weg. Werden Sie doch einfach Ihr eigener Wahrsager!

Beginnen Sie zum Beispiel mit folgender Übung, die Sie natürlich auch mit einem Freund oder einer Freundin ausprobieren können. Sie können sie draußen machen, aber müssen nicht unbedingt in die Natur hinaus, vielleicht regnet oder schneit es ja gerade. Es reicht, wenn Sie sich in entspanntem Zustand die Wolken vorstellen:

WOLKEN LESEN (Skript Nummer 8)
Du suchst eine Antwort auf eine Frage?
Geh an einem wolkigen Tag hinaus in die Natur.
Schließ die Augen und stell im Stillen deine Frage.
Nun öffne die Augen.
Die erste Wolke, die du siehst, trägt die Antwort auf deine Frage in sich.
Erkenn die Form.
Denk darüber nach, was sie dir sagt.

Vielleicht ist Ihre Frage: Ich komme im Beruf nicht weiter. Was soll ich tun? Und nun erkennen Sie in den Wolken ausgerechnet einen Hund. Sie fragen sich: Was hat das mit meinem Job zu tun? Doch dann fällt Ihnen ein, dass Hunde ihrem Herrchen hörig sind und Befehle ausführen. Sie stellen fest, dass dieses Bild genau Ihr Verhalten im Job umschreibt. Vielleicht müssen Sie einfach ein bisschen unabhängiger werden. Vielleicht brauchen Sie aber auch einen neuen Job. Ihr Gefühl wird es Ihnen sagen.

Wenn ich Menschen mit dieser kleinen Suggestion hypnotisiere, kommen dabei die verrücktesten Sachen heraus. »Tortenstück« zum Beispiel. Das Interessante ist, dass man nun beginnt, darüber nachzudenken: Bin ich ein Teil einer Torte? Ein Teil eines Ganzen? Habe ich ganz besondere Talente – eben süße Tortenstücke –, die ich bisher nicht zur

Geltung bringe? Was hat das zu bedeuten? Auf diese Weise gewinnen wir über Bilder Zugang zum Unterbewusstsein.

Symbole weisen uns den Weg

Metaphern und Symbole spielen noch in einem anderen Zustand eine entscheidende Rolle: im menschlichen Schlaf. Zum Schlaf gehört die REM-Phase, die Phase der Rapid Eye Movements, der schnellen Augenbewegungen. Diese ist verbunden mit vermehrter Hirnaktivität und ist die Zeitspanne, in der wir träumen. Man hat mittlerweile festgestellt, dass Föten im Mutterleib und Neugeborene fast die gesamte Zeit im REM-Schlaf verbringen. Wissenschaftler vermuten darum, dass bereits ein Baby über Bewusstsein und Unterbewusstsein verfügen muss, dass die Anlage dazu also genetisch ist. Seit Langem ist man der Ansicht, dass die REM-Phase zur unterbewussten Verarbeitung von Informationen aus dem Bewusstsein dient. In Träumen verarbeiten wir Dinge, die uns tagsüber begegnet sind und die uns beschäftigen. Das geschieht in Form von Bildern, denn sie sind die Sprache des Unterbewusstseins. Eine REM-Phase dauert zu Beginn des Nachtschlafs fünf bis zehn Minuten; je länger wir schlafen, umso länger werden auch die REM-Phasen. Insgesamt verbringt ein erwachsener Mensch ungefähr 104 Minuten pro Nacht im REM-Schlaf. Depressive Menschen haben allerdings außergewöhnlich lange REM-Phasen, vermutlich weil sie zu viel verarbeiten müssen. Das geht auf Kosten der anderen Schlafphasen, in denen sich der Körper regeneriert. Darum fühlen sich Depressive auch morgens oft wie zerschlagen.

Das Spannende ist: In der Hypnose tritt als Zeichen tiefer Trance ebenfalls ein REM-artiges Augenflackern auf. Das

Unterbewusstsein ist in diesem Zustand weit geöffnet und empfänglich. Darum wirkt Hypnose so tief und nachhaltig. Aber mit Bildern können wir auch im entspannten Wachzustand das Unterbewusstsein erreichen und beeinflussen. Diese Bilder bauen eine Brücke in Bereiche, die sonst unzugänglich wären.

Der Innere Bibliothekar

In meinem ersten Buch *Ich kenne dein Geheimnis* hatte ich bereits meinen Inneren Bibliothekar vorgestellt. Der lebt in jedem von uns als kleiner hilfreicher Bediensteter. Sozusagen Ihr persönlicher Hypnosetherapeut, den Sie immer dabeihaben und der nur für Sie zuständig ist. Dieser Bibliothekar ist ein Symbol für Ihr Unterbewusstsein. Er verwaltet es und kennt jede Information, die dort abgelegt ist. Er staubt die alten Bücher ab und hütet sie wie seinen Augapfel. Und er weiß auch, wo er die Antwort auf jede Frage findet, die Sie ihm stellen. Manchmal benötigt er dafür ein paar Minuten, manchmal arbeitet er auch die Nacht durch und präsentiert Ihnen am nächsten Morgen die Antwort. (Übrigens, Sie können sich natürlich auch eine Bibliothekarin vorstellen.)

Sie können den Bibliothekar alles fragen. Wenn Sie schnelle Antworten haben wollen, sollten Sie allerdings Ihre Frage so konkret wie möglich formulieren. Falls Sie zum Beispiel fragen: »Soll ich in diese neue Wohnung ziehen, die ich heute besichtigt habe?«, weiß er ganz genau, wo er nachschauen muss: in der Abteilung, in der abgelegt ist, was Sie alles benötigen, um sich dauerhaft wohlzufühlen. Zum Beispiel ausreichend Platz, Sonnenlicht, einen Garten und so weiter. Eine Frage wie »Soll ich meine Beziehung beenden?« ist schon kniffliger, aber auch darauf kann er in entspanntem Zustand zügig eine ehrliche Antwort finden. Je weitreichender die Frage, umso wichtiger die Entspannung. Denn nur in diesem Zustand geht nicht gleich die Alarmanlage los, auf der »Angst« steht und die unseren Helfer zwingt, die Bibliothek zu verlassen.

Falls Sie nicht so genau wissen, was in Ihrem Leben nicht stimmt, nur eben, dass etwas nicht stimmt, lautet Ihre Frage vielleicht: »Warum fühle ich mich so antriebslos?« Dann kann die Suche nach der Antwort etwas länger dauern. Der Bibliothekar muss möglicherweise erst einmal diverse Abteilungen durchforsten und Lösungsvorschläge machen.

Die Sache klappt nicht immer, wir müssen für die Antworten auch empfänglich sein. Aber wenn Sie sich auf dieses kleine Gedankenspiel einlassen, werden Sie feststellen, dass Sie immer häufiger plötzliche Erkenntnisse haben, die sich hundertprozentig richtig anfühlen. Ein Geheimnis ist, dass Sie Ihre Frage vollkommen loslassen und in die Hände des Bibliothekars legen. Sie hören auf zu grübeln. Stattdessen vertrauen Sie darauf, dass sich Ihnen die Antwort im richtigen Moment offenbaren wird. Das setzt jede Menge Energie frei und gibt Ihnen Zeit, sich mit anderen Dingen zu beschäftigen. Wichtigen und schönen.

Natürlich gibt es auch Fragen, für die Ihr Unterbewusstsein spontan keine Antworten liefern kann. Wenn Sie sich zum Beispiel ein neues Auto kaufen wollen und in Ihrer Inneren Bibliothek im Regal zum Thema »Autos & Technik« gähnende Leere herrscht, wird Ihr Bibliothekar überfragt sein. Dann müssen Sie erst einmal recherchieren, Informationen einholen, Abgaswerte, Benzinverbrauchstabellen, Steuersätze und Versicherungsstaffeln vergleichen. Allerdings wird Ihr Innerer Bibliothekar Ihnen trotzdem behilflich sein. Denn er wird Sie auf relevante Informationen hinweisen, interessante Zeitungsartikel, Bücher und Plakate präsentieren. Psychologen sprechen von selektiver Wahrnehmung, und die ist eine der vielen phänomenalen Leistungen Ihres Unterbewusstseins: Ihr Wahrnehmungsfokus richtet sich wie selbstverständlich auf all die Dinge, die mit Ihrem Thema zu tun haben. Auch wenn Ihnen das vorher nie aufgefallen ist, scheint sich in der Welt um Sie herum nun mit einem Mal alles um Autos zu drehen – zum Beispiel.

Wenn Sie möchten, können Sie für die Bibliothek Ihres Unterbewusstseins auch mehrere Personen »einstellen«, die für verschiedene Fragekategorien zuständig sind. Ich beschäftige neben dem Inneren Bibliothekar – der bei mir eher die einfachen Fragestellungen bearbeitet wie zum Beispiel »Soll ich nach Malta in Urlaub fahren oder lieber auf die Malediven?« – noch eine weise Frau. Sie ist für die Dinge zuständig, die weitreichendere Folgen haben können. Lebensentscheidungen, die zum Beispiel unsere Liebesbeziehungen betreffen oder auch unsere Berufswahl. Sie ist sehr gründlich, gewissenhaft und braucht darum in der Regel etwas länger als ihr Kollege, um eine Antwort zu präsentieren. Auf einer dritten Ebene arbeitet der allwissende Chef. Er möchte mit so einem Kleinkram nicht belangt werden. Er befasst sich nur mit den großen philosophischen Fragen: Was macht das Leben aus? Woraus besteht Liebe?

Während Ihre Bibliotheksangestellten immer mit dabei sind, können bei bestimmten Fragestellungen manchmal auch »Außenstehende« helfen. Zum Beispiel, bitte nicht erschrecken, der Teufel:

DEN TEUFEL TREFFEN (Skript Nummer 9)

Stell dir vor, du bist auf einem Rummelplatz.
Du gehst an einem Karussell vorbei und siehst auf der Rückseite eine geschlossene Tür.
Rechts und links des Türrahmens züngeln Flammen heraus.
Du bist neugierig und öffnest die Tür.
Die Flammen sind verschwunden, aber du siehst vor dir eine Treppe, die hinabführt.
Du steigst Stufe für Stufe hinunter.
Es ist sehr dunkel, aber warm.
Es wird heißer und heißer, je tiefer du steigst.
Plötzlich stehst du in einer Schatzkammer voller kostbarer Dinge.
Du darfst dir zwei Schätze aussuchen.
Du nimmst sie in die Hand.
Merk dir, welche Schätze du ausgewählt hast.
Nun drehst du dich um – und siehst den Teufel.
Verschwommen steht er vor dir mit seinem gehörnten Kopf, im weißen Anzug und mit roten Schuhen.
Du fragst: »Was willst du mir sagen?«
Der Teufel nennt dir nun eine Sache, die an dir positiv ist.
Und dann eine, die negativ ist.
Das Negative lässt du hier unten beim Teufel, denn das will er haben.
Dann steigst du wieder die Treppe hinauf mit deinen Schätzen.

Vielleicht hat der Teufel Ihnen gesagt: Du bist zu nervös. Oder: Du sagst nicht immer die Wahrheit. Dann können Sie nun darüber nachdenken, wie Sie Ihre Nervosität verringern könnten. Oder warum Sie ab und zu schwindeln. Auch die Geschenke haben eine Bedeutung. Wenn Sie einen Kelch gewählt haben, ist es vielleicht wichtig, darüber nachzudenken, womit Sie ihn füllen wollen. Eine funkelnde Kette könnte darauf hindeuten, dass Sie Ihr Leben zu langweilig finden und Sie mehr Spannung in es bringen müssen. Die Antwort liegt in Ihnen. Finden Sie sie. Falls Ihnen der Teufel zu düster ist, ist vielleicht das folgende Gedankenspiel das Richtige für Sie …

DEM SPIRITGUIDE BEGEGNEN (Skript Nummer 10)
Du bist in einem wunderschönen Park.
Vor dir siehst du einen kleinen Fluss.
Darüber führt eine Brücke.
Du gehst über die Brücke.
Auf der anderen Seite steht dein Spiritguide.
Ihm darfst du jede Frage stellen.
Was fragst du?
Wie lautet seine Antwort?

Der Spiritguide kann ein Mann sein oder eine Frau, ein Tier oder ein Fabelwesen, ein verstorbener Verwandter oder eine Berühmtheit. Seine Antwort kann ein Symbol sein. Vielleicht zeigt er auf etwas im Park. Vielleicht sagt er auch nur ein Wort. Vielleicht antwortet er mit einer Geste. Lassen Sie sich überraschen. Laden Sie ihn ein, Sie zu besuchen. In Ihren Tag- und Nachtträumen. Wenn Sie diese Suggestionen für sich selbst anwenden wollen, ist es ideal, dies kurz vor dem Einschlafen zu machen. Dann befinden wir uns schon in einem halb hypnotischen Zustand.

In Momenten, in denen Sie sich von Ihren Problemen erdrückt fühlen, bringt folgende Visualisierung Linderung:

DER LUFTBALLON (Skript Nummer 11)
Mache die Augen zu.
Denk an etwas, was du loswerden möchtest. Ein Problem, eine Angst.
Stell dir vor, du hast in deiner Hand einen Luftballon, der an einer kleinen Schnur hängt.
Pumpe diesen Luftballon auf – mit dem Problem.
Gib das ganze Problem in den Luftballon.
So lange, bis restlos alles im Luftballon drin ist.
Nun lässt du den Luftballon los.
Schau ihm zu, wie er gen Himmel schwebt.
Irgendwann ist er nur noch ein ganz kleiner Punkt.
Dann ist er verschwunden.
Der Luftballon fliegt hinaus ins Universum und platzt.
Dort kümmert sich das Universum um dein Problem.

Dadurch, dass Sie das Problem loslassen, können Sie sich entspannen. Und das ermöglicht in vielen Fällen eine intuitive Lösung.

In Liebesdingen können Sie dagegen himmlischen Beistand erfahren. Für die Liebe steht zum Beispiel der Engel Raphael:

DER ANRUF BEI DEN ENGELN (Skript Nummer 12)
Schließ die Augen.
Du nimmst ein großes goldenes Telefon und wählst die Nummer des Engels Raphael.
Nun stellst du deine Frage.
Zum Beispiel: »Lieber Raphael, ich möchte wissen, ob meine Verliebtheit ein Strohfeuer ist. Gib mir bitte einen Hinweis.«

Der erste Gedanke, der Ihnen kommt, ist die Lösung oder weist auf die Lösung hin. Das kann eine ganz abstrakte Idee sein. Das Wort »Apfel« zum Beispiel. Darüber können Sie nun sinnieren, und irgendwann werden Sie die Antwort wissen. Der Apfel kann auf den großen Garten mit Apfelbäumen hinweisen, der sich hinter dem Haus befand, in dem Sie aufgewachsen sind und in dem Sie sich besonders wohlgefühlt haben. Oder er ruft in Ihnen die Assoziation des Märchens *Schneewittchen* hervor, in dem die böse Stiefmutter die Stieftochter mit einem Apfel vergiften will. Oder Sie denken daran, dass Ihr Lieblingskuchen Apfelstrudel ist.

Auch wenn wir hier einen Engel bemühen, hat das nichts mit Esoterik zu tun, sondern wie auch in den anderen Fällen damit, dass Ihr Unterbewusstsein nur in Bildern spricht und durch solche kleinen Visualisierungen ein Sprachrohr bekommt. Es wird Ihnen die Antwort schenken. Vertrauen Sie darauf. Manchmal finden wir die Antwort allerdings auch in der eigenen Vergangenheit.

Auf einer Parkbank in frühere Leben

»Manchmal frage ich mich, ob meine heutige Angst vor Feuer mit einem früheren Leben zu tun hat.« Wenn jemand mir gegenüber eine Vermutung wie diese äußert, könnte ich als Reaktion darauf sagen: Du spinnst! Frühere Leben gibt es nicht!

Aber erstens kann ich das nicht mit Sicherheit wissen. Zweitens baue ich damit sofort eine Mauer auf und würge jeden konstruktiven Gedanken ab. Darum sage ich lieber: »Lass uns mal schauen.« Ich nehme das Gedankenmodell meines Gegenübers, spiele damit, und wir begeben uns dann gemeinsam auf die Suche nach spannenden Erkenntnissen. Denn spannend ist eine Rückführung immer.

Als ich einmal meine Frau rückgeführt habe, hat sie sich ganz deutlich als neunjährigen Jungen mit Schiebermütze in einer Oper hinter der Bühne gesehen. Dort war sie für irgendetwas zuständig, wie den Vorhang herunterzulassen oder Botendienste zu verrichten. Dieser Moment, in dem sie ihr anderes früheres Ich gesehen hat, war für sie ein großartiges Erlebnis.

Ich persönlich bin mir nicht sicher, ob ich an so etwas wie frühere Leben glauben soll. Sicher bin ich dagegen, dass im Universum keine Energie verloren geht. Das ist ein physikalisches Gesetz. Aufgrund dessen haben unsere Atome schon in anderen Verbindungen existiert. Vielleicht als Stein. Als Pflanze. Oder als Tier. Im Grunde ist es aber auch egal, ob man tatsächlich an frühere menschliche Leben glaubt oder ob man der Ansicht ist, dass bei Rückführungen unsere Vorstellungskraft am Werk ist. Eine Botschaft steckt auf jeden Fall darin.

Doch Rückführung ist nicht gleich Rückführung. Wenn man innerhalb einer Hypnosetherapie Rückführungen macht, arbeitet man normalerweise mit einer Timeline. Das heißt, man geht Schritt für Schritt, Jahr für Jahr im Leben des Hypnotisierten zurück, lässt ihn im Zeitraffer immer jünger werden. Irgendwann erreicht er die Schwelle der Geburt. Dann geht man darüber hinaus noch weiter zurück, um zu den früheren Leben zu gelangen. Das Problem bei der Anwendung der Timeline-Technik ist, dass der Hypnotisierte möglicherweise zu irgendeinem Zeitpunkt seines Lebens ein Trauma erlebt hat. An diesem Trauma muss man nun vorbei auf der »Reise« in die Vergangenheit. Dabei kann man dieses Trauma jedoch aktivieren. In der Hypnosetherapie ist das wünschenswert. Es liefert eine wertvolle Erkenntnis, auf die man nun unmittelbar reagieren kann.

Wenn man aber nur eine Wohlfühlhypnose mit neugierigen Freunden machen will, wie ich sie Ihnen im nächsten Kapitel beibringen werde, überfordert man sich hier schnell. Auch auf der Bühne, wo es ja um Unterhaltung und nicht um Therapie geht, ist es nicht gut, wenn ich Traumata anstoße. Schon allein weil ein persönliches Trauma ja nicht jeden im Publikum etwas angeht. Darum habe ich nach einer Methode der Rückführung gefahndet, die ohne die Timeline auskommt – und bin auf die Idee mit der Parkbank gestoßen.

Über das Erzählen einer kleinen Geschichte bringe ich mein Gegenüber dazu, eine Abkürzung direkt in ein früheres Leben zu nehmen. Dabei nutze ich die Tatsache, dass uns auch Geschichten in Hypnose versetzen können. Das kennen wir alle aus unserer Kindheit, wenn wir gebannt einem Märchen zugehört haben und vollkommen in die Phantasiewelt abgetaucht sind. Für die Rückführung verwende ich, in der Regel bereits unter Hypnose – was allerdings nicht zwingend erforderlich ist, weil sich durch die Visualisierung wie gesagt automatisch ein hypnotischer Zustand einstellt –, das folgende Skript:

DER WEG INS FRÜHERE LEBEN (Skript Nummer 13)
Schließ die Augen.
Du befindest dich auf einem hohen Gebäude.
Von dort siehst du einen verschlungenen Weg in einen Wald hinein.
Du nimmst eine Wendeltreppe hinunter.
Steigst immer tiefer.
Stockwerk für Stockwerk.
Bis du im Erdgeschoss bist.

Verlass das Gebäude, bis du zu dem Weg kommst.
Geh den Weg entlang.
Nach einer Weile stößt du auf eine Parkbank.
Setz dich dorthin.
Atme tief durch.
Lass alle Anspannung entweichen.
Nun geh weiter.
Du siehst ein Haus.
Die Tür ist offen.
Geh hinein.
Hier findest du zwei Gegenstände, ein Tier und ein Objekt.
Kannst du sie sehen? Was ist es?
Am Ende des Raumes siehst du nun eine Tür.
Geh hin und öffne sie.
Die Schwelle ist die zu deinem früheren Leben.
Tritt ein.

Dieses Skript muss ich vielleicht ein wenig erklären. Nehmen wir an, bei meinem Gegenüber handelt es sich um die Frau mit der Angst vor Feuer. Durch die Visualisierung des Gebäudes und des Weges gerät ihre Vorstellungskraft in Wallung. Die Parkbank symbolisiert dann einen Ruheort, an dem aller Stress sich auflöst und innerem Frieden weicht. Das vertieft die Entspannung. Nun lasse ich die Frau weitergehen auf ihrem Weg. Im Haus findet sie die beiden Gegenstände, das Tier und das Objekt. Ich frage: Kannst du diese beiden Dinge sehen? Diese Frage dient mir als Test. Wird sie bejaht und sie kann das Tier und das Objekt benennen – zum Beispiel eine Katze und einen Ball –, weiß ich, dass sie voll in der Visualisierung aufgeht und sich in einem hypnotischen Zustand befindet.

Nun lasse ich sie eine Tür visualisieren, die sie öffnet und durchschreitet. Hinein in das frühere Leben. Spannend ist nun, was dort passiert. Die Frau mit der Angst vor dem Feuer hat sich dort als Hexe gesehen, die auf einem Scheiterhaufen verbrannt wird. Seit dieser Vision ist ihre Phobie verflogen.

Auch wenn ich in diesem Fall mein Gegenüber in Hypnose versetze, funktioniert die Geschichte in jedem anderen entspannten Zustand. Sie können sie ganz allein für sich visualisieren oder einem Freund oder Ihrem Partner vorlesen ... Sie werden überrascht sein, was dabei herauskommt.

Und nun erkläre ich Ihnen, wie »echte« Hypnose funktioniert.

13. Kapitel

Schau mir in die Augen, Kleines: Die vollständige Hypnose-Anleitung

In diesem Kapitel bringe ich Ihnen Schritt für Schritt bei, wie Sie andere Menschen hypnotisieren. Ich selbst habe diese einfache Methode bei einem der besten Hypnotiseure unserer Zeit, Anthony Jacquin, zum ersten Mal erlebt. Sie ist wunderbar und passt in jede Situation. Sie werden sicher viele Prinzipien wiedererkennen, die Ihnen während der Lektüre dieses Buches bereits begegnet sind. Anschließend steht Ihrer ersten eigenen Hypnose nichts mehr im Weg. Trotzdem habe ich eine Bitte: Haben Sie Geduld mit sich.

Vielleicht haben Sie ja von meiner Massenhypnose in Berlin gelesen oder gehört, bei der ich im April 2012 auf dem Potsdamer Platz über 50 Freiwillige innerhalb von einer Minute in Trance versetzt habe. Ganz so schnell wird es am Anfang bei Ihnen nicht funktionieren. Denken Sie an die kleinen Schritte. Je mehr Erfahrung Sie sammeln, umso schneller und einfacher wird es klappen. Versprochen.

Wahrscheinlich werden Sie schon bald zum gleichen Schluss gelangen wie der bekannte britische Hypnotiseur Jonathan Chase. Der hat einmal gesagt: »Als Hypnotiseur wird mir immer wieder die Frage gestellt: ›Hypnose, ist das wirklich möglich?‹ Ich habe irgendwann aufgehört, darüber nachzudenken, denn eins ist Hypnose in jedem Fall: faszinierend. Und ich möchte mein Leben nur mit faszinierenden Dingen verbringen.«

Mittlerweile hat die Wissenschaft bestätigt, dass Hypnose nicht nur möglich, sondern vollkommen alltäglich ist. Die Faszination ist allerdings gleich geblieben. Für Chase, für mich und wohl für jeden anderen Hypnotiseur. Das Wort »Hypnose« ist ein ähnlich starkes Wort wie »Liebe«. Es trägt eine enorme suggestive Kraft in sich. Sobald ich nur erwähne: »Ich bin Hypnotiseur«, startet im Kopf des anderen ein Feuerwerk der Phantasie. Einer Phantasie, die sich ausmalt, was nun alles möglich ist.

Den Namen des Künstlers, der an jenem Abend aufgetreten ist, der ein solches Feuerwerk in meinen Kopf ausgelöst und damit mein Leben verändert hat, habe ich vergessen. Ich weiß nur, dass es sich um ein rätselhaftes Pseudonym wie »van Helsing« oder etwas in dieser Richtung handelte. An diesem Abend stellte ich fest, dass man mit einer Hypnoseshow Menschen richtig unterhalten und glücklich machen kann. Plötzlich wusste ich: Genau das wollte ich tun.

Leider musste ich im Laufe der Zeit feststellen, dass andere Hypnotiseure nicht immer die gleichen Motive verfolgen. Manche haben einen recht grobschlächtigen Humor: Ein amerikanischer Hypnotiseur machte eine bestimmte Nummer zum Höhepunkt seiner Show, bei der er einer Frau aus dem Publikum suggerierte: »Wenn ich dir gleich die Hand gebe, wirst du den schönsten Orgasmus deines Lebens haben. Einen Orgasmus, den du nie zuvor hattest und auch nie wieder erleben wirst.« Das funktionierte tatsächlich, sie schmolz dahin. Ich schüttelte nur den Kopf und dachte: Diese Frau wird sich in Zukunft jedes Mal, wenn sie mit ihrem Freund oder Mann schläft, fragen: Ist das so gut wie der Orgasmus damals? Ist da nicht noch mehr drin? So etwas kann Beziehungen zerstören. Nein, für mich war das nichts. Ich wollte lieber etwas Schönes mit der Hypnose tun. Ich wollte keine Lacher unter der Gürtellinie produzieren und andere Menschen vorführen. Aus meiner Sicht wird dabei eine Grenze überschritten.

Darum möchte ich, bevor ich zur eigentlichen Anleitung komme, ein paar Worte zu einem sehr wichtigen Thema loswerden. Sozusagen der Beipackzettel:

Ihre Verantwortung als Hypnotiseur

Meine Showeinlagen brachten mir schon als Teenager ziemlich viel Bewunderung ein. Sie werden wahrscheinlich einen ähnlichen Effekt feststellen, wenn Sie beginnen zu hypnotisieren. Ich merkte damals aber auch, dass einige auf Abstand gingen und versuchten, mir nicht direkt in die Augen zu schauen. Ich ahne, warum: Sie befürchteten, ich würde sie mit meinem Blick verhexen. Auch ich konnte mich gegen diesen Abwehrreflex nicht wehren, als ich mit 16 Jahren zum ersten Mal einem Hypnotiseur begegnete.

Es ist ganz natürlich, dass die Hypnose gerade aufgrund ihrer magischen Wirkung Angst einflößen kann. Einige Menschen befürchten, die Kontrolle zu verlieren und in Trance etwas zu tun, was sie nicht möchten. Diese Furcht ist völlig normal. Dabei kann in der offenen Hypnose – bei der Showhypnose auf der Bühne oder in der Sitzung beim Hypnosetherapeuten – niemand hypnotisiert werden, der nicht hypnotisiert werden will. Es ist wie beim Zahnarzt: Wenn dieser Sie bittet, für die Behandlung den Mund zu öffnen, und Sie krampfhaft die Lippen zusammenpressen, kann der Zahnarzt seine Behandlung nicht durchführen. (Nur bei der Hypnose Undercover ist das natürlich anders, wie Sie im ersten Kapitel gesehen haben.) Wer sich innerlich wehrt, große Angst hat oder dem Hypnotiseur einfach nicht vertraut, der ist nicht in Trance versetzbar. So einfach ist das. Auch die Sorge, aus der Trance nicht mehr aufzuwachen, ist unbegründet. Genauso, wie wir nach dem längsten Schlaf irgendwann wieder die Augen aufschlagen, wacht auch jeder aus der Hypnose wieder auf. Niemand bleibt in der Traumwelt der Trance hängen, wie das vielleicht bei einem LSD-Trip oder anderen Drogen passieren kann – denn die »Droge« bei der Hypnose ist allein unser Gehirn oder besser gesagt: unser Unterbewusstsein.

Der Hypnotiseur hat damit »Zugang« zu unserer wichtigsten Schaltzentrale. Hier liegt das riesige Potenzial der Hypnose – denn hier können wir Probleme an der Wurzel packen oder auch einfach nur unvergessliche Erlebnisse bescheren, die das Leben spannender machen.

Allerdings liegt hier auch eine mögliche Gefahr. Genau darum tragen Sie als Hypnotiseur eine große Verantwortung. Denn dass man in der hypnotischen Trance nur das tun würde, was man auch im Wachzustand machen würde, ist leider nicht ganz richtig, auch wenn das immer wieder sogar von Fachleuten behauptet wird. Die haben dann wahrscheinlich einfach zu wenig Phantasie. Selbst ein noch so stabiles moralisches Grundgerüst eines Menschen kann unter Hypnose mit einfachen Tricks an der Nase herumgeführt werden. Der Hypnotiseur muss lediglich den Rahmen eines Szenarios so verändern, bis das angestrebte Verhalten in das moralische Weltbild des Hypnotisierten passt. Damit stellt er vorsätzlich das her, was der Soziologe Erving Goffman »Rahmungsirrtum« genannt hat: Wenn es dem Hypnotiseur beispielsweise gelingt, dem Hypnotisierten weiszumachen, er sei Schauspieler in einem Action-Thriller und die Pistole, die er in der Hand hält, sei nur mit Platzpatronen geladen, kann er auf diese Weise den friedfertigsten Menschen zum

Mörder machen. Denn der Rahmen »Filmaufnahmen«, bei denen nur so getan wird als ob und nicht wirklich etwas passieren kann, gibt dem Hypnotisierten die moralische Legitimation abzudrücken. Oder der Hypnotiseur lässt sein Gegenüber glauben, ihn greife ein hungriger Tiger an und er müsse sein Leben verteidigen. Er könnte auch einer Frau suggerieren, er sei ihr Freund und mit ihr allein im Schlafzimmer zu Hause – was im Rahmen dieser Suggestion möglich ist, können Sie sich denken.

Solche Suggestionen unter Trance hervorzurufen, wäre keine besondere Schwierigkeit. Falls Ihnen jemand etwas anderes glaubhaft machen will, insbesondere wenn er Sie unbedingt »unter vier Augen« hypnotisieren möchte: Vorsicht!

Dass Sie, liebe Leserin und lieber Leser, nicht auf solche abwegigen Ideen kommen, setze ich voraus. Vergessen Sie nie: Der Hypnotiseur trägt eine enorme Verantwortung, seine Position nicht auszunutzen. Sie sind wie ein Lehrer, und die anderen Menschen sind Ihre Schutzbefohlenen. Sie sind wie eine Mutter, und Ihr Gegenüber ist Ihr Kind. Man vertraut Ihnen – werden Sie diesem Vertrauen gerecht. Wenn Sie einmal das Vertrauen enttäuschen, werden Sie diesen Makel nie wieder los. Umgekehrt gilt: Je mehr Vertrauen Ihr Gegenüber hat, je mehr er oder sie sich entspannen kann, umso einfacher gelingt die Hypnose. Doch jetzt zu den Goldenen Geboten, die Sie als Hypnose-Neuling beachten sollten.

Die Goldenen Gebote
Gebot 1: Hypnotisieren Sie zunächst Fremde
Ein bekannter Show-Hypnotiseur hat einen entscheidenden Vorteil gegenüber Hypnose-Anfängern: Ihm wird sein Können von Anfang an unterstellt. Wenn Sie ein Plakat sehen, auf dem steht: »Der große Zamparoni. Der beste Hypnotiseur der Welt«, dann ist das schon die erste Suggestion. Die Annahme ist: Wenn dieser Zamparoni sein Handwerk nicht beherrschen würde, wäre er nicht hier. Dann könnte er keine Tournee machen, denn ihn würde niemand einladen. Der große Zamparoni hat bereits einen Heimvorteil, bevor er überhaupt die Bühne betreten hat. Wenn Sie nun zum ersten Mal Hypnose ausprobieren und üben wollen, haben Sie diese Vorschusslorbeeren leider nicht.

Im Gegenteil: Wenn Menschen wissen, dass Sie gerade erst anfangen, ist die Erwartung eher diejenige, dass es vermutlich nicht so gut klappt.

Darum funktioniert das Hypnotisieren am einfachsten mit Leuten, die gar nicht wissen, dass Sie ein blutiger Anfänger sind. Ideale Kandidaten sind zum Beispiel Freunde von Freunden auf einer Party. Die entfernteren Nachbarn auf einem Straßenfest. Der aufgeschlossene Fremde im Zug, der zufällig neben Ihnen sitzt. Erzählen Sie einfach, dass Sie vor einiger Zeit die Hypnose gelernt haben. Am besten ist es, wenn Ihr Gegenüber von sich aus neugierig wird und Sie bittet, die Sache einmal zu demonstrieren. Eine bessere Voraussetzung gibt es nicht.

Wenn Sie erste Hypnose-Erfolge mit Fremden hatten, sollten Sie damit anfangen, auch Freunde, Ihren Partner oder Ihre Familie zu hypnotisieren – dazu komme ich noch im 14. Kapitel. Denken Sie immer daran, dass diese Vertrauten oft zu skeptisch sind, um sich ganz fallen zu lassen. Die sehen in Ihnen den Freund oder die Freundin, die Tochter, den Sohn – aber nicht den Hypnotiseur. Und wenn es dann nicht klappt, verlieren Sie vielleicht den Mut. Ich versichere Ihnen: Es liegt nicht an Ihnen. Probieren Sie es noch mal. Sehr bald wird es funktionieren.

Meiner Erfahrung nach klappt die Sache als Anfänger am besten, wenn man am Wochenende ausgeht und zufälligen Barbekanntschaften gegenüber erwähnt: Ich bin Hypnotiseur. Sie werden sich vor Freiwilligen nicht retten können. Das führt mich zu Punkt zwei:

Gebot 2: Hypnotisieren Sie immer nur Freiwillige
Arbeiten Sie auf alle Fälle immer nur mit Menschen, die sich von sich aus bereit erklären mitzumachen. Hypnose sollte nie ein Zwang oder das Ergebnis einer langen Überredung sein. Wer nicht will, den kann man auch nicht offen hypnotisieren (auch hier wieder: bei der Hypnose Undercover sieht das anders aus). Und bitte hypnotisieren Sie keine Kinder! Meine Faustregel lautet, dass meine Mitspieler mindestens 16 sein müssen, lieber 18 oder älter. Der Grund dafür ist auch Selbstschutz: Wenn Sie ein neunjähriges Kind hypnotisieren und am nächsten Tag wird das Kind zufällig wieder zum Bettnässer oder legt eine andere seltsame Verhaltensweise an den Tag, dann hat das zwar gar nichts mit Ihrer Hypnose zu tun, aber die Eltern werden Sie für den Verantwortlichen halten. Meiner Erfahrung nach sind Menschen zwischen 18 und 60 am besten hypnotisierbar. Außerdem Menschen, die schon Hypnose- oder Meditationserfahrung haben.

Gebot 3: Beherrschen Sie Ihr Skript
Hier geht es um den Part, der am meisten Geduld erfordert. Sie müssen proben. Wie ein Schauspieler. Am besten üben Sie die einzelnen Schritte und was Sie sagen wollen erst einmal »trocken«. Immer wieder. Wie ein Referat. Vielleicht nehmen Sie sich einen Teddy als »Dummy«. So habe ich es als Teenie auch gemacht, bevor ich die ersten Hypnoseversuche wagte. Sie müssen den Ablauf im Kopf haben, sonst funktioniert es nicht. Und Spickzettel sind leider verboten.

Das heißt nicht, dass Sie Wort für Wort meine Vorschläge auswendig lernen sollen. Gebrauchen Sie Ihre eigenen Worte, Ihre eigene Sprache. Nicht der Text hypnotisiert, es ist die Intention: Sie müssen überzeugt sein von sich. Sie müssen zu 100 Prozent sagen können: *Ich bin der Hypnotiseur.* Nur so strahlen Sie die Sicherheit aus und das Bewusstsein, dass Sie wissen, was Sie tun. Diese Ausstrahlung ermöglicht es Ihrem Gegenüber erst, sich so weit zu entspannen, dass Hypnose möglich wird.

Gebot 4: Versprechen Sie nichts
Wenn Sie im Privaten hypnotisieren, ist Ihre Einstellung wichtig. Die beste Voraussetzung ist die, dass Sie ein interessantes und lockeres Gespräch über Hypnose führen wollen. Mehr nicht! Wenn Sie dagegen das Ziel haben, die Hand Ihres Gegenübers am Hinterkopf »festkleben« zu lassen, setzen Sie sich zu Beginn Ihrer Karriere zu sehr unter Druck.

Gebot 5: Spielen Sie ein Spiel
Sagen Sie zu sich: Ich probiere hier mal was. Falls Sie dabei feststellen, dass etwas nicht funktioniert, können Sie auf diese Weise jederzeit abbrechen, ohne das Gesicht zu verlie-

ren. Vergessen Sie nie, dass es *nicht* um Sie geht. Wenn Sie zum ersten Mal erleben, dass Hypnose funktioniert, gibt das möglicherweise ein enormes Gefühl von Macht. Holen Sie sich dann unbedingt sofort wieder auf den Boden zurück! Denken Sie daran, dass es nicht um einen Beweis Ihres Könnens oder um Ihre Macht als Hypnotiseur geht. Jede Hypnose ist eine Selbsthypnose des Hypnotisierten.

Es geht um einen Tanz, ein gemeinsames Spiel mit der Phantasie Ihres Gegenübers. Ein Spiel, bei dem Sie Ihrem Gegenüber bewusst erfahrbar machen, wie Realität funktioniert.

Gebot 6: Jede Form der Hypnose ist Selbsthypnose
Denken Sie immer daran: Als Hypnotiseur öffnen Sie nur die Tür zum Unbewussten, hindurchgehen muss der zu Hypnotisierte selbst. Noch einmal, dies ist vergleichbar mit einem Zahnarztbesuch: Wenn der Zahnarzt den Patienten vor der Behandlung bittet, den Mund zu öffnen, der Patient aber verkrampft die Lippen aufeinanderpresst, wird es zu keiner Behandlung kommen.

Der Hypnose-Prozess – Schritt für Schritt
Ich selbst verstehe mich beim Hypnotisieren als Dirigent eines Orchesters. Die Instrumente der Phantasie und Vorstellungskraft finden sich in dem Menschen, den ich hypnotisiere. Ich dirigiere diese Instrumente so, dass ein schönes Musikstück erklingt.

Damit Ihnen das ebenso gelingt, sollten Sie sich vorsichtig annähern. Grundsätzlich funktioniert dabei eine Spaß-Hypnose, bei der Sie darauf aus sind, Ihrem Gegenüber ein unvergessliches Erlebnis zu bereiten, fast genauso wie eine

Trainingshypnose, mit der Sie Ihren Freunden oder Ihrer Familie helfen wollen. Zu den Feinheiten und was Sie bei Letzterer beachten sollten, komme ich im nächsten Kapitel. Zum ersten Üben ist die Spaß-Hypnose mit fremden Menschen aus oben genannten Gründen aber am besten geeignet. Fangen wir also an:

Schritt 1: Sie stellen sich vor
Vielleicht ergibt sich die Situation ja von selbst, zum Beispiel wenn Sie im Zug neben jemandem sitzen, der von sich aus gern hypnotisiert werden möchte, nachdem Sie von Ihrer Hypnose erzählt haben. Falls das nicht passiert, suchen Sie sich am besten eine Gruppe von mindestens zwei, besser drei oder vier Leuten. Zum Beispiel auf einer Party, auf der Sie nicht alle Leute kennen. In der Gruppe sind Menschen in der Regel aufgeschlossener, weil sie sich sicherer fühlen. Wenn Sie die Gruppe betreten, folgen Sie bitte der Dreierregel.

1. Machen Sie eine **Feststellung.** Zum Beispiel:
   »Ihr seht so aus, als hättet ihr gerade ganz viel Spaß.« Oder:
   »Ziemlich laut hier, findet ihr nicht?«
2. Bleiben Sie kein Unbekannter, nennen Sie Ihren **Namen:**
   »Ich bin übrigens der/die ___«
3. Erklären Sie den **Grund** Ihrer Annäherung. Etwa:
   »Ich habe gerade mit meinem Kumpel dort drüben die Diskussion gehabt, ob es möglich ist, jemanden in einer so lauten Bar zu hypnotisieren.«

Schritt 2: Vorerfahrung abfragen
Nun fragen Sie Ihre potenziellen Probanden ohne Umschweife:

»Hat einer von euch schon einmal Hypnose erlebt?«
Hier ist bereits eine Suggestion versteckt. Indem Sie das Wort »erlebt« wählen, machen Sie die Hypnose zu einem besonderen Erlebnis.

Falls die Antwort »Ja« lautet, haben Sie einen Volltreffer gelandet. Dadurch wird allen Anwesenden bestätigt, dass die Möglichkeit zur Hypnose tatsächlich besteht. Das schürt Neugier und öffnet für alles Folgende. Aber auch wenn Sie es mit Hypnose-Neulingen zu tun haben, macht das nichts.

Schritt 3: Sie stellen die Hypnose vor
Jetzt ist es Ihre Aufgabe, die Hypnose vorzustellen. Erzählen Sie ein bisschen. Arbeiten Sie die positive Seite der Hypnose heraus. Sie können zum Beispiel erklären, dass Hypnose keine Hexerei ist und eine anerkannte Therapiemethode. Und dass Hypnose immer ein faszinierendes Erlebnis ist, an das man sich erinnern wird. Sie können auch von Ihrem ersten Hypnose-Erlebnis erzählen, falls vorhanden.

Erläutern Sie, was ich im ersten Kapitel dieses Buches geschrieben habe: dass Hypnose für uns alle ein bekannter, alltäglicher Zustand ist. Dass wir regelmäßig in Trance fallen, ohne es zu merken: wenn wir ein Buch lesen und dabei die Welt um uns vergessen. Wenn wir im Auto durch die Nacht fahren und die letzte halbe Stunde in einem Augenblick vorbeigezogen ist. Wenn wir einen Film sehen oder vor dem Fernseher sitzen.

Falls es einen Hypnose-Erfahrenen in der Gruppe gibt, erkundigen Sie sich: *»Wie hat sich das angefühlt?«* Sollte Ihr Gegenüber nun ohne zu zögern mit einem »Toll!« antworten, ist das für Ihre Zwecke natürlich wunderbar. Vielleicht erklärt sich spontan auch schon jemand bereit mitzumachen, dann können Sie mit Schritt 5 weitermachen. Falls sich aber keiner meldet und Ihre Kandidaten noch etwas schüchtern wirken, gehen Sie über zu Schritt 4.

Schritt 4: Sie nehmen Ängste
Jetzt sind Sie raffiniert. Sagen Sie:
»*Es gibt **wenige** Menschen, die haben ein bisschen **Respekt** vor der Hypnose* ...«

Hier verwenden Sie eine Suggestion. Indem Sie aus der Angst »Respekt« machen, schwächen Sie die Angst ab. Indem Sie von »wenigen« Menschen sprechen, suggerieren Sie, dass die meisten Menschen der Hypnose offen gegenüberstehen und der Ängstliche einer von wenigen ist. Sie suggerieren, dass es keinen Grund zur Besorgnis gibt. Doch der Satz ist noch nicht zu Ende. Vollständig lautet er:

»*Es gibt wenige Menschen, die haben ein bisschen Respekt vor der Hypnose,* **aber** *niemand kann hypnotisiert werden, wenn er das nicht will. Niemand kann in Hypnose zu etwas gezwungen werden.*«

Das Wort »aber« ist sehr wichtig. Ein »Aber« löscht alles, was zuvor gesagt wurde, oder schwächt es zumindest stark ab. Ein »Aber« sagt: Was gilt, kommt jetzt.

Sie haben zwar eben gelernt, dass ein Hypnotiseur theoretisch durch bewusste böswillige Veränderung des szenischen Rahmens Menschen dazu bringen kann, etwas zu tun, was Sie nicht wollen. Da Sie aber natürlich keine hinterhältigen Dinge vorhaben (und es außerdem, von einem kriminalistischen Standpunkt aus, von Zeugen nur so wimmelt), müssen Sie das nicht erwähnen. Das würde nur unnötig Ängste schüren. Sie können jedoch nach der gelungenen Hypnose davon erzählen, schließlich möchten Sie keine Unwahrheiten verbreiten.

Dann erläutern Sie:

»Man kann nicht in der Hypnose ›hängen bleiben‹. Nach einer Weile wird man auf alle Fälle wieder aufwachen wie nach einem gesunden achtstündigen Schlaf.«

Sie erkennen es schon: Hier erfolgen wieder positive Suggestionen. Die Reaktion an dieser Stelle ist oft: »Oh, das könnte ich jetzt wirklich gut gebrauchen, acht Stunden Schlaf.« Hier haken Sie sofort ein: »Prima, dann machst du also mit!« Und darauf sagen Sie im gleichen Tonfall, wie Sie sagen würden: »Und morgen früh geht die Sonne auf!« (denn es geht hier um einen feststehenden Fakt):

»Außerdem ist jeder Mensch hypnotisierbar!«

Noch eine Suggestion. Sie müssen alles, was Sie sagen, wie eine unumstößliche Wahrheit vorbringen. Behalten Sie das bitte im Hinterkopf. Zweifel gibt's nicht.

Wenn trotz ausführlicher Erläuterung keiner mitmachen will, sollten Sie das akzeptieren. Nächstes Mal sind Sie um eine Erfahrung reicher.

Schritt 5: Erste Tests

Im Englischen nennt man diesen wichtigen Test: *Set Pieces*. Ihr Gegenüber bekommt nun von Ihnen eine Reihe von Anweisungen:

»Setz dich bitte entspannt hin.« (Suggestion 1)

»Bitte die Füße nebeneinander auf den Boden.« (Suggestion 2)

»Die Hände auf die Oberschenkel.« (Suggestion 3)

»Lehn dich entspannt zurück.« (Suggestion 4)

»Atme tief ein und aus.« (Suggestion 5)

Wenn Ihr Kandidat hier mitmacht, ist er Ihren Suggestionen schon fünf Mal gefolgt. Sie haben fünf Mal eine Zustimmung bekommen, unterbewusste »Ja!«-Antworten. Daraus können Sie schließen, dass er oder sie offen für die Hypnose ist und bereit für Schritt 6. (Falls nicht, brechen Sie hier ab.)

Ein kleiner Tipp an dieser Stelle: Was Sie auch sagen – bleiben Sie dabei Ihrem Wesen treu! Es gibt einige von ihrer Art her eher »mütterliche« Hypnotiseure, die jede Anweisung einleiten mit: »Würdest du bitte ...« oder »Könntest du ...«, und es gibt Hypnotiseure, die fühlen sich wohler, wenn sie eher einen Befehlston anschlagen. Beides ist in Ordnung, beides funktioniert, es muss nur Ihrem Typ entsprechen.

Schritt 6: Aha-Momente schaffen
Nun ist es wichtig, dass Sie das Vertrauen Ihres Kandidaten in die Hypnose stärken. Das erreichen Sie über das Erzeugen von Aha-Momenten.

DIE FINGERMAGNETE
Es geht weiter mit den Suggestionen:
»Verschränke die Hände bitte wie zum Gebet.« (1)
»Strecke nun bitte beide Zeigefinger aus, sodass sie wie ein ›V‹ aussehen.« (2)
»Schau auf die Lücke zwischen den Zeigefingern.« (3)
»Stell dir vor, deine Finger sind zwei starke Magnete, die sich anziehen.« (4)
Nun suggerieren Sie:
»Die Magnete ziehen sich an. Immer stärker und stärker. Immer mehr ziehen sie sich an.« (5)

Wenn die Finger sich langsam näher kommen, verstärken Sie bitte die Suggestion, indem Sie Bestätigungen aussprechen: *»Ja«* oder *»genau«* oder *»sehr gut«*. Das gibt Ihrem Probanden ein positives Grundgefühl und verknüpft außerdem Ihre Suggestion mit den sich aufeinander zu bewegenden Fingern.

Haben Sie keine Sorge. Sie können darauf vertrauen, dass die Finger tun werden, was Sie wollen. Das ist eine normale körperliche Reaktion, die gar nichts mit Ihrer Suggestion zu tun hat. Aber für Ihr Gegenüber wird dieser Moment zum Aha-Erlebnis: Das funktioniert ja tatsächlich!

Das Vertrauen in Ihre Fähigkeiten als Hypnotiseur wird so gestärkt.

Dieser Schritt ist aber auch ein weiterer Test. Mit ganz bewusster Anstrengung könnte Ihr Gegenüber die Finger weiterhin auseinanderhalten. Falls das geschieht, dann bedeutet dies, dass er oder sie sich wehrt. Er oder sie will nicht hypnotisiert werden. Auch in diesem Fall sollten Sie die Sache abbrechen. Falls Ihr Kandidat weiß, dass es sich um eine automatische Reaktion handelt und Sie damit konfrontiert, erklären Sie, dass er recht hat, es hier aber nur darum geht zu sehen, ob er fokussiert ist.

DIE HANDMAGNETE

Falls die Sache mit den Fingern klappt, führen Sie einen weiteren Test durch. Der ist noch deutlich suggestiver und nicht mehr mit einer rein körperlichen Reaktion erklärbar, funktioniert aber vom Ablauf her genauso.

»*Streck bitte deine Hände aus, die Handflächen zueinander gerichtet.*« (1)

»*Stell dir vor, dass in beiden Handflächen kraftvolle Magnete stecken.*« (2)

»*Schließ bitte die Augen.*« (3)

»*Stell dir vor, wie sie sich anziehen.*« (4)

»*Immer stärker.*« (5)

Vergessen Sie auch hier nicht Bestätigungen wie »*sehr gut*«, »*ganz genau*« oder »*schön*«.

Bei den allermeisten Menschen klappt das. Durch die Vorstellung wird die Bewegung initiiert – das nennt man den Carpenter-Effekt, den ich schon im 6. Kapitel angesprochen hatte. Durch die Bestätigung wird die Bewegung unterstützt. Das kann manchmal etwas länger dauern, haben Sie Geduld.

Ebenfalls eine wichtige Eigenschaft, die Sie als Hypnotiseur mitbringen sollten! Lassen Sie Ihrem Gegenüber Zeit, die Suggestionen, die Sie ihm geben, zu verarbeiten. Hetzen Sie nicht, sondern warten Sie die Reaktionen ab. Falls es gar nicht klappt, wehrt sich Ihr Proband. Das heißt, er ist nicht offen für die Hypnose, und Sie sollten das Experiment abbrechen.

Falls Sie diese Tests in einer Gruppe machen, können Sie die Tests mit allen gleichzeitig durchführen. Suchen Sie sich für die eigentliche Hypnose den heraus, bei dem die Sache am schnellsten und reibungslosesten klappt. Nun gehen Sie über zum nächsten Schritt.

Wenn Sie sich aber noch nicht sicher sind, können Sie vorsichtshalber einen weiteren Test machen:

DER FELSBROCKEN UND DER LUFTBALLON
»Setz dich bitte noch einmal gerade hin und schließ die Augen.« (1)

»Streck deine Arme aus.« (2)

»Die rechte die Handfläche nach oben.« (3)

»Jetzt stell dir vor, dass ein ganz schwerer Felsbrocken auf deiner Handfläche liegt, der deinen Arm herunterdrückt.« (4)

»Dein Arm wird schwerer und schwerer.« (5)

»Immer schwerer sinkt er nach unten.« (6)

»Jetzt stell dir vor, dass an deinem linken Handgelenk eine Schnur befestigt ist, daran hängt ein gasgefüllter Luftballon.« (7)

»Dein linker Arm wird immer leichter und leichter.« (8)

»Dein rechter Arm wird immer schwerer und schwerer und sinkt immer tiefer und tiefer.« (9)

»Dein linker Arm wird immer leichter und leichter.« (10)

»Jetzt öffne mal die Augen.« (11)

Normalerweise hängt nun der linke Arm weit oben in der Luft und der rechte Arm weit unten. Wenn das so ist, können Sie in die Induktion gehen. Wenn nicht, brechen Sie die Sache ab, das ist kein Drama. Nicht jeder ist jeden Tag gleich hypnotisierbar. Das hat etwas mit Stimmungen zu tun und damit, ob jemand müde oder wach ist oder ihm gerade viele Dinge im Kopf herumgehen.

Übrigens: Vielleicht haben Sie Sorge, dass jemand einfach nur mitspielt, um Sie zu foppen. Das mag am Anfang vielleicht die Motivation sein. Das Interessante dabei ist: Früher oder später wird auch der Scherzbold vermutlich dennoch hypnotisiert. Denn wenn er Ihren Anweisungen folgt, und sei es nur zum Schein, wehrt er sich nicht, und das ist schon die halbe Hypnose. Der Übergang zwischen Spiel und tatsächlicher Hypnose ist haarfein. Wir kennen alle einen Moment, in dem es uns nicht ganz so gut geht, wir sind irgendwie verstimmt. Plötzlich klingelt es an der Tür, und eine Freundin oder ein Freund kommt spontan zu Besuch. Wir wollen uns unsere Verstimmtheit nicht anmerken lassen und tun so, als ob es uns blendend ginge. Nach einigen Minuten merken wir, dass sich unsere Stimmung tatsächlich aufgehellt hat. Uns geht es wieder besser. So wird aus einem »Nur so tun, als ob« unsere neue Realität.

Schritt 7: Die Induktion
Nun kommen wir zum Induktionsprozess und damit zur eigentlichen Hypnose. Damit führen Sie den Mitspieler in die Hypnose und Trance. Hinein in die tiefe Entspannung. Sie vertiefen die Entspannung, die Konzentration, die Fokussierung. Ihr Kandidat wird dadurch nicht mehr von den anderen Dingen drumherum abgelenkt.

Am liebsten benutze ich die Handschlag-Induktion von Milton Erickson, dem Vater der modernen Hypnosetherapie. Die funktioniert wie folgt:

Sie fragen Ihren Probanden:

»*Darf ich mir mal deinen linken Arm ausleihen?*«

Damit separieren Sie den Arm von der Person – wieder eine Suggestion. Viele strecken an dieser Stelle bereits bereitwillig den Arm aus, das ist ein weiterer Hinweis, dass auch der Induktionsprozess wahrscheinlich funktionieren wird.

Wenn der Arm Ihnen noch nicht entgegenkommt, sagen Sie (wie immer begleitet von Bestätigungen wie »*sehr gut*« und »*super*«):

»Bitte streck den Arm mal nach vorn aus.« (1)

Fassen Sie den Arm jetzt ganz leicht am Handgelenk.

Jetzt geht es weiter mit:

»Schau auf deine Hand.« (2)

»Schau auf einen Punkt auf deiner Hand.« (3)

»Du spürst nun, wie deine Hand deinem Gesicht immer näher kommt.« (4)

An dieser Stelle drücken Sie den Arm mit ganz leichtem Druck von nur zwei oder drei Fingern langsam in Richtung des Gesichts Ihres Gegenübers. Sie unterstützen dies aber nur, die eigentliche Bewegung vollbringt Ihr Gegenüber.

»Du merkst, wie dein Blick verschwimmt, während die Hand näher kommt.« (5)

»Sobald dir das bewusst wird, schließ die Augen und schlaf.« (6)

An dieser Stelle drücken Sie Ihrem Probanden den Arm sanft, aber bestimmt herunter in den Schoß und üben mit der anderen Hand einen ganz leichten Druck auf seinen Hinterkopf aus, sodass das Kinn auf die Brust sinkt.

Das unterstützt die Suggestion. Tatsächlich schläft Ihr Gegenüber natürlich nicht. Aber da »schlafen« etwas ist, das wir alle mit der Hypnose verbinden, wirkt dieser Befehl als starke Entspannungssuggestion.

Fahren Sie nun fort (Bestätigungen nicht vergessen):

»Du wirst tiefer und tiefer entspannt.« (7)

»Immer tiefer.« (8)

»Mit jedem Wort, das ich sage, entspannst du dich immer mehr.« (9)

»Mit jedem Ausatmen entspannst du dich immer mehr.« (10)

»Meine Stimme führt dich immer tiefer in diesen wunderschönen Zustand der Hypnose.« (11)

Es kommt hier nicht darauf an, dass Sie haargenau und

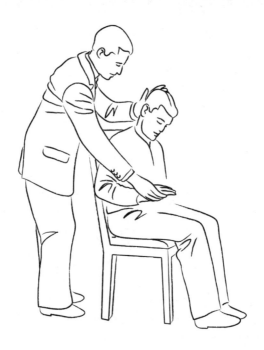

ebenso oft das sagen, was ich hier vorschlage. Die Zahlen dienen nur Ihrer Orientierung hier im Text. Vertrauen Sie Ihrem Gefühl. Sie können auch Dinge, die drumherum passieren, dazu nutzen, um die Entspannung zu vertiefen. Wenn Sie in einer lauten Bar sitzen, können Sie zum Beispiel sagen:

»*Mit jedem Geräusch, das du hörst, entspannst du dich mehr und mehr.*«

Ganz wichtig: Hören Sie nicht auf zu reden, damit der Kontakt nicht abreißt.

Wenn Sie überrascht sind, dass Ihr Gegenüber tatsächlich stark entspannt: Lassen Sie es sich nicht anmerken. Stellen Sie sich vor, Sie führen Ihren Hypnose-Kandidaten in eine dunkle Höhle hinein. Was Sie sagen, formt die Treppenstufen, auf denen er in die Trance hinabsteigt. Wenn Sie aufhören, bleibt er stehen. Und wenn er länger nichts hört, geht er wieder zurück.

Später, wenn er in der Trance ist, können Sie auch schweigen, aber jetzt noch nicht. Nun kommt der Countdown. Ich beginne immer mit fünf und zähle nach unten. Kündigen Sie also an:

»*Ich zähle jetzt von fünf bis null rückwärts. Mit jeder Zahl, die ich sage, sinkst du noch viel tiefer in diesen wunderschönen, angenehmen Schlaf. Bei null angelangt, bist du in tiefer Hypnose.*«

Ich nutze beim Herunterzählen interne körperliche Prozesse, um den Kandidaten weiter in sich hineinzuführen. Beginnen Sie:

»**Fünf.** *Du beginnst, dich auf deine Atmung zu konzentrieren. Du atmest ein und wieder aus. Und mit jedem Ausatmen entspannst du dich immer mehr. Mit jedem Ausatmen entspannst du dich immer mehr.*«

Bitte nicht die Bestätigungen vergessen. Immer wieder mit »*genau*«, »*super*« oder »*sehr gut*« bestätigen. Es geht weiter:

»**Vier.** *Du lässt deine Gedanken kommen und gehen. Du hältst keinen Gedanken fest. Du lässt deine Gedanken kommen und gehen.*«

Nun folgt:

»**Drei.** *Du öffnest jetzt für mich dein Unterbewusstsein. Du verankerst alles tief und fest in deinem Unterbewusstsein, was ich sage. Du verankerst jedes Wort, das ich sage, tief in deinem Unterbewusstsein. Von diesem Moment an wird alles, was ich sage, deine Realität.*«

Hier wenden Sie eine Supersuggestion an, also eine Suggestion, die alles danach Gesagte automatisch in Suggestionen verwandelt.

»**Zwei.** *Du bist immer tiefer und tiefer entspannt. Immer tiefer und tiefer entspannt.*«

Dann:

»**Eins.** *Noch viel tiefer. Doppelt so tief. Wenn ich jetzt gleich die nächste Zahl sage, bist du in tiefster Hypnose.*«

Schließlich kommt die:

»**Null.** *Tiefer. Und tiefer. Und tiefer.*«

Abschließend vertiefen Sie den hypnotischen Zustand durch die Fraktionierung. Die Hypnose verläuft in Wellenbewegungen, in einem Moment ist man tiefer in der Hypnose, im nächsten taucht man wieder etwas auf. Um den Zustand zu vertiefen, machen Sie Ihr Gegenüber ganz kurz wach und lassen ihn oder sie dann umso tiefer in die Trance sinken – das ist die Fraktionierung.

»*Jedes Mal, wenn ich dich an der Schulter berühre, öffnest du deine Augen. Dabei bleibst du in tiefer Trance. Sobald ich dich an deiner Stirn berühre, schließt du die Augen und sinkst noch viel tiefer.*«

Das wiederholen Sie drei oder vier Mal.

Schritt 8: Test der Trancetiefe

Ob Ihr Mitspieler wirklich in tiefer Trance ist, prüfen Sie jetzt. Berühren Sie den Arm Ihres Mitspielers leicht und erklären Sie:

»*Du spürst jetzt, wie der Arm, den ich gerade berühre, immer leichter und leichter wird. Er beginnt, sich zu heben. Wird leichter und leichter.*«

Loben Sie ihn, wie immer, während des Prozesses: »*Ja*«, »*sehr gut*«, »*genau*«. Das unterstützt die Aktion und suggeriert Ihrem Gegenüber, dass sich der Arm bereits hebt. Falls der Arm sich nicht hebt, wissen Sie, dass Ihr Mitspieler noch nicht richtig in Trance ist und Sie die Entspannung weiter vertiefen müssen.

Wenn Ihr Gegenüber mühelos den Arm schweben lässt, können Sie weitergehen zu Schritt 9. Wenn nicht, wiederholen Sie die Induktion.

Schritt 9: Der lustige Kopfmagnet
Bisher haben Sie körperliche Suggestionen gegeben. Um nun zu den mentalen Suggestionen überzugehen, ist der Kopfmagnet nach dem schwebenden Arm ein guter Übergang.

Sagen Sie, während der Arm schwebt:

»Stell dir vor, dein Kopf ist ein Magnet, der deine Hand anzieht.« (1)

»Je näher deine Hand deinem Gesicht kommt, umso lustiger findest du das.« (2)

Dann fangen die meisten Menschen sofort an, sich kaputtzulachen. Das Schöne hierbei ist: Lachen ist ansteckend. Wenn Sie mit Publikum hypnotisieren, fangen alle Umstehenden direkt mit an zu lachen. Außerdem erfährt der Hypnotisierte ein wunderbares Glücksgefühl, denn beim Lachen, wie auch beim Lächeln, werden Glückshormone ausgeschüttet. Wenn der Kopfmagnet funktioniert, können Sie sicher sein: Jetzt funktioniert auch alles andere, jede Suggestion, jede Halluzination. Der Übergang vom Körperlichen zum Mentalen ist gemacht.

Schritt 10: Halluzination und Visualisierung
In dieser Phase folgt das, was man eigentlich unter Hypnose versteht:

Hier setzen wir unsere Suggestionen. Sie können dazu jedes der Skripts anwenden, die über das Buch verteilt sind.

Suchen Sie sich etwas aus. Wenn Sie lieber eine Spaßhypnose vor Publikum machen, könnten Sie per Suggestion zum Beispiel die Finger Ihres Probanden an einer Visitenkarte »festkleben«. Oder die Hand am Knie. Oder Sie versuchen es mit dem Vergessen des Namens. Dazu erklären Sie Ihrem Mitspieler:

»Wenn ich dich jetzt an der Schulter berühre, hast du für einen kurzen Moment deinen Namen vergessen.«

Sie berühren also die Schulter und fragen:

»Wie heißt du?«

Normalerweise weiß Ihr Gegenüber den Namen nicht mehr. Allerdings gibt es Menschen, bei denen funktionieren körperliche Suggestionen (wie eben das »Festkleben« von Körperteilen) besser als mentale Suggestionen und umgekehrt. Es gibt Menschen, die »kleben« auf die entsprechende Suggestion hin am Stuhl fest, aber wenn man ihnen suggeriert, ihren Namen vergessen zu haben, wissen sie ihn noch. Umgekehrt gibt es Leute, bei denen körperliche Suggestionen schlechter klappen als mentale. Warum das so ist, ist bisher nicht erklärbar und manchmal auch stimmungsabhängig. Hypnose ist wie ein Tanz. Als Hypnotiseur prüft man immer: Wo ist denn mein Gegenüber gerade? Falls eine Suggestion nicht klappt: Lachen Sie mit Ihrem Publikum und probieren Sie dann eine andere Suggestion. Denken Sie daran, dass Sie nichts beweisen wollen. Sie spielen nur.

Falls Sie bei Ihren ersten Versuchen Angst haben, dass etwas schiefgeht, probieren Sie eine Suggestion, bei der der Hypnotisierte nicht viel machen muss, zum Beispiel den Schmetterling von S. 50 oder den Luftballon von S. 197.

Später werden Sie automatisch Lust bekommen, auch

Verwegeneres zu testen. Eine meiner Lieblingssuggestionen ist: »Wenn du nun die Augen aufmachst, steht ein grauer Elefant vor dir. Öffne die Augen!« Es ist faszinierend zu sehen, wie die Leute plötzlich hysterisch anfangen zu kichern. Manche haben auch Angst und gehen in Deckung. Damit lässt sich spielen. Man kann sagen: »Jetzt kommt er mit dem Rüssel und kitzelt dich an der Nase.« Die Reaktionen sind oft sehr lustig und immer wieder faszinierend.

Das Witzige dabei ist: Ich selbst bin nicht so gut hypnotisierbar. Ich würde gern mal erfahren, was die Leute da sehen. Viele sagen hinterher: Der Elefant war wirklich da. Oder (nach entsprechender Suggestion): Neben mir saß tatsächlich Jennifer Lopez. Manchmal frage ich mich, ob das wirklich nur die Vorstellungskraft ist oder eine Art Cyberspace. Diese Grauzone, die noch nicht so wirklich erklärbar ist, macht es besonders spannend.

Wenn Sie Ihrem Gegenüber helfen möchten, können Sie in dieser Phase auch mit dem Unterbewusstsein plaudern und neue erwünschte Verhaltensweisen verankern. Wie das genau funktioniert, dazu komme ich im nächsten Kapitel.

Wichtig ist zu wissen, dass es in dieser Hypnose-Phase manchmal zu einer sogenannten Abreaktion kommen kann. Das ist sehr selten, und selbst mir ist es erst einmal passiert. Eine Abreaktion bedeutet, dass jemand plötzlich anfängt zu zittern und zu weinen. Erschrecken Sie dann bitte nicht und machen Sie ihn auf keinen Fall wach. Das hat allein den Grund, dass er so entspannt ist und sich Spannungen auch auf der körperlichen Ebene lösen. Erklären Sie: »Lass es raus. Das ist gut so. Du kannst jetzt alles, was dich bedrückt, loslassen.«

Schritt 11: Das Aufwachen

Ich flüstere jedem Menschen, kurz bevor ich ihn aus der Hypnose zurückhole, als letzte Suggestion ein Geschenk ins Ohr: »*Dein Unterbewusstsein macht ab sofort alles richtig, um all deine Wünsche, Träume und Ziele zu verwirklichen.*« Denn das Unterbewusstsein weiß genau, was es tun muss. Und nun hole ich mein Gegenüber sanft ins Tagesbewusstsein zurück.

Es ist wichtig, eine Hypnose sauber aufzulösen. Man muss dem Probanden Zeit lassen und ihn aus der Trance herausführen. Wir kennen alle den Effekt, dass wir entspannter sind, wenn wir langsam aufwachen und nicht abrupt vom Wecker aus unseren Träumen gerissen werden. Vielleicht kennen Sie diese Tageslichtlampen, bei denen das Licht langsam zunimmt und wir ganz sanft aus dem Schlummer geholt werden. Genauso sanft sollten Sie Ihren hypnotisierten Probanden aus der Hypnose holen.

Dazu zählen Sie nicht wie vorhin von fünf nach null, sondern umgekehrt von eins bis fünf. Sagen Sie:

»*Mit jeder Zahl, die ich sage, kommst du jetzt langsam zurück. Bei fünf bist du hellwach im Hier und Jetzt und fühlst dich vollkommen frisch und ausgeruht.*«

Hier geben Sie Ihrem Gegenüber wieder eine positive Suggestion mit. Nun sprechen Sie beim Aufwachen Dinge an, die vor allem Metaphern sind und dem Probanden klarmachen, dass er gleich wieder wach sein wird.

»**Eins.** *Dein Körper sammelt wieder die Energie in seiner Mitte.*«

»**Zwei.** *Er lässt die ganze Energie durch den Körper fließen.*«

»**Drei.** *Puls und Blutdruck normalisieren sich. Jede Suggestion, die ich dir gegeben habe, ist nun wieder von dir genommen.*«

Eigentlich haben sich Puls und Blutdruck in der Hypnose höchstens minimal verändert, aber diese Suggestion gibt ein deutliches Signal, dass der Hypnose-Zustand verlassen wird.

»**Vier.** *Du atmest frische Luft ein, die deinen ganzen Körper erfüllt und alles klärt.*«

»**Fünf.** *Du machst die Augen auf und fühlst dich vollkommen wohl. Frisch und ausgeruht, als hättest du acht Stunden geschlafen.*«

Sie zelebrieren das Aufwachen, damit Ihr Mitspieler mit einem Hochgefühl aus der Hypnose herauskommt. Wichtig ist, dass Sie ihn anlächeln. Das erste Gesicht, das er nach der Hypnose sieht, soll ein freundliches sein.

Es ist möglich, dass Ihrem Gegenüber etwas schwindlig ist, aber das ist ganz normal.

Herzlichen Glückwunsch, Sie haben soeben erfolgreich eine Hypnose durchgeführt!

14. Kapitel

Die Magie teilen: Wie Sie sich und andere Menschen glücklich machen können – mit und ohne Hypnose

Anderen zu helfen, stärkt das Immunsystem. Wenn Sie helfen, tun Sie sich selbst etwas Gutes. Helfen macht aber nicht nur gesund, sondern außerdem glücklich. Das wies erst kürzlich wieder eine Studie in Kalifornien nach. Bei dieser Studie verabreichte man Männern ganz leichte, aber dennoch unangenehme Elektroschocks. Eine Gruppe wurde dabei von ihren Freundinnen unterstützt, die die Hand der Männer halten durften. Die Freundinnen der anderen Männergruppe schauten nur zu. Man stellte fest, dass im Gehirn der helfenden Frauen das Belohnungszentrum, das limbische System, aktiviert wurde.

Viele Menschen glauben aber heutzutage, dass wir wirkliche Hilfe bei gesundheitlichen oder psychologischen Problemen immer nur von professionellen Autoritäten bekommen können, etwa von Psychologen, anerkannten Institutionen oder Ärzten. Das ist ein Irrtum! Wir tragen alle die Fähigkeit in uns, anderen zu helfen. Helfen ist ein menschlicher Instinkt. Um das Leben anderer zu bereichern und leichter zu machen, muss man nicht studiert haben. Sonst wären wir evolutionär nie so weit gekommen. Man muss nicht Psychologie studiert haben, um einer Freundin Ratschläge zu geben.

Oft braucht es nur eine Bestätigung. Die Erlaubnis, man

selbst zu sein. Die meisten Dinge klären sich bereits, wenn wir eine Bestätigung dafür bekommen, was wir fühlen. Wenn wir merken: Wir sind nicht allein. Darum hilft Zuhören oft besser als eine langwierige Therapie.

Haben Sie also bitte keine Angst, anderen Menschen etwas Gutes zu tun, weil Sie denken, dass Ihnen das nicht zusteht. Es geht vor allem darum, anderen zu zeigen, dass sie nicht allein sind. Darum, Hoffnung zu geben. Diese Hoffnung ist eine der stärksten Antriebsfedern unseres menschlichen Daseins. Geschichten über andere, die etwas geschafft haben, stiften Hoffnung und sind starke Suggestionen. Wenn jemand anderes ein Ziel erreicht hat oder eine Krankheit überwunden hat.

Ein schönes Heilmittel sind oft bereits kleine Geschichten. Wenn jemand annimmt, vom Pech verfolgt zu sein, erzähle ich beispielsweise gern die folgende:

Der Bauer und das Pferd
Ein Bauer bestellt mit seinem einzigen Pferd seinen Acker.
Eines Tages läuft der Hengst weg.
Die Leute im Dorf sind bestürzt: »Oh, was für ein Pech du hast! Jetzt musst du mit deinem Sohn selber pflügen.«
Nur der Bauer zuckt mit den Schultern und sagt:
»Ob das ein Glück oder ein Unglück ist, wird sich zeigen.«

Am nächsten Tag kommt der Hengst zurück.
Ihm folgt eine Herde Wildpferde. Plötzlich hat der Bauer 51 Pferde.
Das ganze Dorf sagt: »Oh, was hast du für ein Glück!«
Nur der Bauer zuckt mit den Schultern und sagt:
»Ob das ein Glück oder ein Unglück ist, wird sich zeigen.«

Kurz darauf versucht der Sohn, eines der Wildpferde zu reiten. Er wird abgeworfen und bricht sich den Fuß.

Er kann seinem Vater nicht mehr auf dem Feld helfen.

Die Leute im Dorf sagen: »Oh, was für ein Unglück! Allein ist das doch viel zu viel Arbeit.«

Nur der Bauer zuckt mit den Schultern und sagt:

»Ob das ein Glück oder ein Unglück ist, wird sich zeigen.«

Ein paar Tage darauf bricht ein Krieg aus. Der Herrscher des Königsreiches zieht alle jungen Männer zum Wehrdienst ein. Nur nicht den Sohn des Bauern, denn der hat ja einen gebrochenen Fuß.

Die Nachbarn sagen: »Was für ein Glück du hast!«

Wieder zuckt der Bauer mit den Schultern und sagt:

»Ob das ein Glück oder ein Unglück ist, wird sich zeigen.«

Solche Geschichten sind mit ihren Metaphern starke Suggestionen, die genau diese Botschaft tragen: Jedes Glück kann auch ein Unglück sein und jedes Unglück ein großes Glück. Es kommt auf die Perspektive an. Dann werden Dinge, die uns widerfahren, zur Chance.

Mit Hypnose Wunder vollbringen

Wie sehr Helfen glücklich machen kann, habe ich während meiner Ausbildung zum Hypnosetherapeut erlebt. Dabei habe ich hautnah mitbekommen, wie Traumapatienten, die als Kind etwas Schlimmes erlebt hatten, in der Hypnose plötzlich den Kern ihres Problems fanden und auflösen konnten. Herkömmliche Therapien erzielen oft deutlich schlechtere Erfolge. Das Problem ist, dass sie im Gespräch zurückgehen und den Patienten das alte Trauma immer und immer wieder als das Kind von früher durchleben lassen. Aus meiner Sicht verankert dieses Vorgehen nur dieses Gefühl, das man ja eigentlich loswerden will.

Daher empfinde ich es als viel wichtiger, auch unterbewusst und emotional zu realisieren, dass man ja jetzt ein Erwachsener ist. Ein Erwachsener, der über sein Leben selbst bestimmen kann.

Zu diesem Zweck schicke ich als Hypnosetrainer den Klienten über die sogenannte Timeline, die Zeitlinie des eigenen Lebens, zurück. Ich lasse ihn diese Zeitlinie visualisieren. Gehe Schritt für Schritt, Jahr für Jahr, im Leben des Hypnotisierten zurück. Ich lasse ihn im Zeitraffer immer jünger werden. Ich spreche dann auch nicht mehr mit meinem Gegenüber, sondern mit dessen Unterbewusstsein. Ich sage zum Beispiel: »Spreche ich mit dem Unterbewusstsein von Peter? Wenn ich mit dem Unterbewusstsein von Peter spreche, zucke bitte mit dem Finger.« An diesem Punkt wird es oft ein bisschen *spooky*, ein wenig wie Geisterbeschwörung, weil der Patient diese Bewegungen nicht bewusst steuert. Das Zucken ist ein Zeichen, dass mein Gegenüber wirklich tief in der Hypnose ist und Zugang zum Unterbewusstsein hat.

Wenn der Finger also zuckt, erteile ich dem Unterbewusstsein die Erlaubnis, in der Zeit zurückzureisen. Dabei frage ich das Unterbewusstsein immer wieder: »Unterbewusstsein von Peter, bist du bei dem Ereignis angelangt? Wenn ja, zucke mit dem Finger.« Wenn er nun nicht zuckt, bitte ich: »Dann gehe noch weiter zurück.« Nach ein paar Sekunden frage ich wieder: »Wo bist du jetzt?« Das treibe ich so weit, bis das Unterbewusstsein von Peter bei seinem traumatisierenden Ereignis angelangt ist. Dort stellt sich dann der Erwachsene neben das Kind von damals. Das Unterbewusstsein des erwachsenen Peter gibt dem Kind liebevolle Ratschläge. Es erklärt dem Kind, dass sein Handeln richtig ist, weil es eben ein Kind ist und sich nicht anders verhalten kann.

Das löst meistens schon das Trauma auf. Weil es dem Betroffenen bewusst macht, dass er nicht machtlos ist. Dass er nicht schuldig ist.

In meinem ersten Buch hatte ich von dem beeindruckenden Fall einer jungen Frau erzählt, von dem ich während meiner Hypnoseausbildung bei Freddy Jacquin in England erfahren hatte. Die Frau hatte als zwölfjähriges Mädchen ihren todkranken Vater betreut. Dieser litt unter starken Schmerzen und bekam dagegen Medikamente, die ihm seine Frau und Tochter per Spritze verabreichten. Eines Tages schickte er das Mädchen in die Apotheke, um dort Wasserstoffperoxyd zu kaufen. Wasserstoffperoxyd ist ein Reinigungs- und Bleichmittel, aber keinesfalls ein Schmerzmedikament. Als sie mit dem brisanten Einkauf wieder zu Hause war, bat der Vater die ahnungslose Tochter, zwei Spritzen mit der giftigen Substanz aufzuziehen. Danach forderte er sie auf, das Mittel wegzustellen. Seine Frau hätte natürlich beim Anblick der Flasche sofort begriffen, was er vorhatte: Er wollte sterben. Dann sollte das Mädchen die Mutter holen, damit sie ihm mithilfe der Tochter die Spritzen verabreichte. So geschah es. Der Mann bekam schreckliche Krämpfe und Schmerzen und schrie wie verrückt. Die Tochter, die wieder allein mit ihm war, wusste sich vor Verzweiflung nicht anders zu helfen, als ihm eine Plastiktüte über den Kopf zu stülpen. Daraufhin erstickte er. Das vollkommen traumatisierte Mädchen begann nur wenig später damit, sich Heroin zu spritzen. Auch sie wollte sich unterbewusst vergiften.

Erst viele Jahre später versuchte sie von der Droge loszukommen, aber alle Therapien scheiterten. Bis sie zu Freddy kam. Freddy ließ sie per Timeline zu ihrem traumatisierenden Erlebnis zurückkreisen. Dort nahm sie ihr jüngeres Ich liebevoll in den Arm und erklärte ihm, dass es richtig gehandelt hatte, denn es war ja noch ein Kind. Dadurch wurde dem Unterbewusstsein signalisiert: Das Trauma gehört zum Kind, nicht mehr zum Erwachsenen. Als Folge der Hypnosebehandlung hörte die inzwischen Fünfunddreißigjährige tatsächlich auf zu spritzen, und auch Jahre später war sie noch clean.

Das Spannende ist, dass in der Hypnose manchmal erst die tatsächlichen Traumaauslöser zum Vorschein kommen. Als ich zum Beispiel einen Patienten mit Spinnenphobie im Vorgespräch fragte, wann die Angst zum ersten Mal aufgetreten sei, antwortete er: »Ach, so mit 15 Jahren. Da bin ich in eine Baugruppe gesprungen und hatte auf einmal lauter grüne Spinnen am Bein.« Doch als ich ihn auf der Timeline zurückschickte, stoppte er nicht bei 15 Jahren. Er ging weiter zurück, bis er bei zehn Jahren angelangt war. Ich sagte ihm: »Wenn das wirklich der richtige Zeitpunkt ist, dann bleib dort. Wenn nicht, geh weiter zurück.« Und er ging noch weiter zurück. Schließlich war er fünf Jahre alt, als er bei dem auslösenden Ereignis für seine Angst angekommen war.

Auch im folgenden rätselhaften Fall brachte erst die Hypnose ans Licht, wann und wo der Auslöser für ein Trauma lag: Ein Mann fuhr mit seinem Auto über eine Landstraße. An einer bestimmten Stelle bekam er plötzlich riesige Angst. Schon 500 Meter weiter war diese Angst verflogen. So ging das jeden Tag. Die Angst steigerte sich immer mehr, und er hatte keine Erklärung dafür. Nach einiger Zeit war er nicht mehr in der Lage, die Straße zu benutzen, weil die Panik zu groß geworden war. Zu diesem Zeitpunkt war er bereits in psychologischer Behandlung. Er hatte Angst, verrückt geworden zu sein. Doch eines Tages stellte sich unter Hypnose heraus, dass ihm einmal eine Wildkatze zugelaufen war, die er zurück in den Wald bringen wollte. Und an genau der Stelle der Straße, an der ihn immer wieder die Panik überfiel, war ihm die verängstigte Katze von der Rückbank aus ins Genick gesprungen: Er hatte sich in diesem Augenblick beinahe zu Tode erschrocken. In solchen Momenten funkt die Amygdala, der Part unseres Gehirns, der für starke Emotionen wie Angst zuständig ist. Das löste im Fall des Mannes einen Fluchtreflex aus. Beides wurde in Sekundenbruchteilen fest mit dem Bild der Straße verknüpft. Er hatte gelernt: Dieses Bild der Straße bedeutet Angst. Der Angriff der Katze war mit einem Schock verbunden, sodass er sich nicht mehr daran erinnern konnte. Das Unterbewusstsein blendete das Ereignis einfach aus. Nur das Bild der Straße blieb als bedrohlich abgespeichert und abrufbar.

Das Unterbewusstsein weiß in solchen Fällen einfach besser Bescheid. Der Auslöser ist manchmal einfach verschüttgegangen durch die vielen Erfahrungen, die wir im Leben machen. Aber das Unterbewusstsein ist wie ein DOS-System, das sich unter Hypnose öffnet und Zugang zu den einzelnen Ordnern gibt.

Nicht nur in der Psychologie, auch in der klassischen Schulmedizin ist die Hypnose inzwischen angekommen. Immer mehr Studien belegen ihre Wirksamkeit. Eine 15-minütige Hypnose vor einem chirurgischen Eingriff verkürzte in einer Studie der Universität Harvard die Operationszeit und die Menge der anschließend verwendeten Schmerzmittel. Hypnose wird erfolgreich bei Asthma, hohem Blutdruck, Reizdarm, Wechseljahrsbeschwerden und Migräne eingesetzt und verringert die Nebenwirkungen von Chemotherapien. Mithilfe von Hypnose werden Schmerzmittel überflüssig oder können zumindest stark reduziert werden. Und die Liste der Anwendungsgebiete wächst ständig.

Helfen kann jeder

Das Schöne ist: Jeder Einzelne kann mithilfe von Hypnose oder Suggestionen kleine Wunder vollbringen. Dabei muss man natürlich immer unterscheiden zwischen einer Therapie und einer Wohlfühlhypnose zu Hause. Selbst wenn Sie die Basis-Hypnosetechnik aus dem vorherigen Kapitel 100 Mal geübt haben und diese gerne auch helfend einsetzen möchten: Versuchen Sie bitte nicht, tiefer gehende Probleme und Traumata auf eigene Faust zu lösen. Weder bei sich selbst noch bei anderen. Dazu benötigen Sie eine medizinische Ausbildung, um auf alle Eventualitäten vorbereitet zu sein. Das Unterbewusstsein birgt viel Verschüttetes, wie Sie ja eben gelesen haben.

Aber keine Sorge. Sie können gefahrlos versuchen, Ihre Freunde (oder sich selbst) vom Rauchen zu befreien, zu regelmäßigem Sport zu bewegen und sich gesünder zu ernähren. Sie können ihnen mehr Lebensfreude und Selbstbewusstsein schenken. Oder ihnen dabei helfen, lockerer zu werden oder herauszufinden, was sie sich vom Leben wünschen.

Falls Ihre Freunde tendenziell eher skeptisch sind, können Sie auch sagen: Hast du Lust, mit mir ein Experiment zu machen, das mit deiner Vorstellungskraft zu tun hat? Nichts anderes ist Hypnose, wie Sie inzwischen wissen. Aber wenn Sie es auf diese Art formulieren, sind die Erwartungen erst einmal geringer, sowohl Ihre eigenen an sich als auch die Ihres Gegenübers. Das spielerische Element und die Leichtigkeit kommen zum Vorschein.

Ich habe es schon mehrere Male erwähnt: Sie brauchen eigentlich keine tiefe Trance, damit Suggestionen und Visualisierungen wirken. So etwas geschieht jeden Tag. Sie können sicher sein, sobald Ihr Freund oder Ihre Freundin die Augen schließt, ist er oder sie in einem anderen Bewusstseinszustand. Aber Sie können auch Punkt für Punkt nach der Hypnoseanleitung des vorherigen Kapitels vorgehen und in Schritt Nummer 10 helfende Suggestionen einsetzen.

Die Balance des Lebens: Unsere Grundbedürfnisse

Bevor wir mit dem Helfen anfangen, ist es hilfreich zu wissen, wo wir am besten damit ansetzen. Besonders wenn es nicht um konkrete Vorhaben geht wie Abnehmen oder mehr Sport machen, sondern es einfach irgendwo im Wohlbefinden hakt. Ein guter Ausgangspunkt sind die acht psychischen Grundbedürfnisse des Menschen:

1. Das Gefühl emotionaler Sicherheit
2. Das Gefühl, Aufmerksamkeit zu bekommen und zu geben
3. Das Gefühl der Unabhängigkeit und der Kontrolle über das eigene Leben; in diesen Bereich gehören auch die Finanzen
4. Das Gefühl, Teil einer größeren sozialen Gruppe sein
5. Das Gefühl emotionaler Bindung: Freundschaft und intime Verhältnisse
6. Das Gefühl für einen zufriedenstellenden Status innerhalb einer sozialen Gruppe, zum Beispiel in der Familie
7. Das Gefühl der Kompetenz und das Erreichen von Zielen
8. Das Gefühl, ein sinnvolles Leben mit einer Aufgabe zu führen

In einer Therapie würde man diese Liste durchgehen und schauen, wo etwas fehlt. Wo sind Lücken? Und wie kann man sie füllen? Diese Analyse können Sie auch ohne Therapeut durchführen.

Falls nun einer der genannten Bereiche dauerhaft gestört ist, kommt es meistens irgendwann zu einer Krise, vielleicht sogar zu einer Depression. Alle acht Bereiche müssen in Balance sein, denn wir wabern nicht luftleer im Raum. Wenn mich im Beruf das Gefühl beschleicht: »Ich erreiche einfach mein Ziel nicht« oder sogar: »Ich kann mein Ziel gar nicht mehr erreichen«, dann führt das irgendwann dazu, dass ich aufgebe. Und selbst, wenn von außen betrachtet alles prima aussieht, wenn ich Millionen auf dem Konto, tolle Freunde und eine wunderbare Familie habe, mir dabei aber der Sinn fehlt, werde ich unglücklich.

Dabei hat man immer die Möglichkeit, etwas zu tun. Das Problem ist in den meisten Fällen, dass man die Möglichkeiten nicht sieht, weil etwas zu lange nicht geklappt hat. Das ist dann wie bei einem Zirkuselefanten: Um einen starken Elefanten an einen Pflock zu gewöhnen, bindet man ihn bereits als Baby daran an. Der kleine Elefant ist noch zu schwach, um den Pflock aus dem Boden zu reißen. Er probiert und probiert und lernt irgendwann: Es geht nicht. Daran gewöhnt er sich und akzeptiert diesen Zustand. Dem kleinen Elefanten bleibt ja auch nichts anderes übrig. Interessant dabei ist: Selbst wenn er ausgewachsen ist und den Pflock nun mit Leichtigkeit aus seiner Verankerung ziehen könnte, versucht er das erst gar nicht.

Wir Menschen sind aber keine Zirkuselefanten. Wir können immer etwas tun, doch die Voraussetzung ist, dass uns die Dinge bewusst werden. Dazu brauchen wir nur einen neuen Blickwinkel. Und den kann uns die Hypnose verschaffen.

Wenn Sie anderen helfen wollen herauszufinden, in welchem Lebensbereich etwas nicht so ganz in Ordnung ist, führen Sie die Hypnose wie im vorherigen Kapitel beschrieben durch – bis einschließlich Schritt Nummer 9. Sobald Ihr Gegenüber in Trance vor Ihnen sitzt, nehmen Sie die Liste mit den Grundbedürfnissen zur Hand und fragen Sie ein Gebiet nach dem anderen ab:

Wenn du dich gerade in deinem sozialen Umfeld gestört fühlst, heb bitte den Finger. Oder: *Wenn du finanzielle Probleme hast, heb den Finger.* Und so weiter.

Diese Extra-Ermittlungsarbeit ist natürlich nur notwendig, wenn das Gegenüber nicht beschreiben kann, wo das Problem liegt. Weiß er oder sie genau Bescheid, können Sie sofort entsprechende Suggestionen setzen.

Wenn sich Ihr Gegenüber zum Beispiel einsam fühlt, können Sie suggerieren:

FREUNDE FINDEN (Skript Nummer 14)
Dein Unterbewusstsein wird ab sofort alles tun, um neue Freunde zu finden und spannende Begegnungen zuzulassen.

Wenn er oder sie unzufrieden im Job ist, können Sie sagen:

BERUFLICH VORWÄRTSKOMMEN (Skript Nummer 15)
Dir eröffnen sich ab sofort neue berufliche Möglichkeiten. Dein Unterbewusstsein wird sie erkennen und dich leiten.

Falls Ihrem Mitspieler ständig das Geld durch die Finger rinnt, probieren Sie es mit dieser Suggestion:

DEN UMGANG MIT GELD VERBESSERN
(Skript Nummer 16)

Dein Unterbewusstsein wird alles dafür tun und immer richtig handeln, wenn es um Geld geht. Es wird dir auch immer eine Bestätigung geben, dass du gerade richtig handelst.

Bleiben wir kurz bei diesem letzten Beispiel. Eine solche Suggestion kann sich in mehrfacher Hinsicht auswirken. Vielleicht beginnt Ihr Mitspieler zu sparen. Oder er erkennt, warum er zu viel Geld ausgibt. Dann lenkt er die Ausgaben in Zukunft bewusster und hat Spaß daran, Geld für ausgewählte Dinge auszugeben. So gibt er nicht nur Geld aus, sondern bekommt auch etwas zurück. Doch bevor Sie an die anderen denken, sollten Sie sich um den Menschen kümmern, der der Mittelpunkt Ihres Lebens ist: Sie selbst!

»Ziehen Sie eine der Sauerstoffmasken zu sich heran, erst dann helfen Sie Mitreisenden ...«
Das, was vor jedem Flug von der Stewardess erklärt wird, bringt es auf den Punkt: Nur wenn es uns selbst gut geht, können wir anderen effektiv helfen. Und dazu brauchen Sie niemand anderen als sich selbst – auch nicht in der Hypnose. Erinnern Sie sich, der Hypnotiseur ist nur der Dirigent. So wie ein Violinist auch ohne den Dirigenten musizieren kann, benötigen Sie niemand anderen zur Hypnose, sobald Sie wissen, wie Sie das Instrument spielen müssen.

Sie können sich also selbst auch ganz ohne einen Außenstehenden in Hypnose versetzen und gewünschte neue Verhaltensweisen mühelos verankern. Sie können sich in bessere Laune versetzen, Lösungen für Probleme finden oder Antworten auf drängende Fragen.

Ja, Sie können tatsächlich ganz allein in Trance sinken! Dazu müssen Sie natürlich nicht Ihren Arm schweben lassen oder Ihre Hand am Kopf festkleben, wie Sie das mit einem Mitspieler vor Partypublikum machen würden. Sie legen sich einfach entspannt hin und praktizieren das Rückwärtszählen der Induktion, wie ich es Ihnen im vorherigen Kapitel erklärt habe. Falls Ihnen das zu kompliziert ist, können sich auch ganz einfach sagen: »Mit jedem Geräusch, das ich höre, sinke ich tiefer und tiefer.« Oder: »Mit jedem Atemzug sinke ich tiefer und tiefer.« Oder Sie können, wie im Autogenen Training, einen Körperteil nach dem anderen entspannen. Wenn Sie einmal das Prinzip verstanden haben, funktioniert Hypnose ganz von selbst.

Ansonsten gehen Sie ganz ähnlich vor, als würden Sie jemand anderen hypnotisieren. Auch bei sich selbst können Sie die Grundbedürfnisse abklopfen. Nehmen Sie dazu die Liste zur Hand. Setzen Sie sich hin, machen Sie die Augen zu und entspannen Sie sich. Bei jedem Ausatmen lassen Sie mehr Spannung los. Wenn Sie das Gefühl haben, Sie sind nun ganz entspannt, öffnen Sie die Augen und schauen Sie auf das erste Grundbedürfnis. Bitten Sie nun Ihr Unterbewusstsein in Gedanken, dass es einen Hinweis geben soll, wenn sich dort ein Problem versteckt. Bitten Sie es, mit dem Finger zu zucken. Wenn Sie ein Zucken spüren, fragen Sie noch einmal nach: »War das gerade ein Zufall, oder gibt es wirklich ein Problem? Wenn ja, bitte bestätige das noch einmal.« Auf diese Weise gehen Sie alle Grundbedürfnisse durch. Sie werden überrascht sein, wie gut das funktioniert. Sie lassen dem Gefühl die Wahl, sich Bahn zu brechen. Wenn Sie einen Bereich identifiziert haben, der der Verbesserung bedarf, dann überlegen Sie, um was es genau gehen könnte. Meistens spürt man das instinktiv. Und dann können Sie in

Selbsthypnose die entsprechenden Suggestionen setzen. Oft reicht es aber bereits aus, dem Unterbewusstsein die Erlaubnis zu geben, das Problem zu lösen.

Eigene Skripts schreiben

Sie können in Selbsthypnose und in der Hypnose anderer auch jedes der Skripts aus diesem Buch anwenden. Und natürlich können Sie Ihre eigenen Skripts schreiben. Es kommt nicht auf die exakten Worte an, sondern auf die positiven Gefühle, die sie in Ihnen oder Ihrem Gegenüber auslösen. Erinnern Sie sich: Hypnose ist elegant angewendete Sprache.

Apropos Sprache: Wenn Sie Hypnose bei anderen anwenden, sollten Sie sich daran erinnern, dass wir zwar dieselbe Sprache sprechen, aber dennoch einzelne Begriffe andere Bilder in uns hervorrufen. Wenn ich mir einen Tisch vorstelle, sieht der anders aus als einer, der vor Ihrem geistigen Auge erscheint, wenn Sie das Wort »Tisch« hören. Ein guter Hypnotiseur bleibt darum immer im Allgemeinen. Wenn Sie mir erzählen, dass Sie gerne joggen, und ich möchte darauf eine Visualisierung aufbauen, sage ich zum Beispiel: »Sie spüren den Boden unter den Füßen, den Wind auf der Haut, sehen die Umgebung vorbeiziehen.« Diese Sprache ist bewusst allgemein gehalten, um Ihnen die Möglichkeit zu geben, Ihre eigenen Bilder zu sehen. Ich bleibe unkonkret. Wenn ich dagegen sage: »Sie spüren den Waldboden«, und Sie sind gerade in Ihrer Vorstellung auf einer Straße gelaufen, ist Ihre Phantasie dahin.

Und noch etwas. Es gibt eine Faustregel in der Therapiephilosophie: Wenn Dinge kompliziert werden, gehen sie schief. Je einfacher etwas ist, umso besser sind die Erfolgschancen. Ich frage mich darum immer: Wie kann man etwas in einem Wort beschreiben? Oder in einem kurzen Satz? So gehe ich auch an meine Bühnennummern heran. Wenn ich für eine Nummer zwei DIN-A4-Seiten brauche, weiß ich schon: Damit brauche ich mich nicht auf die Bühne zu stellen. Das funktioniert nicht. Formulieren Sie also auch Ihre Skripts möglichst einfach um ein paar Schlüsselworte herum.

Schmerzen verschwinden lassen

Man kann in Minuten Schmerzen nehmen. Da habe ich schon phantastische Dinge erlebt. Leute, die angaben, seit 20 Jahren unter unerträglichen Rückenschmerzen zu leiden, standen auf und sagten: »Mein Gott, ich kann mich wieder bewegen.« Der schottische Arzt Dr. James Esdaile hat um 1890 herum in Indien unter Hypnosen sehr erfolgreich Operationen und sogar Amputationen durchgeführt. Man kann unter Hypnose das Schmerzempfinden punktuell völlig abstellen. Ganz ohne Anästhesie. Das ist tatsächlich eine leichte Übung. Ich habe noch nicht erlebt, dass es nicht funktioniert. Ich rate Ihnen hier aber trotzdem zur Vorsicht. Wenn Ihre Freunde Sie bitten, ihre Schmerzen wegzuhypnotisieren, oder Sie sich selbst von Schmerzen befreien möchten, sollten Sie zunächst abklären lassen, dass die Schmerzen nicht organisch bedingt sind. Denn Schmerzen sind dazu da, uns zu zeigen, dass etwas in unserem Körper nicht stimmt. Und diese Symptome sollte man ernst nehmen und untersuchen lassen, um herauszufinden, ob nicht vielleicht etwas Ernsteres dahintersteckt. Beispielsweise ein Tumor oder eine Entzündung, die behandelt werden muss. Aber wenn es keinen organischen Befund gibt, probieren Sie es unbedingt. Sie werden verblüfft sein.

Nehmen wir an, Ihr Partner hat einen Kater nach einer Party. Um ihm in der Hypnose diese Schmerzen zu nehmen, müssen Sie zunächst eine Trennung von Bewusstsein und Körper herstellen. Das heißt nichts anderes, als dass Sie Ihrem Gegenüber (in Schritt 10 der Hypnoseanleitung aus Kapitel 13) suggerieren, dass er seinen Körper verlässt.

DAS BULL'S EYE (Skript Nummer 17)
Schließ die Augen.
Nun verlass mit deinem Unterbewusstsein deinen Körper.
Flieg drei, vier, fünf Meter in die Höhe.
Betrachte dich aus der Vogelperspektive, wie du dort unten friedlich sitzt mit geschlossenen Augen und ruhig atmest.
Du siehst nun neben deinem Körper auf dem Boden eine Zielscheibe.
Du siehst den schwarzen Punkt in der Mitte, das Bull's Eye.
Darin befindet sich dein ganzer Schmerz.
Flieg nun auf die Zielscheibe zu.
Immer näher.
Noch näher.
Die Schmerzen werden stärker, je näher du kommst.
Unglaublich stark.
Wenn du durch das Bull's Eye fliegst, sind sie für einen kurzen Moment unerträglich.
Dahinter sind sie verschwunden.
Flieg nun wieder unter der Zielscheibe hinweg in die Höhe.
Schlüpf wieder in deinen Körper.
Die Schmerzen sind nicht mehr da.

Sie können das wie immer auch als Selbsthypnose probieren, wenn Sie entspannt auf dem Sofa liegen.

Als ich meine Hypnosetherapieausbildung gemacht habe,

habe ich auch mit depressiven Menschen gearbeitet. Dort habe ich eine einfache, aber effektive Methode gelernt, die nach einem ähnlichen Prinzip funktioniert wie das Bull's Eye.

DIE SKALA (Skript Nummer 18)

Stell dir eine Skala von 1 bis 10 vor.
10 ist die absolute Traurigkeit, 1 ist ein Zustand vollkommen frei von Trauer.
Wo auf dieser Skala bist du?
(Eine Antwort abwarten. Meistens nennen die Leute etwas im Mittelfeld, eine Traurigkeit von fünf oder sechs Punkten.)
Steiger nun deine Traurigkeit.
Sieh zu, wie sie auf acht Punkte steigt wie auf einem Fieberthermometer.
Jetzt ist sie bei neun.
(In diesem Moment fangen viele Menschen an zu schluchzen oder richtig zu weinen. Bitte nicht erschrecken.)
Nun bist du bei zehn angelangt, dem Punkt schlimmster Traurigkeit.
Und nun gehst du ganz schnell rückwärts.
Vorbei an der Neun.
Der Acht.
Der Sieben.
Der Sechs.
Der Fünf.
Der Vier.
Der Drei.
Der Zwei.
Der Eins.
Und jetzt fühle.
Was fühlst du?

Hier passiert immer das Unglaubliche: Die Traurigkeit gleitet auf der Skala rasend schnell nach unten, an der Fünf vorbei, der Drei, der Eins – und ist verschwunden. Durch die Steigerung wird dem Menschen unterbewusst klar, dass er es ist, der die Traurigkeit steuert. Das ist ein unglaublicher Aha-Moment: Denn wenn man die Traurigkeit steigern kann, kann man sie auch senken.

Mit dem Schmerz ist es nicht anders und auch mit jedem anderen Gefühl.

Endlich Nichtraucher!

Bei schlechten Angewohnheiten wie dem Rauchen ist der Ansatz ein anderer. Rauchen ist in der Regel nicht auf ein Trauma zurückzuführen. Im Gegenteil: Jede schlechte Angewohnheit verfolgt eine bestimmte positive Absicht. So sind wir Menschen angelegt. Auch wenn wir etwas noch so Selbstzerstörerisches tun, das Unterbewusstsein hat damit etwas Positives im Sinn. Selbst jemand, der Heroin spritzt, will etwas damit erreichen. Der Realität entfliehen zum Beispiel. Beim Rauchen könnten die positiven Absichten lauten: Wenn ich rauche, kann ich mich entspannen. Wenn ich rauche, fühle ich mich als Verführerin.

Ein völlig falscher Ansatz wäre es darum, dem Raucher zu suggerieren: »Immer, wenn du in Zukunft eine Zigarette siehst, wird dir übel.« Dann hört derjenige vielleicht auf zu rauchen, stößt aber auf massive Probleme im Alltag. Zum Beispiel an der Kasse im Supermarkt, wo es von Zigaretten nur so wimmelt. Oder vor Plakatwänden, auf denen für Zigaretten geworben wird.

Falls Sie sich selbst hypnotisieren lassen wollen, klären Sie unbedingt im Vorgespräch, wie der Hypnotiseur vorgehen will. Wenn er Ihnen etwas anhexen will – zum Beispiel die Übelkeit bei den Zigaretten oder einen widerlichen Geschmack, sobald Sie Süßigkeiten essen –, suchen Sie sich jemand anders. Hypnotiseure, die so etwas versuchen, sind unseriös. Es geht vielmehr darum, die ungesunde Handlung des Rauchens zu verabschieden und stattdessen eine neue gesunde Handlung auszuführen.

Bei meiner Rauchentwöhnung führe ich zunächst immer ein langes Vorgespräch. Dabei geht es um Bildung: Ich lehre dann zum Beispiel, dass Rauchen entgegen allgemeiner Annahme keine körperliche Sucht ist. Dass es über 300 chemische Substanzen in einer Zigarette gibt, aber dass nicht eine davon entspannend wirkt. Das Einzige, was sich ändert, ist die Atmung, sie wird vertieft, und das ist der Grund für die wahrgenommene Entspannung. Mit Wissen wie diesem entmystifiziere ich die Zigarette. Ich schaffe einen Aha-Moment nach dem anderen, um es meinem Klienten ganz leicht zu machen, Nichtraucher zu sein. Ich weiß, dass ich ihm nicht oberlehrerhaft mit Krankheiten zu kommen brauche, und gebe ihm auch das zu verstehen. Ich beschreibe, dass ich Leute gesehen habe, denen man die Wange weggenommen hat und die weitergeraucht haben. Vor jeder Klinik kann man Menschen sehen, die gerade ihr Raucherbein amputiert bekommen haben – und die trotzdem Kette rauchen. Angst um die eigene Gesundheit schreckt einen Raucher nicht ab.

Meine Erfahrung lehrte mich, einen anderen Weg zu wählen. Ich frage: »Kannst du dir denn vorstellen, dass du es schaffst aufzuhören?«

Die meisten sagen dann: »Nein, das kann ich mir nicht vorstellen.«

Dann frage ich: »Kannst du dir denn vorstellen, dass du

aufhören würdest, wenn dein Kind sonst sterben würde?«

In diesem Fall sagen alle ausnahmslos sofort: »Ja, natürlich.«

Schon wieder ein Aha-Erlebnis: Das Aufhören ist also grundsätzlich möglich. Man braucht nur einen Grund, der stark genug ist. Diese Erkenntnis eröffnet uns die Möglichkeit, dass wir aufhören können und dass die Hypnose ein wunderbares Werkzeug dazu ist.

Es folgt eine kleine rätselhafte Geschichte, die das Unterbewusstsein schon mal aus der Reserve lockt:

Es war einmal ein neu gegründetes Computerunternehmen, das eine Putzfrau einstellte. Diese Putzfrau war eine Perle ihrer Zunft und erledigte ihre Arbeit vorbildlich. Doch nun wuchs und wuchs das Unternehmen. Im Arbeitsbereich der Putzfrau standen auf einmal viele teure Computer herum. Durch das Putzen wirbelte sie große Mengen Staub auf und zerstörte damit die Geräte. Sie machte ihren eigentlichen Job immer noch wunderbar, aber richtete dabei, ohne es zu wollen, Schaden an. Ja, sie gefährdete sogar das ganze Unternehmen, denn wenn die Geräte oder die Server kaputt gingen, würde das ganze Unternehmen vor die Hunde gehen. Eines Tages holte der Chef darum die Putzfrau zu sich und sagte: »Sie sind eine Supermitarbeiterin. Ich brauche Sie. Aber putzen sollten Sie nicht mehr. Gehen Sie doch einmal bitte in die Personalabteilung und lassen Sie sich dort zehn Vorschläge machen, was Sie stattdessen tun können.« Die Putzfrau zog los und bekam vom dortigen Mitarbeiter Vorschläge gemacht. Sie konnte sich unter anderem aussuchen, ob sie in Zukunft für das gleiche Geld Rechnungen sortieren, die Post verteilen oder die Büroküche leiten wollte. Und so arbeitete sie weiter glücklich und noch viel zufriedener als vorher im gleichen erfolgreichen Unternehmen.

Wozu diese Geschichte gut ist, werden Sie gleich merken. Denn jetzt folgt das ...

Interview mit dem Unterbewusstsein
Nun versetze ich mein Gegenüber in Trance.

Sobald ich bei dem Punkt angelangt bin, an dem ich die Suggestionen einsetze (Schritt 10), beginne ich mit einem ganz speziellen Interview:

»*Spreche ich mit dem Unterbewusstsein? Wenn ja, hebe bitte den Finger.*«

Sobald ich das Signal bekomme, bitte ich das Unterbewusstsein, das Rauchen (oder das andere Problem, um das es geht) mal nach vorn zu holen. Ich sage:

»*Und jetzt möchte ich, dass das Unterbewusstsein an das Rauchen abgibt.*«

Der Finger zuckt. Jetzt frage ich:

»*Rede ich jetzt mit dem Rauchen?*«

(Oder: »*Spreche ich mit den Geldsorgen?*«, oder: »*Spreche ich mit dem inneren Schweinehund, der dich vom Sport abhält?*«)

Sobald ich auch hier ein Signal bekomme, sage ich:

»*Liebes Rauchen, du bist ein Supermitarbeiter, du hast Spitzenarbeit geleistet. Nun möchte ich aber, dass du dem Unterbewusstsein von ... (hier setze ich den Namen meines Gegenübers ein) erzählst, was deine Motivation ist. Zähle bitte jeden positiven Aspekt deines Tuns auf. Es reicht, wenn du es ganz leise dem Unterbewusstsein zuflüsterst. Gib mir einfach ein Zeichen, wenn du fertig bist.«*

Einige mögliche Absichten des Rauchens hatte ich vorhin schon genannt. Weitere könnten sein: Entspannung. Eine Pause einlegen. Mit anderen Leuten ins Gespräch kommen. Freiheit spüren. Und so weiter. Wenn jemand Geldsorgen hat, könnte das sein: Ohne Geld habe ich weniger Stress. Ich trage weniger Verantwortung. Ich kann zu Hause bleiben, und mein Partner verdient das Geld. Aber denken Sie daran: Die Gründe werden Sie nicht erfahren, das ist eine Sache zwischen dem Unterbewusstsein und dem Problem. Ihre Aufgabe ist es zu warten, bis der Finger zuckt.

Sobald er das tut, sage ich zum Rauchen:

»Geh jetzt mal bitte rüber ins Kreativitätszentrum. Denn dein Rauchen brauchen wir jetzt nicht mehr. Lass dir bitte mindestens zehn Handlungsvorschläge machen, wie sich die gleichen positiven Absichten auf anderem gesundem Weg erreichen lassen. Du brauchst mir die neuen Handlungen nicht zu sagen, zeige mir nur an, wenn du fertig bist.«

Dieser Prozess kann einige Minuten dauern. Im Kreativzentrum – analog zur Personalabteilung aus der Geschichte mit der Putzfrau – bekommt die Handlung, die in der Vergangenheit das Rauchen ausgeführt hat, Vorschläge, die genau die gleichen positiven Absichten erfüllen. Wenn die Absicht des Rauchens war, Entspannung herzustellen, könnte ein Ersatz dafür eine Atemübung sein. Wenn es darum ging, etwas zu tun zu haben, während man wartet, könnten an-

dere Handlungen das gleiche Resultat erzielen.
Der Finger zuckt. Ich sage:

»*Liebes Unterbewusstsein, such dir aus diesen Vorschlägen bitte drei neue Handlungen aus. Die nimmst du gleich mit aus der Hypnose. Wenn du die drei ausgesucht hast, gib ein Zeichen.*«

Sobald ich das Zeichen bekomme, erkläre ich dem Unterbewusstsein:

»*Tu nun alles dafür, dass diese drei Vorschläge ab sofort umgesetzt werden. Sollte es noch etwas geben, was sich dagegen wehrt, dann gib mir ein Signal.*«

Im Idealfall kommt nun kein Signal. Falls doch, ist ein wichtiger Vorteil des unerwünschten Verhaltens wohl übersehen worden. Dann gehe ich das ganze Interview noch einmal durch: Die ehemalige Handlung Rauchen soll sich die Absichten überlegen, ins Kreativzentrum hinüberlaufen und einen Ersatz für die Handlung Rauchen finden. Wenn am Ende kein Signal mehr kommt, bin ich fertig. Erst dann führe ich mein Gegenüber wieder aus der Hypnose heraus.

Was auch immer sich im Unterbewusstsein abspielt, der ehemalige Raucher muss gar nicht wissen, welche Alternativen ausgesucht wurden. Die Alternativen werden automatisch programmiert. Ab sofort verschwindet das Verlangen nach einer Zigarette, weil es durch eine andere Aktion, eine andere Handlung abgedeckt wird.

Nach dem Aufwachen gebe ich meinem Klienten dann noch den Tipp mit auf den Weg, bei der nächsten angebotenen Zigarette nicht zu sagen »Ich rauche nicht mehr«, sondern: »Ich bin Nichtraucher.« So wird er noch zusätzlich zur Umprogrammierung auf Nichtraucher geprimt.

Dieses Interview können Sie natürlich auch wieder mit sich selbst machen. Dazu ist, wie gesagt, keine tiefe Trance notwendig (schädlich ist sie natürlich auch nicht). Das Interessante hier ist wirklich, dass Sie keine bewusste Antwort bekommen müssen. Sie müssen nicht wissen, was Ihr Unterbewusstsein ausheckt. Das Bewusstsein hat Pause. Aber Sie können sich sicher sein, dass das Unterbewusstsein nun weiß, was zu tun ist.

Übrigens: Sollten Sie Raucher sein und möchten gerne Nichtraucher werden, schauen Sie doch mal auf meiner Homepage jan-becker.com vorbei, hier kann ich Ihnen eine wunderbare Hilfe anbieten.

Die Zukunft

Vergessen Sie nicht das Wesentliche

Streck mal deinen Arm aus.
Mach eine feste Faust.
Stell dir vor, dass dein Arm aus Marmor ist.
Er ist ganz fest, und du kannst den Arm nicht beugen.
Stell dir vor, wie sich das anfühlt, wenn ich versuche, deinen Arm zu beugen, es aber nicht schaffe.
Nun stell dir vor, dass du ihn selbst nicht beugen kannst.
Je mehr du versuchst, ihn zu beugen, umso härter wird er.
Nun vergiss, dass du es dir vorstellst.
Der Arm ist so, wie er ist.
Merkst du, dass du ihn nicht beugen kannst?

Hypnose ist ein Fakt. Sie wirkt über unser peripheres Nervensystem, in dem alle unbewussten Abläufe unseres Körpers gesteuert werden. Doch auf genau welchen Kanälen sie sich in unser Inneres hineinschleicht, darüber ist man sich noch nicht ganz einig. Eine Theorie besagt, dass die Hypnose nichts anderes ist als eine Vorstellung, bei der man plötzlich vergisst, dass man sie sich vorstellt. Diese Idee nennt sich »das automatische Vorstellungsmodell«. Es stammt von den jungen Hypnotiseuren Anthony Jacquin – dem Sohn meines Lehrers Freddy Jacquin – und Kev Sheldrake, mit denen ich befreundet bin. Die beiden leiten ein Unternehmen namens »Headhacking« und forschen dort intensiv, was sich mit Hypnose noch alles anstellen lässt. Wahrscheinlich ist das die Zukunft der Hypnose: Wenn es gelingt, jemanden mit einer geschickten Suggestion vergessen zu lassen, dass er sich etwas nur vorstellt, benötigt man die Trance nicht mehr.

Aber wenn ich es recht überlege: So funktioniert unsere Realität ohnehin. Wir hören eine Ansicht mehrere Male, und plötzlich wird sie zu unserer, weil wir vergessen haben, dass es nur eine Ansicht ist. Ein Verkäufer erzählt uns, dass die meisten seiner Kunden die hochwertige Lederjacke schätzen, und plötzlich sind wir auch der Meinung, es mit einem ganz besonderen Stück zu tun zu haben, obwohl wir keinerlei Beweis dafür besitzen. Wir fragen uns, ob wir verliebt sind, und finden dann, dass es so ist. Unsere Wirklichkeit erwächst aus Gedanken, die zunächst nur Vorschläge waren, Suggestionen. Wenn wir unsere Gedanken erkennen lernen, entscheiden wir selbst, wie unsere Welt aussieht.

Das nun wiederum sollten Sie nie vergessen.

Literaturempfehlungen

Garfinkel, Harold: *Studies in Ethnomethodology.* Hoboken, NJ 1984
Jodorowsky, Alejandro: *Praxisbuch der Psychomagie.* Oberstdorf 2011
Kahnemann, Daniel: *Schnelles Denken, langsames Denken.* München 2012
Mehan, Hugh; Wood, Houston: *Fünf Merkmale der Realität.* In: Weingarten, Elmar; Sack, Fritz; Schenkein, Jim [Hrsg.]: *Ethnomethodologie. Beiträge zu einer Soziologie des Alltagshandelns.* Frankfurt a. Main 1976
Watzlawick, Paul; Beavin, Janet H.; Jackson, Don D.: *Menschliche Kommunikation, Formen, Störungen, Paradoxien.* Bern 2011